색다른 세상을 꿈꾸는 사람들의

아주

특별한 해외여행

일러두기

1. 이 책에서는 여행 느낌을 최대한 살리기 위해 여행 정보를 그때 그대로 실었습니다. 그러나 현재는 환율과 운영 체계 등이 바뀌어 개관 시간이나 비용 등이 다소 변경되었습니다.
2. 이 책은 내일여행과 트래비가 지난 2년 9개월간 함께 진행한 이벤트의 콘텐츠를 트래비 측으로부터 제공 받아 만들었습니다.

색다른 세상을 꿈꾸는 사람들의

아주 특별한 해외여행

내일여행 지음

살림Life

Prologue

개별 자유여행 전문 내일여행이 트래비(Travie)와 함께 '도전자유여행' 이벤트를 진행한 지 벌써 3년이 다 되어 갑니다. 원래 '도전자유여행' 이벤트는 분기별로 지역을 선정하고 이벤트를 통해 트래비의 독자들을 선정한 뒤 기자들과 독자들이 함께 여행을 다녀와 여행 후기를 다시 트래비에 싣는 이벤트였습니다. 초창기에는 몇 개월 동안 3~5개 도시 정도만 진행하려고 생각했지요. 적어도 3~4명이 함께 떠나는 여행을 지속적으로 지원한다는 일이 쉬운 것은 아니거든요.

하지만 이런 예상은 보기 좋게 빗나갔습니다. 이벤트가 나간 이후 반응은 그야말로 폭발적이었습니다. "나도 이렇게 여행하고 싶다"는 독자들의 응모가 쇄도하고 심지어 여행가에서도 화제가 되었습니다. 여러 차례에 걸쳐 응모한 분들도 있고 칠전팔기해서 결국 여행의 주인공이 된 분들도 있었습니다. 항공과 숙박만 제공하고 나머지 일정은 여행 주인공들이 원하는 대로 진행했습니다. 이렇게 여행을 다녀온 이들은 평범하지만 결코 두 번은 경험할 수 없는 특별한 이야기를 남겼습니다.

한 번은 3박 4일간 바르셀로나에 머문 적이 있습니다. 그 기간에 지도를 보며 물어물어 찾아가던 관광지들을 한국인 버스 관광객들은 하루 만에 뚝딱 둘러보고선 다음 목적지로 이동하더군요. 효율성으로 따지자면 패키지 여행이 최고이겠지만 누구도 경험하지 못한 나만의 루트를 따라간 여행이 주는 울림은 오랫동안 남습니다. 자유여행의 매력이 바로 이것이 아닐까 생각합니다.

이렇게 개개인의 특별한 여행 이야기를 찾아주고자 진행된 '도전자유여행' 이벤트는 2005년 9월부터 싱가포르, 타이페이, 상하이, 홍콩, 도쿄, 런던, 파리, 마닐라, 멜버른, 퍼스, 칭다오, 밴쿠버, 방콕, 마카오, 로마와 피렌체, 괌, 오사카, 뉴욕, 샌프란시스코까지 총 19번 진행되었고, 18가지 자유여행 이야기를 탄생시켰습니다.

이 책은 이벤트 기간에 각 지역으로 여행을 다녀온 분들의 이야기 중 15편을 골라 엮었습니다. 케이프타운과 홍콩 이야기는 보너스입니다. 이 이야기를 통해 독자들도 그들의 생생하고 진솔한 이야기를 느낄 수 있었으면 합니다.

내일여행은 앞으로도 이렇게 이 책의 주인공들과 같이 오래오래 가슴에 남는 '인생의 황금 같은 여행'을 만들어나가려고 합니다.

책이 엮이기까지 지원을 아끼지 않은 여행의 주인공들과 한국여행신문사, 각 지역별 관광청과 항공사, 살림출판사에 다시 한 번 감사 인사를 전합니다.

2008년 6월 17일
내일여행 출판부

Contents

Prologue · 4

1. 멜버른 '발랄한' 그녀들의 멜버른 탐사기 · 8
1st day 멜버른 탐색전 | 2nd day 자연과 인간의 합작품 그레이트 오션 | 3rd day 자연 속에서 만난 동물원 | 4th day 여행도, 인생도 | 내일여행의 추천 일정 | 여행 정보

2. 파리 애니가 파리를 만났을 때 · 32
1st day 봉주르 파리! | 2nd day 여행지에서 마음을 여는 법 | 3rd day 거리의 예술가들 | 4th day 파리를 떠나며 | 내일여행의 추천 일정 | 여행 정보

3. 로마 이탈리아 홀릭, 로마를 탐하다 · 56
1st day '박물관 도시' 로마 뒷골목에서 길을 잃다 | 2nd day 거대한 로마 유적 한가운데에서 영화 주인공 되기 | 3rd day '행복한 이탈리아 미션' 완수가 | 내일여행의 추천 일정 | 여행 정보

4. 밴쿠버 캐나다의 어느 멋진 날 · 76
1st day 빅토리아 다운타운 나들이 | 2nd day 고대와 함께여서 더욱 아름다운 부차트 가든 | 3rd day 낭만 가득, 재미 가득 빅토리아 교외드라이브 | 4th day 진짜 고래를 만나다, 고래 투어 | 내일여행의 추천 일정 | 여행 정보

5. 런던 대한민국 대표 싱글즈, 브리짓의 도시 런던을 가다 · 96
1st day 런던을 마주하다 | 2nd day 영국식 여유로움 | 3rd day 런던과 더욱 깊이 끌어안다 | 내일여행의 추천 일정 | 여행 정보

6. 상하이 엄마와 함께 추는 '상하이 트위스트' · 120
1st day 아름다운 첫인상에 반하다 | 2nd day 상하이 명물을 찾아가다 | 3rd day 혁명의 도시에서 치열한 삶을 꿈꾸다 | 4th day 동방명주의 저 붉은 해처럼 | 내일여행의 추천 일정 | 여행 정보

7. 도쿄 찬이와 훈이의 좌충우돌 도쿄 탐방기 · 136
1st day 도쿄에 첫발을 내딛다 | 2nd day 도쿄의 구석구석을 누비다 | 3rd day 마지막 하루를 잡아라 | 내일여행의 추천 일정 | 여행 정보

8. 싱가포르 재기발랄 그녀들 싱가포르로 떠날랄라~ · 154
1st day 낯설고 흥미로운 공기에 취하다 | 2nd day 은하의 하루 - 셀카 여왕, 싱가포르에서 '버벅' 대다? | 3rd day 태경의 하루 - '후카시 홍'의 걷고 또 걷가 | 내일여행의 추천 일정 | 여행 정보

9. 칭다오 칭다오의 휴일 • 166

1st day 홍선정·나용이 주연, 레디~ 액션! | 2nd day 로맨틱 홀리데이 | 3rd day 같은 듯 다른 느낌 | 내일여행의 추천 일정 | 여행 정보

10. 마닐라 우리는 바닐라처럼 달콤한 마닐라로 간다! • 190

1st day 필리핀 자연의 멋과 맛에 푹 빠지다 | 2nd day 건강식에 쇼핑, 스파까지 럭셔리하게! | 3rd day 마닐라에서 찾은 한낮의 여유 | 내일여행의 추천 일정 | 여행 정보

11. 방콕 시크한 그녀들의 화려한 방콕 외출기! 우리는 방콕을 사랑해~ • 206

1st day 방콕이 좋아~ 쇼핑이 좋아~ | 2nd day 파티 시간이야! | 3rd day 경은과 창선의 방콕 맛 맛 맛 – 이럴 땐 요기서 먹어요~ | 4th day 방콕이 좋대! 마사지가 좋다! | 5th day 호텔도 패션이다, 방콕을 꿈꾸다 | 내일여행의 추천 일정 | 여행 정보

12. 괌 알뜰하게 놀고 살뜰하게 여행하기 • 232

1st day 투몬 만에 반하고, 아로마향에 중독되고 | 2nd day 바다를 탐닉하다 | 3rd day 쇼핑의 천국 DFS 갤러리 | 4th day 낮보다 밤이 더 아름다운 도시 | 5th day 세계에서 가장 긴 터널 언더 워터 월드 | 내일여행의 추천 일정 | 여행 정보

13. 오사카 4색 오사카를 만나다 • 256

1st day 오사카 속 일본 엿보기 | 2nd day 쇼핑 천국 오사카 | 3rd day '물의 도시' 오사카 100배 즐기기 | 4th day '미식 투어'의 정석을 보여주마 | 내일여행의 추천 일정 | 여행 정보

14. 케이프타운 사랑해, 케이프타운 • 278

1st day 구름 속 산책 테이블 마운틴 | 2nd day 희망봉을 찾아서 | 내일여행의 추천 일정 | 여행 정보

15. 홍콩 소호가 있어 더욱 흥미롭다 • 300

맨 꼭대기 홍콩의 부자동네 구경하기 | 미식가의 거리 엘긴 스트리트 | 소호의 시간 도둑 스턴튼 스트리트 | 재래시장까지 역동적, 재미 가득한 필 스트리트 | 디자이너 이름 건 숍과 갤러리가 가득한 애버딘 스트리트 앤 고프 스트리트 | 오래된 멋스러움이 가득한 할리우드 로드 | 내일여행의 추천 일정 | 여행 정보

GATE **1** | BOARDING AREA **멜버른** | 좌석번호 SEAT

'발랄한' 그녀들의 멜버른 탐사기

여행 전부터 만반의 준비를 끝낸
박수현, 박수진.
그러나 멜버른이 그렇게 호락호락한 곳이 아니었음을
두 사람은 금세 깨닫는다.
이들의 여행을 따라가며 부끄러웠던 모습까지
낱낱이 공개한다.

여행 컨셉트

이번 여행을 통해 처음 만난 두 사람이 직접 일정을 짰다. 작은 유럽으로 불리는 멜버른인 만큼 유럽적인 분위기와 아름다운 자연을 감상하도록 진행됐다. 동물과 어울림도 필수!

여행 파트너

박수현(27세, 변리사 사무실 근무) | '사랄라' 한 외모와 달리 '썩소(썩은 미소)'를 날려 기자의 '호통'을 말없이 감내해야 했지만 알고 보면 애교만점인 그녀는 여행 준비를 철저히 해 가이드 이상의 역할을 톡톡히 했다.

박수진(27세, 외국계 보험회사 근무) | 얌전하고 참해 보이는 외모와 달리 무모하며 무법자적인 면모를 과시해 팀을 위기 상황에 봉착하게 했던 당사자이다. 사소한 영수증 하나까지 세심히 챙기며 하루하루 다이어리에 여행 느낌을 꼼꼼히 적은 호기심 많은 여행 마니아다.

수현과 수진의 가계부

그녀들이 이용한 멜버른 자유여행 상품은 내일여행의 멜버른 금까지 3박 6일 상품으로 캐세이패시픽항공을 이용할 경우 92만 9,000원부터(2008년 6월 판매가 기준)이다. 여기에는 항공, 호텔 일정의 조식이 포함된다. 그 밖의 투어 프로그램을 이용할 경우에는 Go West나 Grayline 등의 투어 버스 회사의 상품을 이용해 그레이트 오션로드와 필립 아일랜드, 퍼핑 빌리, 농장 체험, 와이너리, 스파 패키지 상품을 골라서 즐긴다. 가격은 버스 회사마다 다르다.

식사비 | 투어에는 무료 점심식사 제공, 나머지 식사는 푸드코트, 맥도널드, 팬케이크 팔러 등에서 1인당 한 끼 식사에 A$10 지출. 10×6=A$60 교통비로 택시와 트램을 이용한 금액이 A$56

투어비 | 빅토리아 관광청 후원을 받았지만 직접 구매했을 경우 Go West의 그레이트 오션 로드 투어는 A$95. Grayline의 퍼핑 빌리와 농장 체험 그리고 필립아일랜드는 관광청에서 만들어준 일정으로 구입하면 A$123~151. 기타 간식비용은 1인당 A$10 정도로 주스와 커피 등을 사먹었다.

총 여행경비 | 1인당 약 153만 원

※ 멜버른 실제 여행 시기 : 2006년 9월

1st day
멜버른 탐색전

멜버른의 첫인상? '미남' 천국!

호기심 가득한 눈으로 스완스턴 거리에 첫발을 들여놓는다. 고풍스러운 건물과 시내 한복판을 천천히 달려 나가는 트램은 '유럽에 온 게 아닐까' 하는 착각을 불러일으킨다. 무엇보다 그녀들의 눈을 반짝이게 한 건, 여기를 봐도 저기를 봐도 넘치는 꽃미남 행렬. 각종 회사가 밀집된 콜린스 거리에는 키 크고 늘씬한 사람이나 소화 가능한 까만 수트에 캐주얼한 운동화를 신고 까만 배낭을 둘러멘 직장인 미남들이, 스완스턴 거리에는 스케이드 보드를 씽씽 달리는 17세쯤 돼 보이는 학생 미남들이 그녀들의 피로감을 '싹' 사라지게 한다.

Tour Course
스완스턴 거리→플린더스역→야라 강변

낯선 도시지만 바둑판 모양의 지도를 보니 자신감 충천. 제 아무리 '길치, 방향치'라도 멜버른에서는 지도에 표시된 길과 표지판만 찾아도 현 위치와 목적지가 분명히 보이니까. 장시간 비행으로 출출해진 그들, 이리저리 헤매며 점심 메뉴를 고민한다. "멜버른 하면 가장 유명한 음식이 뭘까?" 하며 마냥 걷기만 하다 내린 결론은 이 지역의 맛집과 유명한 집은 이 지역 사람들이 가장 잘 알 거라는 것이다. 그래서 멜버른 사람들의 도움을 받기로 결정한다.

스완스턴 거리에서도 가장 사람들이 붐비는 QV 센터 앞에서 지나가는 사람들의 관

상을 유심히 본 후 수진이 나선다. 하지만 아시안 푸드를 좋아하는 멜버니언인 앨버트의 '일식 요리' 추천에 대안이 필요하다는 고심 끝에 이번에는 수현이 나선다. 어쩐지 '헝그리 정신' 보다는 '미남에게 말 걸기' 가 마냥 즐거워 보인다. 일식 요리에, 난데없는 초콜릿 바 추천에 적당한 메뉴를 찾지 못한 그들을 안내해준 사람은 다름 아닌 타이베이에서 멜버른으로 유학 온 메이. 친절하게도 일행을 직접 추천 레스토랑으로 안내해준다.

메이가 안내한 '팬케이크 팔루어 레스토랑' 은 호주에서 1965년에 시작된 이색적인 팬케이크 전문점이다. 단순히 구운 팬케이크가 아니라 육류와 과일, 초콜릿이나 메이플 시럽, 아이스크림 등을 곁들여 다양한 맛으로 팬케이크를 즐긴다는 발상부터가 신선하지만 종류가 많아 무엇을 선택해야 할지 몰라 하던 그들에게 직원이 추천한 베스트셀러 팬케이크는 치킨 가슴살 팬케이크와 자마이칸 바나나 팬케이크. 독특하고 맛있긴 했지만 한 끼 식사로는 2% 아쉬웠다.

'멜버른 날씨' 같은 사람?

2% 부족한 점심을 먹고 시내로 나와 이리저리 멜버른 탐색을 재개한다. 드라마 〈미안하다, 사랑한다〉에서 무혁과 은채 커플이 서성이던 플린더스역과 큰 길 사이사이 뒷골목을 살피며 "저기가 무·채 커플이 누워 있던 거긴가?" "아닌 거 같은데?" 때 아닌 촬영지 '진짜? 가짜?' 논쟁이 벌어졌다.

스완스턴 거리에서 야라 강변 방향의 플린더스 거리를 따라 걷다 출출해서 들어간 음료가게 '부스트'. 우연히 들어간 가게에는 하얀 피부에 테리우스 같은 금발을 휘날리는 멋진 점원 청년이 있다. 아까만 해도 당당하던 그녀들이 별안간 수줍은 소녀가 되어 천천히 주문한다. 이에 질세라 기자들은 기념촬영까지 한다. 한 평 남짓한 좁은 상점을 휘젓고 다니는 미소년과 이야기를 조금 더 나누고 싶다는 욕망은 한국인의 위신을 지켜야 한다는 강압감에 밀려 아쉬운 작별 인사를 남겨야 했다. 훗날 네 여인은 일정이 고될 때에 그 청년이 발랄하게 외치던 'Bye!' 한마디를 떠올리며 미소를 머금었다.

음료가게를 빠져나와 마주 한 어려움은 변덕스런 날씨였다. 도착해서는 딱 좋았는데 오슬오슬 한기가 느껴지며 강한 바람까지 불어댔기 때문이다. 호주에서는 성격이 변덕스러운 사람을 가리켜 '멜버른 날씨 같은 사람' 이라고 표현한단다. 이런 관용어가 있을 만큼 멜버른의 날씨는 변화무쌍하고 예측 불가능하다는 것만 예측할 수 있다. 이른 아침에는 추적추적 비가 오다가도 오후에는 쨍쨍, 반짝반짝 햇빛이 온몸을 돌돌 싸매고 있던 외투를 홀홀

벗게 만든다. 그러다가도 저녁에는 기온이 급격히 떨어지고 거센 바람이 불어 옷깃을 여미게 한다. 게다가 그 순서가 일정하게 반복되는 것도 아니다. 그래서 멜버른을 하루에 사계절을 모두 경험할 수 있는 곳이라고도 한다.

다행히 야라 강변으로 가는 길에 숙소가 있어 잠시 들러 외투를 든든히 입고 강변 나들이를 시작한다. 강가에 도착해 경악을 금치 못했던 것은 흑조가 야라 강변을 둥실둥실 떠다니면서 '촤압촤압' 소리를 내며 물을 마시는 장면. 시내 거리와는 달리 붐비지 않는 강변의 여유로운 풍경, 멋진 쫄쫄이 의상을 입고 자전거를 타고 달리는 사람들, 노천카페에 앉아 수다를 떠는 무리 속에서 '불쇼'를 기다린다. 야라 강변에서는 매일 오후 6시부터 밤 12시까지 정각마다 화려한 불쇼가 펼쳐진다. 강변을 따라 줄지어 있는 12개 기둥에서 '펑!' '펑!' 터지는 큰 소리를 처음 들은 수현과 수진은 화들짝 놀란다. 쌀쌀한 강변에서 따뜻한 불쇼, 캄캄한 강변을 수놓은 화려한 건물들의 오색찬란한 불빛에 예쁜 장식을 더해주는 불꽃으로 야라 강변이 더욱 포근하고 따스하게 느껴진다.

Tour Point

부스트(Boost) : 'Low Fat Love Life'라는 기치를 앞세운 음료가게로 지역마다 지점이 있다. 꽃미남 청년이 있는 곳은 플린더스 지점으로 그 청년이 언제까지 일할지는 그 청년 마음. 바나나 버즈는 A$3.4, 에너자이저 주스는 A$4

2nd day
자연과 인간의 합작품 그레이트 오션

도시에만 갇혀 있다면 '호주의 광대한 대자연'이라는 말은 그저 교과서적인 설명에 지나지 않는다. 단순한 '해안도로'에 '그레이트(Great)'라는 감정을 주체하지 못하는 수식어를 붙인 데는 그만한 이유가 있었다. 해안선을 따라 200km 넘게 이어지는 멋진 드라이브 코스, 관광객은 대부분 지롱에서 270km 거리인 워넘블을 기나긴 해안 드라이브의 도착지로 삼는다. 하루를 꼬박 투자해야 하는 만만치 않은 투어 프로그램이지만 호주 빅토리아 주를 여행할 때 절대 이곳만은 빼놓으면 안 되는 이유를 체득한 수진과 수현은 그레이트보다는 '죽인다!'라는 감탄사로 총평을 대신한다.

Tour Course
빅토리아 주 지롱→Narana Creations→벨스 비치→아폴로 베이→오트웨이 국립공원→포트 캠벨 국립공원→12사도→런던 브리지

설렘, 비로소 만난 '호주의 대자연'

그레이트 오션 로드의 투어 프로그램을 예약한 여행자들을 모두 태운 Go West 버스는 멜버른에 이어 빅토리아 주 제2의 도시인 지롱을 지나 사방에 건물 하나 없는 탁 트인 초원길을 평화롭게 질주한다. 이른 아침, 시원한 바람과 쾌청한 하늘은 사진에서만 보아 온 장엄한 해안도로에 대한 설렘을 자극한다. 비좁은 버스 안을 쿵쿵

울리는 신나는 노래 'Go West'로 기대감은 최고조.

소와 말들이 한가로이 풀을 뜯으며 노니는 초원과 파란 하늘, 손에 닿을 것만 같은 뭉게구름까지 멜버른에 도착한 이후 처음으로 "와, 이게 바로 호주의 자연이구나" 하는 말이 절로 터져나왔다. 기분 좋은 드라이브 끝에 도착한 곳은 'Narana Creations'로 이곳에서는 간단한 티타임과 함께 부메랑, 에뮤 헌터, 캥거루 헌터, 에뮤 콜러 등 유목민들이 사냥에 사용했던 도구들에 대한 설명을 듣고 만져보고 체험해볼 수 있다. 그뿐만 아니라 앞서 배운 사냥 도구들과 유목민이 사용한 각종 옷감과 캥거루 가죽, 코알라 인형과 아웃백 스타일의 엽서, 수첩 등 간단한 기념품도 쇼핑할 수 있다.

Tour Point
그레이트 오션 로드 코스 중 Narana Creations는 공휴일과 주말에는 제외되니 일정을 잡을 때 주의하자.

흥분, 푸른 바다와 멋진 서퍼들에 '두근두근'

다시 차를 타고 달려가자 한쪽은 끝없이 펼쳐지는 푸른 바다, 반대쪽으로는 광활한 들판이 나타난다. 시야에 펼쳐지는 건 파란 물감으로 물들여놓은 눈부신 바다와 해변을 빼곡히 둘러싼 키 작은 나무들 그리고 몸짱 서퍼들의 묘기다. 바로 이곳은 매년 부활절 서핑 클래식 대회가 개최된다는 벨스 비치로 키아누리브스가 출연한 〈폭풍 속으로〉가 촬영됐던 곳

이기도 하다. 수진과 수현은 바다를 보자마자 아이처럼 뛰어들다 너무 차가운 물에 발이 닿자 이내 엄살을 피우며 돌아나왔다. 그들과 달리 벨스 비치의 험난한 파도를 유유자적 유영하는 수많은 서퍼들이 대단해 보일밖에. 함께 버스에 탑승한 여행자들도 처음 만난 그레이트 오션 로드의 바다 앞에서 기념사진과 작품사진을 만들기에 여념이 없다. 벨스 비치에서 만난 서퍼들에 열광하고, 시원한 속도로 해안도로를 달리다 우연히 도로를 가로지르던 무심한 표정의 캥거루에 감탄을 거듭한다. 나무 위에서 귀엽게 유칼립투스 이파리를 잘근잘근 씹어 먹는 귀여운 코알라 모자(母子)까지 넋을 놓고 바라보다 보니 어느새 점심식사 시간이다.

해안선을 타고 다시 기분 좋게 달리기 시작해 점심식사가 예정된 아폴로 베이에 도착한다. 이곳은 아기자기하고 전망 좋은 카페와 기념품 가게, 한적한 공원이 있는 마을로 만약 투어 프로그램으로 그레이트 오션 로드를 여행하는 것이라면 사전에 주문한 메뉴가 카페에 미리 세팅돼 있다. 가벼운 롤 샌드위치로 점심을 해결하고 마을 산책에 나선다. 예쁜 아기와 귀여운 소년들과 친해지고 함께 뛰놀며 장난도 친다. '동심'과 '순수'를 되찾은 것만 같다던 수현이 한마디 한다.

"나중에 나이 들면 여기서 살고 싶다. 여유롭고 공기도 상쾌하고 이렇게 전망 좋은 곳에서 호주 청정 재료로 만든 요리만 먹고 산다면 무병장수할 것 같아."

Tour Point
아폴로 베이는 한적한 바닷가 마을로 마을 공원을 지나면 해변이 나온다. 점심식사를 부지런히 하고, 꼭 산책해보길. 그리고 장시간 버스를 타느라 굳어진 몸을 탁 트인 바다를 보며 풀자.

절정, 신이 빚은 '절경', 인간이 부여한 '의미'

구불구불한 해안도로를 유유히 달려 나가며 직접 차를 몰고 나와 자기만의 포인트에서 기념촬영을 하는 사람들, 그림 같은 풍경에서 데이트를 즐기는 커플들을 보니 기회가 된다면 이 웅장한 해안도로를 달리며 자유롭게 투어를 즐겨보고 싶은 마음이 간절하다.

오트웨이 국립공원을 따라 들어가면 벌목과 벌채를 감시하던 마이츠가 쉬었다는 마이츠의 열대우림에 닿는다. 이 숲에는 세계에서 가장 큰 나무에 속하는 원시 열대우림 나무가 빼곡히 들어서 있다. 서늘한 숲 속을 여행 친구들과 함께 거니는데 예상치 못했던 빗방울이 떨어진다. 걸음을 재촉해 버스로 돌아가 예정됐던 코스, 그레이트 오션 로드의 하이라이트인 포트 캠벨 국립공원으로 향하는 길, 어서 빨리 비가 멎길 바라는 마음과 혹여 계속될 비에 대한 걱정이 머릿속을 어지럽혔다.

끊임없이 내리는 비에 모자까지 뒤집어쓰고는, "어차피 지금까지 해안도로 코스도 좋았으니까 비와도 상관없어" 수현이 말하고, "사진으로 백만 번쯤 봤는데 그냥 커다란 돌덩어리잖아" 수진이 맞장구친다.

하지만 그들의 시야에 안개와 비바람에 휩싸인 신비로운 12사도(The Twelve Apostles) 모습이 들어오자 폴짝폴짝 뛰어대며 "와우, 너무 멋있어, 너무 멋있어"를 연발한다. 하긴 12층 빌딩 높이와 맞먹는 크기니 실제 모습에 그렇게 놀라워하는 것도 이해된다. 거친 파도에 깎이고 깎여 가파른 흙빛 절벽이 된 땅과 거대한 돌덩어리는 눈으로 보이는 것은 열 개쯤이지만 숨어 있는 두 돌덩어리까지 합하면 예수의 12제자와 비슷하다 하여 12사도상이라는 이름을 갖게 됐다. 사진을 찍기 위해 카메라를 들이대면 거센 비바람으로 심술을 부

리던 12사도. 그 위용과 자연의 신비한 변화만큼은 오래오래 잊히지 않을 것 같다.

자연이 만들어낸 또 하나의 명물은 '런던 브리지'. 파도의 풍화 침식작용으로 생성된 기암절벽은 정말 얼핏 보기에도

Tour Point

그레이트 오션 로드는 자연과 인간의 합작품이라 해도 좋을 정도다. 파도와 바람과 바다가 만들어놓은 해안에 제1차 세계대전 이후 실직한 퇴역 군인들의 일자리를 마련하기 위해 거대한 도로공사를 단행한 것이다. 그렇게

이 아름다운 해안도로가 세상에 모습을 드러낸 것은 공사를 시작한 지 14년이 지난 1932년. '현실'을 위해 만들어진 이 해안도로는 지금은 많은 사람에게 낭만적이고 추억 가득한 풍광을 안겨준다.

다리처럼 생겼다. 겨우 몇 십 년 전에 자연적으로 붕괴된 런던 브리지는 을씨년스럽기까지 하다. 이 심술궂은 파도와 바람이 모질게도 바위를 깎아내 결국에 12사도도, 런던 브리지도 바다의 일부분으로 삼켜버리지는 않을까 하는 생각에 슬쩍 소름이 돋는다.

행복, 내 인생 최고의 카페

이른 아침 졸린 눈을 비비며 시작된 그레이트 오션 로드의 일정은 이제 끝나고 다시 멜버른 시내로 돌아가는 일만 남았다. 수현과 수진은 간단히 저녁식사를 마친 마을에서 따끈한 커피를 사들고 버스에 오른다. 우리 시야에 180°는 아무것도 없어 캄캄할 뿐이다. 가만히 유리창에 딱 붙어 캄캄한 하늘을 보던 일행 모두 흠칫 놀란다. 지평선 바로 위에서부터 시작되는 촘촘히 박힌 반짝이는 별들. 너무 하얘 보석처럼 반짝이는 눈을 새카만 하늘 위에 좌르르 흩뿌려 놓은 것만 같다. 그리고 버스 안을 감미롭게 흐르던 비틀스의 '렛 잇 비.' 자연을 감상하기 가장 좋은 방법은 그 모습 그대로를 지키는 것이 아닐까.

Tour Point

그레이트 오션 로드 여행하기 : 여행자라면 차를 렌트하는 것도 좋지만 가장 손쉽고 포인트를 꼭꼭 집어 여행하는 방법은 원 데이 투어 프로그램을 이용하는 것. 투어는 보통 아침 7~8시에 시작되며 저녁 8~10시에 끝난다. Go West, Grayline 등의 투어 버스를 이용하려면 멜버른 시내 스완스턴 거리에서 티켓을 구입한다. 가격은 버스 회사별, 일정별, 포함 사항별로 다르며 A$95~131까지 제각각이다. 그레이트 오션 로드와 12사도상을 가장 잘 감상할 수 있는 방법은 헬리콥터 투어다. 해안도로를 따라 포트 캠벨 국립공원을 죽 돌아오는 코스의 풍경은 두말할 필요도 없으려니와 헬리콥터라는 낯선 탈거리를 체험하는 것만으로도 진귀한 경험이 된다. 게다가 헬리콥터는 웬만한 악천후에도 끄떡없다고 한다. 가격은 버스 회사별, 탑승 시간별로 A$60부터 다양하다.
Go West : www.gowest.com.au
Grayline : www.grayline.com.au

캄캄한 밤, 반짝반짝 빛나는 별, 감미로운 음악과 오늘 친구가 된 사람들. 우리의 그레이트 오션 로드 여행은 그 마무리까지도 감동적이었다.

3rd day
자연 속에서 만난 동물원

'호주' 하면, '멜버른' 하면 무엇이 떠오르는가? 광활한 자연과 세계 유행을 선도하는 멋쟁이 도시의 이미지 이외에도 몽글몽글 귀여운 털이 보송보송한 코알라와 세상사 걱정과 시름 따위와 담을 쌓고 초탈의 경지에 이른 듯 무심한 얼굴의 캥거루가 저절로 그려질지도 모르겠다. 유럽의 정취가 흐르는 멜버른을 중심으로 1~2시간 거리에서는 호주의 마스코트인 귀염둥이들이 우리를 기다리고 있다.

Tour Course
단데농 산맥→와룩 캐틀 팜→필립 아일랜드

알록달록 야생 앵무새야, 이리 와~

그레이트 오션 로드 투어처럼 오늘 하루 일정도 '동물'이라는 테마로 묶어 원 데이 투어로 진행된다. 이른 아침 멜버른 동쪽으로 한 시간쯤 달렸을까. 상쾌한 바람을 가르고 도착한 단데농 산맥. 쭉쭉 곧고 시원하게 뻗은 키 큰 나무들이 울창한 숲을 이루고 있고, 단데농의 골짜기를 따라 다양한 생물들이 안전하게 보호받으며 평화롭게 살고 있는 이곳은 멜버른 사람들에게도 인기 있는 나들이 장소다.

버스에서 내리자마자 알록달록 예쁘고 자그마한, 조심스러워서 도도해 보이는 새들에게 반해 울타리에 소복하게 쌓인 사료를 모아들고 새들을 유혹한다. 손을 뻗는 족족 새들에게 거부당한 수진과 수현과는 달리 수완이 좋은 사람들은 양팔과 어깨, 머리에 예쁜 앵무새를 올려놓고 여유롭게 먹이를 준다. 그나마 몸통은 진한 빨간색이고 날개와 꼬리는 파란색인 선명한 컬러의 앵무새 로젤라가 폴짝폴짝 수진의 손바닥에 있는 맘에 드는 먹이만 쏙쏙 골라 먹고는 날아간다. "와, 얘네 얄미워"라며 투정부리는 수진, 새들에게 정신을 뺏긴 사이 다른 일행은 이미 버스에 올라타서 수진과 수현을 기다리고 있다. 원래 '뽀로롱

'뾰로롱', '쉭쉭' 울어대는 귀여운 새들과의 티타임은 가이드가 출발을 재촉하기 전까지는 쉽사리 끝내지 못하는 법.

아기 캥거루 쟁탈전!

원시 자연에서 동물을 만나보는 것은 더없이 값진 경험이지만 농장에서는 캥거루나 양, 말 같은 동물을 더 가까이에서 친숙하게 만나볼 수도 있고 호주 유목민들의 생활을 직접 체험해 볼 수 있다는 데 의미가 있다.

고풍스러운 옛 멜버른의 농장 가옥을 그대로 보존하고 있는 와룩 캐틀 팜에서는 호주 청정 우로 만든 맛좋은 스테이크로 점심을 시작해서 아기 동물들에게 우유주기, 소젖 짜서 즉석에서 맛보기, 양털 깎기 시범과 양치기 개들의 '양몰이 쇼'까지 다양한 농장 체험을 할 수 있다. 의욕 최고, 호기심 최고, 동물 사랑 최고의 자세로 그야말로 카우걸이 되어 농장 곳곳을 누비던 수현과 수진. 체험은 좋지만 동물을 무서워하는 수현은 농장에서 승마 연습 중인 소녀들과 친구가 됐고, 동물에 열광하는 수진은 막무가내로 아기 캥거루를 잡아당기던 철없는 아기 여행자로부터 아기 캥거루를 보호하느라 여념이 없었다.

모든 체험이 하나같이 재밌지만 소젖을 직접 짜기는 조심스러웠고 서툴렀고 색다른 경험이었다. 소젖을 요령 있게 잡아 쭉 잡아당기는 방법을 전수받았건만 그녀들의 손이 닿기만 하면 아무 반응이 없거나 엉뚱한 통에 귀한 우유를 흩뿌렸다. 짜자마자 맛보는 우유 맛은 비릿하고 역할지도 모른다고 생각했는데, 농장 가이드 언니의 얼굴을 봐서 '원샷' 해보니, "와, 이거 의외로 따뜻하고 고소한데?'

숲 속에서의 티타임을 마친 후 퍼핑 빌리 증기 열차를 체험한다. 지정된 좌석 없이 아무 열차 칸에나 올라타 가장 마음에 드는 좌석이 아닌 창문(!)을 선점한다. 우리의 지하철마냥 배치된 의자가 있기는 하지만 웬만해서는 정석대로 의자에 앉지 않는 것이 바로 퍼핑 빌리 열차에서만 누릴 수 있는 특권이다. 열차가 출발하기 전부터 에스러운 기관사 의상을 갖춰 입은 할아버지가 창가에 앉을 때는 조심하라고 주의를 준다.

'뿌우왕~' 증기 기관차가 출발한다는 걸 알리는 경적 소리와 함께 '칙칙폭폭'이 아닌 '슉슉슉슉' 증기 뿜는 소리를 내며 기차가 벨그레이브역을 출발한다. 너나 할 것 없이 기차에 탄 사람들은 안전봉에 팔을 걸치고 창틀에 엉덩이를 놓고 창문 밖으로 두 다리를 대롱거리며 기차여행을 만끽한다. 직선으로 달리던 기차가 곡선 모양의 철도를 달릴 때면 저 앞의 앞의 앞 칸에 나와 같은 자세로 앉은 다른 나라에서 온 여행자와 가볍게 눈인사를 한다. 숲 속에서 피크닉을 즐기는 가족들에게 힘껏 손을 흔들어 주기도 한다.

> **Tour Point**
>
> 빽빽한 원시림으로 채워진 단데농 숲 속을 관통하는 25km 레일 구간은 골드러시로 사람들이 한창 멜버른에 모여들었던 1880년대에 만들어졌다. 당시 이 증기열차는 숲을 통과하는 유용한 교통수단이었지만 지금은 둘도 없는 멜버른의 대표 관광 테마가 됐다. 석탄으로 가는 기관차인 만큼 석탄가루가 입과 눈에 들어갈 수도 있으니 바람의 방향에 신경을 쓰자. 퍼핑 빌리 열차는 다음 역인 맨지스 크릭역이 종착역이다.

세계에서 제일 작은, 세상에서 가장 귀여운 펭귄

드디어 필립 아일랜드의 주인공 펭귄을 만나러 갈 시간이다. 이번 투어의 가장 큰 특징은 펭귄과 코알라 같은 동물들이지만 기사 겸 가이드인 대릴 아저씨가 그 즐거움을 더욱 배가시킨다. 펭귄 성대모사(?)를 하며 펭귄을 소개하고, 필립 아일랜드에서 삼가야 할 행동과 준비해야 하는 것들을 재치 있게 설명해준다.

잘 닦인 길조차도 어른 무릎 높이 수풀이 무성한 필립 아일랜드에 도착하자 왈라비를 찾아보라며 난데없이 흥겨운 음악을 틀어준다. 왈라비는 호주, 태즈메이니아 섬, 파푸아뉴기니에 서식하는 캥거루와 비슷하지만 캥거루보다 훨씬 작아 더 귀여운 동물이다. 신나는 행진곡이 시작되면 가이드가 '왈라비!' 하고 소리치며 왈라비가 어디에 있는지를 설명해준다. 처음에는 어리둥절해서 가이드의 지시에 따라 가이드가 찾은 왈라비에 시선을 두지만 잠시 후 버스 안은, 특히 수현과 수진 그리고 몇몇 어린아이들이 왈라비를 찾는 소리에 난리가 난다. 오락하듯 '왈라비! 왈라비!' 재미난 숨은 왈라비 찾기 놀이로 분위기는 금세 달아오른다!

필립 아일랜드에 입장하는 길, 운 좋게도 펭귄이 귀여워 필립 아일랜드를 여러 번 왔다는 멜버른의 아주머니를 만나 가장 명당이라는 곳에 함께 자리를 잡았다. 그 자리는 지정 관람 구역 네 줄 한가운데 바로 오른쪽 자리. 한가운데에는 펭귄이 지나가는 길이 뚫려 있어 펭귄을 더 가까이서 만날 수 있단다.

관객들은 하나같이 숨죽여 펭귄이 나오기를 기다린다. 담요와 목도리, 외투로 몸을 친친 감고 있지만 한기가 느껴진다.
코끝이 시리고 펭귄을 기다리는 시간이 초조하게 느껴질 무렵, 드디어 나타난 은색 생물체 두 덩어리. 매직아이를 하듯이 눈을 부릅뜨고 쏘아보니, 다름 아닌 펭귄이다! 파다닥 헤엄쳐 해변에 도착하더니 두리번두리번 눈앞에 보이는 괴생물체(?)들이 무엇인가를 살펴본다. '이상하다' 라고 생각했는지 몇 번이고 물에 들어갔다 나오기를 반복할 뿐 정찰병 펭귄이 도통 무리를 이끌고 나오질 않는다. 단 두 마리의 유영에 혼잣말로 "빨리 나와라잉?"

을 중얼거리고 있을 때쯤 옆에 앉은 아주머니가 손을 뻗어 펭귄 무리가 오고 있음을 알려준다. 어둠 속에서도 빛나던 은색 물결, 바닷물에 흠뻑 젖은 펭귄은 검고 흰 것이 아니라 은색으로 반짝반짝 빛난다. 마치 남반구의 어둠 속 무수한 별 사이를 헤치고 육지에 도달한 싱싱한 생선처럼. 20여 마리가 해변에 주르륵 서 잠시 주춤하더니 곧이어 귀여운 펭귄 퍼레이드가 시작된다. '너무 멀다' 라는 느낌은 펭귄이 근처에 서 있는 갈매기 옆을 지나가자 비로소 실감이 난다. '너무 작다' 가 맞는 표현인 거다. 세상에서 제일 작다던 펭귄은 갈매기보다도 덩치가 작았다. 키가 30cm밖에 안 된다더니 정말 작아 '귀여워 미치겠네' 소리가 절로 나온다. 그 짧은 다리로 총총총 뛰다가 넘어지면 또 그 연약하고 짧은 팔로 우스꽝스럽게 딛고 일어서서 달리는 모습에 사람들은 자기도 모르게 '풋' 하고 웃는다.

똑같은 장면이 열 번쯤 반복되자 필립 아일랜드의 스태프가 우리에게 다가와 "펭귄 퍼레이드가 거의 끝난 것 같으니 이제 그만 가도 된다"고 말한다. 뒤를 돌아보니 그 많은 사람들이 자리를 뜨고 없다. 아쉬운 마음으로 돌아가는 길, 섬의 위쪽에서는 더 놀라운 일들이 기다리고 있었다. 방금 전 퍼레이드를 마친 펭귄들이 잠자리를 잡기 위해 달려가고 있었다. 이미 자리를 잡고 겨드랑이에 얼굴을 묻은 뒤 공 모양으로 몸을 말고 푹 잠이 들어버린 녀석들도 있다. 바로 옆 울타리에서 펭귄이 걷고 있어도 소리를 내거나 만져서는 안 된다. 이 놀라운 경험에 수현과 수진도 싱글벙글하며 펭귄과 보폭을 맞추며 함께 걸어간다. 뽕뽕뽕 엉덩이를 씰룩거리며 걸어가는 익살스러운 펭귄의 뒷모습을 우두커니 바라보다 가이드와 약속한 시간이 가까워져 발걸음을 재촉한다.

Tour Point

필립 아일랜드는 자연 그대로의 동물원으로 아름다운 초원과 거친 파도에 마치 실크처럼 부드럽게 반짝이는 신비로운 포말을 지속적으로 만들어내는 수려한 해안선을 자랑한다. 이곳에서는 세계에서 가장 작은 펭귄들이 펼치는 '펭귄 퍼레이드', 바다물개들의 집단 거주지인 '노비스', 코알라를 보호하는 '코알라 보호센터', 조류 서식지인 '울라마이' 등을 볼 수 있다.
www.phillipisland.net.au

"아~ 너를 영원히 잊지 못할 거야, 귀여운 펭귄들아!"

필립 아일랜드는 기온이 낮고 바람이 많이 불어 담요나 두툼한 외투를 준비해야 한다. 사진 촬영은 하지 못한다. 플래시를 터뜨리지 않더라도 사진 촬영은 절대 불가다. 누구는 펭귄을 한번에 200마리나 봤다고 하는데 수진과 수현은 운이 조금 나빴는지 10여 마리 정도를 하염없이 봐야 했다. 어린 펭귄들이 자라는 시기에는 더욱 많은 펭귄을 볼 수 있다. 11~1월 사이에는 1,000마리 이상으로 불어난다니 이 섬을 곧 방문할 당신에게는 행운이 함께하길!

4th day
여행도, 인생도

오늘은 멜버른 여행의 마지막 날이다. 일부러 세인트 킬다 마켓이 열리는 일요일에는 투어 프로그램을 예약하지 않았다. 지도를 펼쳐 들고 멜버른의 하이 패션을 선도한다는 채플 스트리트에서 윈도쇼핑을 즐긴 뒤 세인트 킬다로 이동하기로 했다.

Tour Course
채플 스트리트→카페거리 브룬스윅→세인트 킬다→멜버른 전망대

색다른 멜버른을 만나는 곳

'호주 패션의 1번지'인 멜버른의 명성을 더욱 견고히 만드는 거리답게 거리 전부가 디자이너 부티크로 가득 채워져 있고, 길거리를 다니는 멋쟁이들이 이곳의 명성을 실감나게 해준다. 이세이 미야케, 아르마니 같은 해외 명품 패션에서부터 라메튼, 사바, 콜레트 디너건, 아라나 힐 같은 실력 있는 호주 디자이너들의 상점도 있다.

아라나 힐에 들어가 멜버른의 최신 유행을 느껴본다. 한국에서는 웬만한 파티에나 꽂고 갈 만한 커다란 코사지 같은 헤어핀과 꽃무늬가 예쁘게 프린트된 드레시한 시폰 드레스가 멜버른의 멋쟁이 여성들에게 사랑받고 있다. '지름신'을 참을 수 없게 만드는 이곳에서 그녀들을 가로막는 건 가격. 수진이 입은 핑크 드레스는 A$549(40만 원), 기자들과 수진을 깜짝 놀라게 만든, 수현을 대변신시킨 그린 시폰 드레스는 A$689(50만 원)였다.

눈에 아른거리는 드레스를 뒤로하고 향한 세인트 킬다. 흐릿한 날씨와 쌀쌀한 기온과는 어울리지 않는 야자수에 휴양지 느낌이 물씬 풍긴다. 이곳은 복고풍의 상점과 부티크를 비롯하여 레스토랑, 기념품점 등이 수없이 많아 현지인은 물론 수많은 여행자의 발길을 이끄는 곳이기도 하다. 매주 일요일에는 주말장이 열려 더 풍성한 볼거리가 마련되니 그 기회를 어찌 놓치랴. 하지만! 그 어디에도 장은 보이지 않았다. 오히려 바닷바람에 옷깃을 여민 사람들 몇몇만이 지나다닐 뿐이다. 인근 사람들에게 세인트 킬다 마켓을 묻자 악천후에는 장이 취소되기도 한단다. 실망스러운 마음에 해변 산책만 가볍게 하고는 다시 트램을 타고 브룬스윅 스트리트로 간다.

여행도 인생도, 조여주고 풀어주고

Tour Point

아라나 힐(Alannah Hill) : 핑크와 꽃무늬, 로맨틱하고 페미닌한 의상이 이곳만의 스타일. 533 Chapel Street에 위치한다.
03-9826-2755 www.alannahhill.com.au

세인트 킬다 가는 방법 : 알버트 파크에서 96번 트램을 타고 St Kilda Beach(STOP 140, 종점)에서 하차한다. 소요시간 약 15분. 세인트 킬다 마켓은 매주 일요일 10:00~17:00 사이에 열린다.

우리나라에는 삼청동과 인사동이 있다면 멜버른에는 카페거리 브룬스윅이 있다. 낮에는 개성 만점의 다양한 아이템이 즐비하고 여유가 넘치는 이야기와 차가 함께하는 공간으로, 밤에는 멜버른의 지치지 않는 열기로 가득한 나이트라이프를 즐기려는 사람들이 북적거리는 동네가 바로 브룩스윅이다. 이 거리는 다운타운에서 북동쪽에 위치한 칼튼 공원에서 한 블록 건너에 있다. 특히 이곳의 카페와 펍은 다운타운보다 가격도 싸고 복장에 제한이 없어 편하게 즐기기에 적당해 배낭 여행자들에게 특히 인기가 높다.

무임승차와 마켓을 가지 못한 상실감으로 피로해진 일요일 오후 브룬스윅에서 맘에 드는 카페를 찾아 헤맨다. 수현이 인터넷 카페에서 미리 알아온 여러 카페가 눈에 띄었지만

사람들이 가장 붐비는 곳으로 가자고 합의하고는 골목골목을 샅샅이 후빈다. 멋스러운 그래피티를 그린 낡은 벽과 덕지덕지 포스터가 붙은 커다란 벽면, 개성 있는 카페, 주얼리 상점이 늘어서 있다. 서점에서는 〈고양이에게 배우는 인간관계〉, 〈닥터 Q에게 들어보는 성 상담〉 등 재미난 컨셉트의 책도 킥킥거리며 읽어본다.

멜버른에 도착한 이후 보고, 듣고, 느끼고, 감동하고, 행동하고, 위반하고…. 하고 싶은 일들을 하기 위해 정신없이 내달리기만 했다. 남의 여유로운 모습에 부러움을 감추지 못했지만 더 많이 보고 다니기 위해 욕심을 부리다 정작 자신들의 여유에는 옹색할 수밖에 없었다. 작정하고 늘어져 있어 보자며 들어간 브룬스윅의 카페 블랙 캣에는 달콤한 핫초코, 창 사이로 스며드는 따뜻한 햇살, 도란도란 밀어를 속삭이는 부러운 커플들이 있다. 나른한 오후 여유롭게 여행 다이어리도 정리하며 제대로 릴렉스.

Tour Point
블랙 캣 : 252 Burnswick street
03-9419-6230

화려한 밤은 가고

멜버른 시내를 360°로 조망할 수 있는 멜버른 전망대. 전망대는 남반구에서 가장 높은 빌딩인 리알토 타워에 있다. 어둑해질 무렵의 멜버른 시내를 눈에 가득 담는다. 하나 둘 불이 켜지면 멜버른은 아름다운 도시의 야경을 반짝반짝 뽐낸다.

오늘 만찬은 호주 빅토리아 주 관광청에서 마련한 스테이크. 크라운 엔터테인먼트 콤플렉스에 있는 넘버 8 레스토랑에서 근사하게 즐겼다. 첫날의 어색함부터 기자들 몰래 호텔을 빠져나가 둘만 누볐던 밤거리와 우리가 만났던 동물 친구들, 재미난 에피소드까지 잊지 못할 멜버른이다. 그래도 아쉬움이 남은 수진, 수현의 이구동성.
"꼭 다시 와야지. 좀더 따뜻할 때 말이야!"

Tour Point

멜버른 전망대 : 525 Collins Street, 리알토 타워 55층
03-9629-8222 www.melbournedeck.com.au
넘버 8 레스토랑 : 크라운 엔터테인먼트 콤플렉스
1층, 8 Whiteman Street
03-9292-7899 www.crowncasino.com.au

멜버른의 무법자, 수진의 '무임승차기'

호주인들이 엄격하고 원칙적이라는 것을 정녕 몰랐단 말인가. 수진은 툭하면 무단횡단에 급기야는 무임승차까지 했다. 소심한 수현과 기자들은 처음에는 마음을 졸이며 "쟤, 왜 저러니?" 했지만 시간이 흐를수록 함께 대로를 활휙 잘도 무단횡단하는 경지까지 올랐다. 두 시간 탑승에 우리 돈 2,300원쯤인 트램 비용을 아낀다고 "어차피 감시하는 사람도 없는데 뭐 어때?"라며 수진은 기자들과 수현을 살살 꼬드겼다. "설마 우리가 재수 없게 검표원의 검사를 받겠어?"라며 자신만만해 했지만 역시 설마는 사람을 잡는 위험한 단어다. 처음부터 완전 무임승차를 시도한 건 아니었다. 네 명 탑승에 티켓은 두 장을 끊었다. 채플 스트리트에서 세인트 킬다까지 한 번은 무사통과했다. 자신만만하게 세인트 킬다에서 브룬스윅 거리로 가던 도중, 트램에서 룰루랄라 셀프 카메라를 찍어대다 옴짝달싹못하게 앞문과 뒷문으로 갑자기 들이닥친 검표원 네 명에게 붙잡혔다. "어… 어떤 사람이… 두 명에 한 장만 끊어도 된다고 말했는데요…"라며 말도 안 되는 변명을 늘어놓던 수진. 이 황당한 시추에이션에 다른 일행의 행방은? 고개를 떨구었던 기자와 동행이 아닌 것처럼 다른 위치에서 구경꾼인 양 행세한 사진기자 그리고 '돌'이 된 수현…. 혹여 멜버른에서 무임승차를 꾀할지 모르는 여행자들을 위해 수현과 수진이 실험한 결과 검표는 생각보다 자주 한다는 것. 그러니 무임승차는 금물이다.

유학생 황지수 씨의 증언

"무임승차요? 어떻게 그렇게 간 큰 행동을 했대요? 진짜 벌금을 안 물었어요? 요새는 영어를 하나도 못 알아듣는 척하면 콜센터에 전화해서 무임승차객과 같은 나라 사람을 바꿔줘요. 유학생들도 요새 무임승차 안 하는데. 그 사람들 참 대단하네요!"

알고 타자 '트램', 하지 말자 '무임승차'

1. 시티서클 트램을 활용한다

멜버른의 명물 트램은 현대와 전통이 공존하는 멜버른의 모습을 상징하기에 가장 좋은 교통수단이다. 주요 관광지를 여행하는 데 유용한 시티서클 트램은 직사각형 형태의 멜버른 시내를 크게 한 바퀴 돈다. 관광객에게 특히 좋은 점은 이 트램이 무료라는 것. 멜버른 시를 모두 도는 데는 40분 정도 소요된다. 크리스마스와 부활절을 제외하고 매일 아침 10시부터 오후 6시까지 운행하며 매주 목, 금, 토요일에는 밤 9시까지 연장 운행한다.

2. 원하는 곳을 갈 때는 유료 트램

트램은 시티서클 무료 트램과 유료 트램이 있다. 시내 외곽이나 멜버른 시내 곳곳을 여행하려면 유료 트램을 이용해야 한다. 유료 트램을 탈 때는 트램 앞에 표시된 종점을 확인하고 목적지를 확인한 뒤 탄다. 트램에는 노선표가 있으니 참고하자.

3. 트램 티켓 사는 방법

트램에서 사용하는 티켓은 지하철, 버스 티켓과 동일하며 지하철역이나 트램에서 구입할 수 있다. 트램 내부에서 구입할 경우, 실내에 비치된 파란색 티켓 자동판매기에 동전을 넣고 구간(ZONE 1, 2, 3)과 티켓 유효기간(2시간, 1일, 1주일, 1달), 티켓 수량 버튼을 누른 후 나오는 티켓을 받아 자동판매기 바로 옆에 있는 밸리데이터에 넣어 승차하였음을 신고한다. 티켓을 구매하고 신고하지 않아 인스펙터(트램 검사관)들에게 의심을 사서 벌금(A$200)을 내는 경우가 있으니 조심하자.

4. 트램에서 내릴 때

트램에서 내릴 때는 천장 쪽 손잡이에 길게 걸려 있는 줄을 잡아당길 것. 간단하지만, 트램을 처음 타는 사람들이 당황하곤 한다. 시티서클 트램은 매번 정차시 안내방송이 나오고 유료 트램은 스톱 넘버를 표시해서 방향을 알려준다. 정거장에도 스톱 넘버와 루트가 씌어 있어 보고 내릴 수 있다.

내일여행의 **추천 일정**

1일	하루	기내 숙박
2일	오후	차이나타운 부근 관광(타운홀→도서관→ 박물관)
3일	하루	구 멜버른 감옥→세인트 페트릭→피츠로이 정원→플랜더스트리트역→세인트 폴 성당
4일	하루	그레이트 오션 로드 관광
5일	아침	출국

여행 정보 (2008년 6월 기준)

항공
멜버른으로 가는 방법은 두 가지. 캐세이패시픽 항공을 이용해 홍콩을 경유해서 가는 방법과 인천에서 시드니 도착 후 국내선을 이용해 멜버른으로 가는 방법이 있다. 비행시간은 11~12시간. 시차는 한국보다 1시간 느리다.

날씨
우리와 정반대 계절로 한국이 겨울이면 멜버른은 여름인 셈. 날씨 변화가 심한 편이니 긴소매 옷이나 카디건을 준비하는 게 좋다. 햇볕이 강한 편이니 선글라스, 모자, 선크림도 준비하자.

화폐 및 환율
호주달러를 사용한다. A$1 ≒ 972.85원이다.

비자
관광에는 90일 E-비자가 필요하다.

전압
220V~240V, 50HZ이므로 한국 가전제품을 사용하려면 멀티어댑터가 필요하다.

GATE	BOARDING AREA	좌석번호 SEAT
2	파리	

애니가 파리를 만났을 때

파리는 이름만으로도 가슴 설레게 하는 도시로
누구나 한번쯤 꿈꾸는 여행자들의 로망이다.
영화 같은 로맨스가 생길 듯한 사랑의 도시,
수많은 수식어를 붙여도 부족한 도시가 바로 파리다.
노천카페에서 차 한 잔 시켜놓고
거리 냄새를 맡으며 사람 구경하고
곳곳의 풍경을 카메라에 담아오고 싶다던 애니.
배낭 하나 메고 떠난 그녀의 여행을 따라가본다.

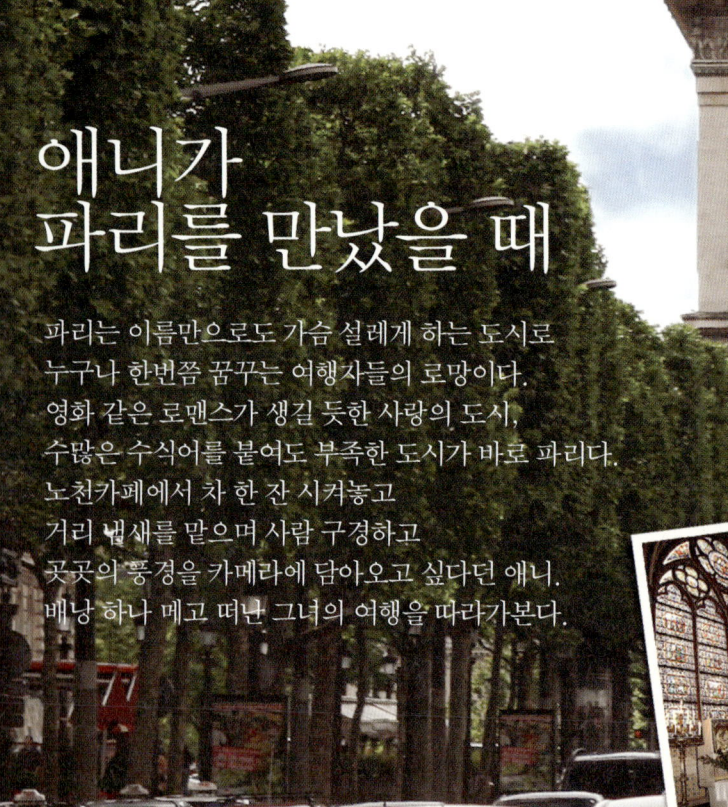

여행 컨셉트
3박 4일 일정을 애니가 계획했다. 사람 냄새를 맡고 싶다던 그녀는 시장과 거리를 종횡무진 오가며 카메라에 담기 비빴다.

여행 파트너
김애니(35세) | 어릴 때 미국으로 가 30년을 살다가 4년 전 귀화했다. 대학을 졸업하고 대기업에서 근무했던 그녀는 한국에서 영어 강사로 활동하며 사진에 심취해 있다. 사진으로 '나를 느끼는 법'을 배운 후 사진의 매력에 흠뻑 빠졌다는 그녀는 파리에 갈 때도 배낭 하나에 카메라 장비만 가득 챙겨왔다.

애니의 여행 가계부

내일여행 '파리 금까기' 상품을 이용하면 왕복항공권, 투어리스트급 호텔 숙박과 조식, 파리 센 강 유람선 탑승권 등이 제공된다. 에어프랑스를 이용하는 6일 일정은 149만 원부터다. 여기에 기본 추가비용은 교통비와 식사비, 입장료 등이다. 교통편의 경우 동선에 따라 '파리비지트 패스'를 선택해 구입하면 된다. 식사는 바게트 빵이 가장 싸며, 보통 1유로가 넘지 않는다. 슈퍼마켓 등에서 파는 샌드위치는 3~5유로, 일반 레스토랑에서 식사하면 음료와 술을 제외한 식사 값만 1인당 15~25유로(더 비싼 음식도 많다). 프랑스의 맥도널드로 불리는 패스트푸드점 '퀵(Quick)'의 세트메뉴는 7유로쯤이다.

※ 파리 실제 여행 시기 : 2006년 5월 말

1st day
봉주르 파리!

애니의 파리 탐험은 오페라 하우스에서 시작된다. 오페라를 볼 계획이 없던 애니에게 오페라 하우스는 목적지라기보다 여행의 출발점이다. 오페라 하우스 앞 광장은 늘 여행자들과 파리지앵(파리 사람)들로 늘 붐빈다. 배낭 여행자와 파리지앵들의 약속 장소로 널리 이용되는 오페라 하우스 앞 계단에는 늘 많은 사람이 모여든다. 오페라 하우스 앞의 분주한 풍경을 카메라에 담은 애니, 지하철을 타고 본격적인 여행을 시작한다.

Tour Course

오페라 하우스→생 투앙 벼룩시장→튈르리 정원→마들렌 사원→샹젤리제 거리→몽마르트르 언덕

애니, 벼룩시장의 대부(?)를 찾아가다

애니의 첫 번째 목적지는 생 투앙 벼룩시장(Marche aux Puces de Paris St-Ouen)이다. 벼룩시장의 기원이라는 프랑스에서 벼룩시장을 가보지 않을 수는 없는 법이다. 벼룩시장의 대명사로 손꼽히는 생 투앙 벼룩시장(일명 끌리냥꾸르 벼룩시장)은 파리는 물론 유럽에서 가장 규모가 큰 벼룩시장이다. 생 투앙 벼룩시장이 토, 일, 월요일에만 문을 연다는 사실을 확인하고 안도의 한숨을 쉰다. 하루만 늦었어도 벼룩시장을 구경하지 못할 뻔했기 때문이다.

지하철 4호선을 타고 종점인

포르트 드 끌리냥꾸르역에 도착해 조금 걸어 내려가니 천막들이 있는 시장이 보인다. 갖가지 옷과 장신구를 파는 노점상이 줄지어 서 있는 시장 초입의 느낌이 벼룩시장이라기보다는 남대문 시장에 가깝다.

시장을 둘러보던 애니는 붉은색, 검은색 계열의 야한 옷들을 진열한 가게 앞에 발걸음을 멈추고 신기한 듯 이 옷 저 옷 구경한다. 그러더니 대뜸 '야'한 빨간 드레스를 가리키며 "이 옷 한번 입어 봐도 돼요?" 한다. 주인아주머니가 "물론"이라 하자 애니는 그 옷을 입고는 다양한 포즈까지 취해본다. 그런 애니의 모습이 재미있는지 주인아주머니는 "이 옷이 더 잘 어울리겠다"며 다른 옷까지 가져와 입어보라고 권한다. 이에 뒤질세라 애니도 "지금 아니면 언제 또 이런 옷을 입어 보겠어요?" 라며 다른 옷을 입고는 모델 같은 포즈까지 취해 본다. 가게는 물건을 사고파는 곳이 아니라 잠시나마 작은 패션쇼장으로 탈바꿈한다. 주인 아주머니와 기념촬영도 하며 신나게 보낸 후 미안한 마음에 하나라도 사야 하는 게 아닌지 고민하는데 아주머니는 괜찮다고 한다. 즐거웠다며 오히려 고마움을 표시하는 아주머니를 보며 파리지앵의 따뜻함을 처음 경험한다.

Tour Point

19세기에 형성된 생 투앙 벼룩시장은 골동품, 옷, 장신구 구역 등 다양하게 구성되어 있다. 골동품과 갤러리가 운집한 '도핀느 시장'은 박물관을 방불케 할 정도로 볼거리가 많다. 매주 토, 일, 월요일과 공휴일에 문을 연다. 지하철 4호선 포르트 드 끌리냥꾸르 역 또는 지하철 13호선 가리발디역 하차
www.parispuces.com
www.st-ouen-tourisme.com

파리지앵의 여유를 배우다

벼룩시장에서 반나절을 보낸 후 파리 중심으로 돌아와 어디를 가볼까 고민하던 애니가 택한 코스는 튈르리 정원에서 샹젤리제를 거쳐 개선문에 이르는 파리의 중심지다.

파리에서 가장 아름다운 정원으로 꼽히는 튈르리 정원에 들어서자 애니의 발걸음이 분주해지기 시작한다. 푸르른 나무, 아기자기한 노천카페, 독특한 조형물, 정원 끝에 펼쳐지는 인공 연못까지…. 모든 풍경이 애니의 마음을 사로잡는다. 특히 연못 주변에서 여유롭게 휴식하는 사람들의 모습에서 눈을 떼지 못한다. 그들은 연못 주변에 빙 둘러 놓인 벤치에 앉아 책을 읽거나, 샌드위치를 먹거나, 담소를 나누거나, 잠깐 낮잠을 즐긴다. 이들의 모습을 카메라에 담던 애니는 어느새 연못가로 달려가 벤치에 앉아 잠시 휴식한다.

애니의 달콤한 휴식이 샘이 났던지 구름이 몰려와 보슬비를 뿌려댄다. 비를 피해 흩어질 만도 한데 파리지앵들은 여전히 여유롭다. 눈을 감고 휴식하던 한 파리지앵은 빗방울이 떨어지는 것을 확인하더니 아무렇지 않게 우산을 펴고 그대로 휴식을 이어간다. "저 사람의 모습이 재미있으면서도 저렇게 여유로울 수 있다니 부럽네요."

'오~ 샹젤리제!'

튈르리 정원을 빠져나오면 높이 23m에 달하는 거대한 오벨리스크와 웅장한 분수대 두 개가 보인다. 이곳이 바로 루이 16세와 마리 앙투아네트가 처형됐던 역사적인 콩코르드 광장이다. 콩코르드 광장을 둘러보던 애니의 눈에 건너편 거리(Rue Royale) 끝 쪽에 있는 건물 하나가 포착된다. 그리스 파르테논 신전을 연상케 하는 건물의 정체가 궁금해진 애니는 발걸음을 돌린다. 각종 명품 숍들이 아기자기하게 자리하고 있는 루아얄 거리를 걸어 건물 앞에 도착하니 섬세한 조각과 원기둥이 그야말로 그리스·로마 시대 신전 같다. 지도에서 이곳이 마들렌 사원임을 확인하고 카메라에 담은 후, 사원 앞 계단에 앉아 지나가는 사람들을 구경하며 잠시 휴식한다.

다시 콩코르드 광장 쪽으로 걸어와 키 큰 나무들이 서 있는 거리를 걷는다. 시야를 가리던 나무들이 걷힌 거리에는 노천카페, 자동차 전시관, 영화관, 명품 숍 들이 즐비하다. 그 길 끝으로 개선문이 보인다. 누가 가르쳐 주지 않아도 샹젤리제 거리임을 한눈에 알아볼 수 있다. 이 거리에 서면 '오~ 샹젤리제, 오~ 샹젤리제'를 흥얼거리며 사뿐사뿐 걸어야 할 것 같다. 넓은 차도 양쪽으로 대형 상점과 아기자기한 노천카페가 줄지어 서 있는 샹젤리제 거리에서 애니는 "파리 같지 않으면서 가장 파리다운 곳 같아요" 한다.

Tour Point

지하철 1호선 튈르리역 또는 지하철 1호선, 8호선, 12호선 콩코르드역 하차. 루브르박물관을 둘러본 후 튈르리 정원까지 걸어도 된다. 튈르리 정원 연못 앞 왼쪽 언덕 위로 사람들이 줄을 길게 서 있는 모습을 볼 수 있는데, 이는 모네의 '수련' 시리즈로 유명한 '오랑주리 미술관' 때문이다. 앙리 루소나 피카소의 초기 작품도 볼 수 있는 이곳은 관람객들이 많이 찾는 명소다.

몽마르트르로 가는 행복한 길

몽마르트르 언덕으로 가려고 지하철을 탄 애니는 어느 역에서 내릴까 고민하다 지도에서 몽마르트르와 가장 가까워 보이는 '샤또 루즈' 역을 찍는다. 지도로는 그리 멀어 보이지 않았기 때문에 자신만만하게 샤또 루즈역에서 하차한다. 하지만 그 유명한 몽마르트르 언덕치고는 사람들이 별로 보이질 않는다. 애니는 '유명한 관광지인데 사람들이 왜 이리 없지?' 의아하게 생각하면서도 몽마르트르를 가리키는 이정표만 보며 열심히 걷지만 몽마르트르는 쉽게 나타나지 않는다. 그래도 거리 곳곳에서 마주치는 파리의 아기자기한 풍경 덕분에 지치고 피곤하기보다는 즐겁다. 사람들이 잘 다니지 않는 길을 택한 덕(?)에 관광지가 아닌 파리의 일반 주거지를 볼 수 있었다. 동네의 작은 카페에서 저녁식사를 즐기는 사람들과 그들을 위해 음악을 연주하는 연주가의 모습, 가파른 계단을 따라 집들이 모여 있는 파리의 동네 모습, 알록달록 야채와 과일이 놓인 작은 슈퍼마켓에서 저녁거리를 준비하는 파리지앵들의 모습…. 특정 목적지가 아니라 여행의 과정을 즐긴다는 애니에게 몽마르트르로 가는 길은 즐거움 자체였다. 몽마르트르로 가는 길에 우연히 마주친 물랑루즈 공연장도 그래서 더 반갑게 느껴졌다. 원래보다 훨씬

Tour Point
마들렌 사원은 지하철 8호선, 14호선 마들렌역 하차. 콩코르드 광장에서 도보로 얼마 걸리지 않는다. 샹젤리제 거리로 가고자 한다면 지하철 1호선, 13호선 샹젤리제 끌레망소역에서 하차하거나 지하철 1호선, 8호선, 12호선 콩코르드 역에서 하차 후 걸어서 이동

길어진 몽마르트르 여정이 애니에게는 후회가 아니라 고마움의 여정이 될 수밖에 없었다.

언덕길을 올라 하늘로 길게 뻗은 계단을 오르면 아름다운 사크르쾨르 대성당이 나타난다. 어두운 밤 조명을 밝힌 사크르쾨르 대성당은 신비롭기 그지없다. 아름다운 야경에 애니는 "삼각대까지 메고 오른 수고가 아깝지가 않네요"라며 즐거워한다.
어둠이 내려앉은 몽마르트르는 파리의 야경과 사크르쾨르의 야경을 즐기는 사람들로 가득하다. 파리에서 가장 높은 곳이라는 명성에 걸맞게 몽마르트르에서 바라보는 야경 또한 아름답다. 마천루가 만들어내는 화려한 야경은 아니지만 파리만의 은은한 야경은 그만의 맛이 있다. 애니가 몽마르트르에서 에펠탑이 어우러진 파리의 야경을 감상하는 사이, 파리의 밤은 저물고 있었다.

Tour Point
지하철 2호선 앙베르역에서 하차. 높은 언덕길을 걸어가기 힘든 사람은 케이블카를 타도 된다. 케이블카로는 채 5분도 걸리지 않는다. 앙베르 지하철역이 있는 거리에서 조금 내려가면 물랑루즈 공연장이 있다. 공연을 보지 않더라도 한번쯤 들러볼 만하다.

PAGE	BOARDING AREA	GATE
40	파리	2

맛있는 홍합 요리 전문점 '레옹 드 브뤼셀'

냄비에 홍합이 가득한 모습이 포장마차에서 나오는 홍합탕을 연상케 한다. 샹젤리제 거리에 있는 레옹 드 브뤼셀. 이름에서 느낄 수 있듯이 브뤼셀에서 시작한 이 식당은 파리에서도 지점 몇 개를 운영한다. 파리는 벨기에와 인접해 있어 벨기에 음식을 많이 볼 수 있다.

레옹 드 브뤼셀의 홍합 요리는 한국의 홍합탕과 비슷해 보이지만 맛은 사뭇 다르다. 크림, 치즈 등 소스별로 맛이 다르며 국물은 조금 짜게 느껴질 수도 있다. 함께 나오는 바게트 빵을 소스에 찍어 먹는 것도 괜찮다. 도톰하게 잘 튀겨진 맛있는 프렌치프라이는 무한정 리필 된다! 샹젤리제 거리에 있는 지점이 특히 유명한데 개선문을 바라보며 걷다가 왼쪽에서 찾을 수 있다.

2nd day
여행지에서 마음을 여는 법

애니는 새벽녘 파리의 풍경을 카메라에 담으려고 아침 일찍 눈을 떴다. 카메라를 들고 호텔 주변 지역을 한 바퀴 돌아본 후 크루아상과 진한 커피로 프랑스식 아침식사를 한다. 오늘의 첫 목적지 노트르담 성당에 가려고 시떼 섬으로 향한다.

Tour Course
노트르담 성당→라데팡스→뤽상부르 공원

애니, 노트르담에서 마음을 털다

그다지 폭이 넓지도 않은 센 강에 있는 섬이 바로 시떼 섬이다. 아침부터 시떼 섬을 찾은 이유는 그곳에 노트르담 성당이 있기 때문이다. 아침나절 성당 스테인드글라스가 빛을 받을 때 유난히 아름답다는 정보를 입수한 터라 노트르담 성당으로 가는 발걸음을 재촉할 수밖에 없었다.

지하철역을 빠져나와 처음 접한 시떼 섬, 안개가 자욱하다. 안개 가득한 시떼 섬은 몽환적인 분위기마저 감돈다. 시떼 섬을 걸어 노트르담 성당에 도착했으나 안개 때문에 아침 햇살을 받은 아름다운 스테인드글라스를 구경하는 것은 다음으로 미뤄야 했다. 회색빛 대리석의 노트르담 성당 내부로 들어서자 애니는 더없이 경건한 모습이다. 성당 내부를 찬찬히 훑어보며 한쪽에 앉아 기도하고 촛불을 붙인다.

그녀에게 무엇을 기도했는지 물었더니 "마음속에 남아 있는 모든 미움을 버리게 해달라고 했어요" 한다. 애니는 여행을 떠날 때마다 모든 미움과 괴로움을 가져가 홀홀 털어버리고 온다고 한다. "여행을 떠날 때마다 그 나라 최소액 지폐에 내 마음을 괴롭히는 걱정과 고민, 미움 등을 모두 적어서 갈기갈기 찢어버리거나 태우고 와요. 그러면 한결 마음이 가벼워진답니다. 이번에는 노트르담 성당에서 2유로짜리 동전을 넣고 초를 사서 불을 붙이면서 이런 마음을 털어버렸어요."

Tour Point
지하철 4호선 시떼역, RER B선 생 미셸 노트르담역 하차, 노트르담 성당 개방 시간 : 07:45~18:45. 미사가 있을 때는 입장이 일부 통제될 수도 있다.
www.cathedraledeparis.com

눈부신 미래 도시 '라데팡스'

파리 중심가에서 지하철을 타고 30분을 달렸을까? 파리의 신도시라 불리는 라데팡스에 도착한다. 지하철역부터 파리의 다른 지역과는 완전히 다른 느낌이다. 애니의 말처럼 같은 파리인데 완전히 다른 곳에 온 느낌이다. 지하철역부터 이어진 쇼핑몰에는 맥도날드 등 각종 패스트푸드점과 슈퍼마켓, 옷 가게 등이 즐비하다.

애니는 슈퍼마켓에 들어가 파리지앵들은 어떤 음식을 먹으며 사나 구경도 하고 파리의 물가도 살펴본 후 대형 옷가게에 들어가 친구들의 선물도 골라 본다. 그뿐인가. 그날따라 특별 행사까지 열리고 있어 다양한 민속 문화를 체험할 기회까지 얻었다.

다양한 볼거리와 먹을거리, 즐길거리가 가득한 쇼핑몰을 빠져나오던 애니 "눈이 부셔요" 한다. 쨍쨍한 햇살과 번쩍거리는 고층빌딩들에 눈이 부실 수밖에…. 'ㄷ'자를 세워 놓은 듯한 속이 빈 하얀색 대리석의 독특한 건물이 보인다. 바로 프랑스 혁명 200주년을 기념해 만들었다는 신 개선문(Grande Arche). 이곳에서 샹젤리제 거리의 개선문까지 한눈에 들어오는 것이 그저 신기할 뿐이다.

광장 곳곳에는 독특한 조각품이 있고 번쩍번쩍 높다란 건물이 줄지어 서 있다. 고층 건물이라고는 찾아볼 수 없는 도심 풍경과 너무 다르다. 여느 도시라면 중심가에 어울릴 법한 풍경이 파리에서는 시 외곽에 있다. 자동차는 물론 차도도 보이지 않는 라데팡스는 미래 도시를 연상케 한다. 애니는 "고층빌딩이 늘어서 있지만 많은 조각품과 녹지가 있어 삭막한 도시 느낌이 들지 않네요" 한다.

신 개선문 근처를 거닐다 만난 한 프랑스 아저씨는 애니를 보더니 어디서 왔냐고 묻는다. 한 마디씩 주고받으며 이런저런 대화가 계속 이어진다. 아저씨는 자상하게 라데팡스 내 모든 조각 작품을 상세하게 설명해준다. 책보다 더 자세하고 완벽한 설명에 절로 감탄이 나온다. 애니를 꼬시려는 '작업 멘트'도 일부 있었지만 덕분에 라데팡스를 잘 배울 수 있었다.

Tour Point
지하철 1호선 라데팡스역 하차. 라데팡스 여행안내센터에 가면 라데팡스에 관한 다양한 자료를 얻고 설명도 들을 수 있다.
www.grandearche.com, www.ladefense.fr

나도 파리지앵처럼~

현대적인 라데팡스를 떠나 1920년대에서 40년대 사이 초현실주의 화가들과 실존주의 철학자들이 모여 토론을 벌였던 카페들이 즐비한 생제르맹 데 프레로 향한다. 지성의 현장으로 불리는 이곳에는 과거의 유명한 노천카페들이 지금도 자리를 지키며 많은 사람이 모여 에스프레소나 와인 한 잔, 맥주 한 잔을 기울이며 담소를 나누고 있다.

생제르맹 데 프레 거리를 걸어 라탱 지구로 간 애니. 파리의 지성이자 프랑스의 자랑으로 여겨지던 소르본느대학(파리대학)에 들어가 보고 싶다. 프랑스 대학의 모습과 프랑스 대학생들이 공부하는 모습을 직접 체험하고 싶었기 때문이다. 씩씩하게 학교로 들어가던 애니를 경비원이 가로막는다. 학습 분위기 때문에 외부인 출입을 금지한다는 설명. 아쉬움을 뒤로하고 대신 대학 주변을 거닐며 학생들의 문화를 간접적으로나마 체험해본다.

그렇게 길을 거닐다 도착한 곳은 모든 파리지앵들의 휴식처인 뤽상부르 공원. 입구부터 분위기가 색다르다. 푸른 나무가 양쪽으로 가지런히 서 있는 가운데 바닥은 파란색 모래로 장식되어 있고 공중에는 천으로 제작된 다양한 사진이 나부낀다. 사진을 좋아하는 애니에게 이런 형태의 사진전은 즐거운 충격이다. '이렇게도 가능하구나'라며 생각을 전환하게 하는 신선한 충격이다.

> **Tour Point**
> 지하철 10호선 오데옹역, RER B선 뤽상부르역 하차

공원 북쪽 끝에 자리한 뤽상부르 궁과 그 앞을 장식한 분수대, 그 앞으로 펼쳐지는 너른 정원. 사람들은 아름다운 공원 곳곳에서 휴식하거나 책을 읽거나 조깅을 한다. 애니도 그들처럼 정원 주변 의자에 앉아 휴식을 취하며, 라데팡스에서 사온 머핀과 와인을 꺼내놓고 파리지앵 같은 분위기를 만끽해 본다.

애니, 이렇게 놀았다!

저녁 늦게부터 빗방울을 뿌린다. 9시를 향하지만 서머타임제가 실시되는 여름에는 쉽게 어둠이 찾아오지 않는다. 아직 날이 밝은지라 조금 더 돌아다닐까 하다 비 때문에 호텔로 들어가기로 한다. 호텔에서 그냥 잠 들기에는 아쉬운 시간에 애니는 방에서 신나게 놀아본다. 침대에 올라가 음악에 맞춰 몸을 흔들어보고 멋진 포즈도 취해본다. 파리라서 그런지 더 기분이 난다. 사진기자가 구해온 프랑스 잡지 속 모델과 똑같은 포즈도 취해본다. 이런 사진들은 유명 관광지에서 찍은 사진보다 더 큰 추억으로 남을 수도 있다. 여행 중 한번쯤 친구들과 이렇게 놀아보는 것도 재미있지 않을까?

3rd day
거리의 예술가들

가보고 싶은 곳은 아직도 많은데 시간이 빨리도 흘러간다. 아침 일찍 일어나 부지런을 떨며 파리에서의 또 하루를 준비한다. 오늘은 파리의 어떤 면을 보게 될까 기대감을 갖고 호텔을 나선다.

생 쉴피스 성당의 신비 속으로

Tour Course
생 쉴피스 성당 → 레 알 지구 → 루브르박물관

예정에는 없었지만 영화 〈다빈치 코드〉에 등장했던 생 쉴피스 성당으로 향한다. 생 쉴피스 성당은 노트르담 성당과 함께 파리 최대 규모 성당으로 꼽히지만 〈다빈치 코드〉 전에는 관광객에게 큰 주목을 받지 못했던 게 사실이다. 노트르담 성당과는 외관부터 분위기가 많이 다르다. 스산한 느낌이 영화 속 분위기를 많이 닮아 있다. 〈천사와 싸우는 야콥〉과 〈악마를 죽이는 대천사 미카엘〉 등 유명 벽화와 함께 영화 속에 등장했던 본초자오선이 생 쉴피스 성당을 더욱 신비롭게 만든다. 혼자 조용히 본초자오선을 따라 걸어보고 이리저리 살펴보던 애니가 "영화 속 현장에 서 있는 기분이 묘하네요" 한다.

Tour Point
지하철 4호선 생 쉴피스역 하차
www.stsulpice.com

재미있는 괴짜들의 동네

생 쉴피스 성당의 17세기 분위기에서 벗어나 현대적인 레 알 지구로 간다. 애니의 말처럼 버스로 몇 정거장 움직였을 뿐인데 분위기가 너무 다르다. 거리를 가득 메운 젊은이들과 번화한 거리 풍경이 '파리의 가장 현대적인 지역'이란 명성과 어울린다. 레 알 지구에서 가장 먼저 눈에 띄는 퐁피두센터. 유리로 된 건물 외관에 환기구를 비롯한 각종 파이프가 밖으로 나와 있는 독특한 외양으로 한 눈에 퐁피두센터임을 알아볼 수 있다.

애니는 퐁피두센터 앞에 모인 군중을 발견하고는 그쪽으로 달려간다. 구경꾼 사이로 들어가 보니 거리 예술가가 마술쇼를 선보이고 있다. 낡은 카세트를 옆에 놓고 우산과 모자로 마술을 선보이는 젊은 마술사에게 박수가 쏟아진다. 퐁피두센터 앞 광장은 거리 예술가들과 괴짜들의 아지트라는 명성에 걸맞게 색다른 재미를 선사한다.

레 알 지구 지상에 퐁피두센터가 있다면 지하에는 포럼 데 알이 있다. 포럼 데 알은 단순한 복합쇼핑몰이라기보다는 독특한 지하세상 같다. 쇼핑에는 별 관심 없는 애니에게도 이곳이 즐거운 이유는 파리의 또 다른 단면을 구경할 수 있기 때문이다. 야자수와 수영장, 영상 자료원, 박물관, 영화관들과 함께 각종 의류와 신발 가게들이 있는 이곳을 돌아다니다 보면 파리 젊은이들의 분위기가 느껴진다. 애니 말처럼 비오는 날이나 추운 날 시간을 보내기에 딱 좋은 곳이다.

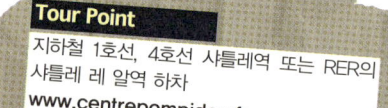

Tour Point
지하철 1호선, 4호선 샤틀레역 또는 RER의 샤틀레 레 알역 하차
www.centrepompidou.fr

감동이 있는 루브르박물관

다음 목적지는 파리를 대표하는 루브르박물관. 사정이 생겨 호텔에 들렀다 오겠다는 애니와 박물관 입구 카페에서 만나기로 하고 헤어졌다. 하지만 약속 장소가 엇갈리면서 애니와 기자들은 애를 태우며 서로 찾아다녔고 두 시간이 지나서야 루브르박물관 입구에서 극적으로 재회한다. 우여곡절 끝에 루브르박물관에 입성.

루브르박물관은 세계적인 명성만큼이나 많은 방문객들로 붐빈다. 규모가 커서 다 돌아보려면 하루도 부족할 것 같다. 두 시간 동안 헤맨 결과 시간이 부족하여 프랑스 회화와 이탈리아 회화를 전시한 드농관 2층으

| GATE | BOARDING AREA | PAGE |
| 2 | 파리 | 49 |

로 먼저 향한다. 루브르박물관 내부보다는 박물관 건축물 자체에 더 큰 관심을 보인 애니는 막상 전시된 작품들을 보고는 마음이 달라졌다고 한다. "루브르박물관 외관을 사진에 담고 싶다는 생각만 했는데, 들어와서 작품들을 보면서 그림에 대해 새로 관심을 갖게 됐어요. 그림을 통해 역사를 본다는 게 정말 흥미롭네요. 앞으로 그림을 공부해 보고 싶어요."

모나리자를 비롯해 전시된 그림 하나하나, 조각 하나하나를 감상하던 애니는 그저 부족한 시간이 아쉬울 뿐이다.

Tour Point

루브르박물관 개관시간 : 09:00~18:00. 단, 화요일과 일부 공휴일은 제외. 수요일과 금요일에는 밤 9시 45분까지 문을 연다.

입장료 : 8.50유로. 야간 개관일(저녁 6~9시 45분) 요금은 6유로. 매달 첫째 일요일과 7월 14일은 모든 방문객이 무료 입장. 루브르박물관 입구에서 표를 사려면 오래 기다려야 하므로 지하철에서 구매하는 편이 낫다. 지하철 1호선, 7호선 팔라 루아얄 뮈제 두 루브르역 또는 1호선 루브르 리볼리역 하차

www.louvre.fr

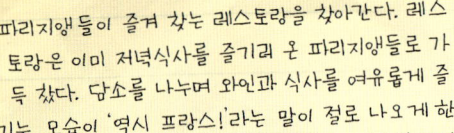

파리지앵들이 즐겨 찾는 레스토랑을 찾아간다. 레스토랑은 이미 저녁식사를 즐기러 온 파리지앵들로 가득 찼다. 담소를 나누며 와인과 식사를 여유롭게 즐기는 모습이 '역시 프랑스!'라는 말이 절로 나오게 한다. 프랑스에서 꼭 먹어 봐야 할 달팽이 요리도 먹고 프랑스식 디저트도 먹고…. 애니와 기자들은 파리지앵처럼 여유롭게 즐기고 와인 잔을 부딪치며 파리에서 보낸 며칠을 되돌아본다. 파리지앵들 속에 어울려 두세 시간 여유로운 식사를 즐기면서 파리에서의 마지막 밤을 정리한다.

4th day
파리를 떠나며
아쉬움을 마음에 담고

파리를 떠나는 날 애니는 아쉬움이 가득한지 이른 아침부터 서두른다. 하나라도 더 보고 싶은 마음에 서다. 아름답기로 소문난 알렉산더 3세 다리를 건너보고 강변을 거닐며 에펠탑을 눈에 담아본다. 알렉산더 3세 다리를 건너 화려한 돔이 눈에 띄는 앵발리드 기념관을 찾아간다. 루이 14세가 부상당하거나 불구가 된 군인들을 돕기 위해 지은 앵발리드 기념관에는 지금도 상이군인들이 거주한단다. 나폴레옹의 유해가 안치된 돔 성당을 마지막으로 애니는 파리를 떠난다. 곧 다시 파리로 와서 못다 한 여행을 즐기겠노라고 다짐하며 "Au revoir, Paris!(또 만나자, 파리여!)"

Tour Course
알렉산더 3세 다리→앵발리드 기념관

Tour Point
지하철 8호선, 13호선, RER C선 앵발리드역 하차 www.invalides.org

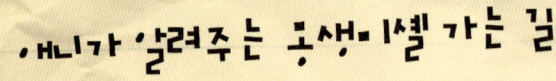
애니가 알려주는 몽생미셸 가는 길

1. 파리 몽파르나스 역에서 몽생미셸로 떠나는 기차가 시간마다 출발한다(당일 코스로 다녀올 경우 오전 7시 5분 테제베(TGV)를 타야 하는데 예약은 필수다).
2. 약 2시간 뒤 렌에서 내린다. 역에서 나와 오른쪽 버스 정류장에서 버스로 갈아탄다 (요금은 약 13유로로 기억). 참고로 몽파르나스 역에서 기차표를 살 때, 버스비가 포함된 표로 사면 편하다.
3. 1시간 30분 후 몽생미셸에 도착하는데 종착역이므로 걱정하지 않아도 된다.
4. 돌아올 때는 버스 운전사가 언제 출발하는지 미리 말해준다. 하루에 두 번 떠나는데 오전 12시 이전에 도착하면 3시 30분과 오후 5시 30분에 출발하는 버스가 있다(타고 왔던 버스로 돌아가기 때문에 운전사가 같은 경우가 많아 잃어버릴 염려는 없다).
5. 내리는 역만 잘 기억해두면 헷갈리거나 잃어버릴 일이 전혀 없고, 몽생미셸은 모두가 알기 때문에 영어로만 말해도 다 가르쳐주고 표지판도 있다.

파리 지하철에서 놀기!

파리에서 지하철은 단순한 교통수단이라기보다는 문화다. 특히 지하철역은 예술이 있는 하나의 문화 공간이다. 저마다 독특한 디자인으로 꾸민 지하철역들은 그 재미가 더하다. 영화, 음반, 공연, 일반 제품 등 지하철역을 장식한 독특한 광고판도 지하철역을 재미있게 하는 요소다. 지하철을 이동할 때마다 재미난 광고판을 발견한 애니는 광고판을 따라하며 표정을 지어본다. "이거, 생각보다 재미있는데요. 다른 분들도 파리를 여행할 때 지하철역에서 이렇게 한번 놀아보세요!"

지하철역에서 펼쳐지는 현악 연주에 감동한 애니는 그들에게 적지만 돈을 낸다. 파리 지하철을 지나다보면 심심치 않게 예술 공연을 접하게 되는데, 지하철역에서 하는 연주라고 우습게 봐서는 절대 안 된다. 이들은 엄연한 진짜 예술가들이다. 그들의 연주에 발걸음이 멎고 음악이 끝날 때까지 쉽게 발걸음을 떼지 못하는 경우도 많을 것이다.

지하철역에서 과일 장사를 발견한 애니는 냉큼 체리 한 봉지를 산다. 저렴한 가격에 양도 듬뿍, 맛까지 달콤하니 이동시 간식으로 그만이다.

애니가 이용한 '파리비지트' 패스 (2008년 6월 기준)

이곳저곳 가볼 곳 많은 애니는 1회권을 끊어 다니는 대신 시내 지하철, RER, 버스, 트램, 파리 교외행 SNCF열차, 몽마르트르 케이블카, 심야버스 등 모든 대중교통을 이용할 수 있는 '파리 비지트' 교통카드를 이용했다. 파리교통공사에서 발행하는 이 패스는 각종 대중교통 이용은 물론, 파리교통공사가 지정한 박물관, 기념관, 쇼핑몰 등에서도 할인 혜택을 받을 수 있다. 사용 가능 지역에 따라 1~3존, 1~5존, 1~8존으로 나뉘며, 1~3존은 1일권 8.50유로, 2일권 14.00유로, 3일권 19.00유로, 5일권 27.50유로. 1~6존은 1일권 18.00유로, 2일권 27.50유로, 3일권 38.50유로, 5일권 47.00유로이다. 대중교통 이용 횟수가 많지 않은 경우에는 버스, 지하철 승차권 열 장 묶음인 카르네(Carnet)를 이용하는 편이 낫다. 가격은 13유로. 파리로 떠나기 전 파리비지트(www.parisvisite.co.kr)에서 구입할 수 있다.

파리 화장실 이야기

몽마르트르 언덕으로 걸어가는 거리에서 간이화장실을 발견한 애니가 이것저것 궁금해서 그 앞을 기웃기웃 거리는데 갑자기 문이 열리며 아저씨가 나와 깜짝 놀란다.

파리의 화장실은 유료와 무료가 있으므로 미리 정보를 확보하면 돈을 아낄 수 있다. 에펠탑, 몽마르트르 언덕 등 유명 관광지에는 무료 공중 화장실이 운영된다. 화장실에서 직원들이 지키고 있어 유료로 착각할 수도 있지만 이들은 화장실 위생 관리를 위해 근무하는 사람이다. 무료 공중화장실이지만 위생 상태는 깨끗하며 화장지도 있다. 보통 오전 10시에서 저녁 6시 15분까지 문을 열며, 직원들의 점심식사 시간인 낮 12시에서 1시 사이에는 문을 닫는다.

길거리에 있는 간이화장실은 0.50유로 동전을 넣어야 사용 가능하다. 주의할 점은 범죄 방지 차원에서 5분 후면 자동으로 화장실 문이 열리므로 5분 안에 '볼일'을 마치는 것이 좋다. 공항 내 화장실은 무료이나 기차역 화장실은 유료(0.40유로)라는 점도 기억하자.

내일여행의 추천 일정

1일		파리 도착
2일	하루	루브르박물관→노틀담 성당→샹젤리제→개선문→몽마르트 언덕→라데팡스→에펠탑→센 강 유람선 등
3일	하루	레알지구→퐁피두센터→노트르담 성당→최고재판소→콩시에르주리→퐁네프다리→루브르박물관→개선문→튈르리 정원→콩코드 광장→샹젤리제 거리, 야경
4일		사크레쾨르 성당→몽마르트 언덕→물랑루주→오페라하우스→갤러리 라파예트→쁘렝탕 백화점→라데팡스→센 강 유람선 탑승 및 야경 감상
5일	아침	공항 이동, 출국
6일	오후	인천 도착

여행 정보 (2008년 6월 기준)

항공

에어프랑스와 대한항공이 인천~파리 간 직항노선을 운항하며 비행시간은 11시간 45분쯤. 시차는 프랑스가 한국보다 8시간 느리며, 프랑스에서 서머타임제가 실시되는 3월 말부터 10월 말까지는 7시간 느리다.

날씨

한국과 비슷하며 여름은 덥고 겨울은 춥다. 5월 말에서 6월 초 무렵에는 이상 저온으로 가죽 재킷에 코트까지 입고 다니는 사람들이 있을 만큼 춥기도 하니 초여름에는 만일의 경우를 대비해 긴소매 옷 몇 장 챙겨가는 게 좋다.

화폐 및 환율

유로화가 통용된다. 파리 현지에서 원화 환전이 거의 불가능했으나 2006년 7월 초부터 샹젤리제 거리, 드골 공항, 오페라 하우스 등 주요 지역에서 원화 환전이 가능해졌다. 1유로≒1,591.83원

언어

프랑스어를 사용한다. 유명 관광지에는 영어, 독일어, 일본어 등의 안내서가 비치되어 있으나 한국어 안내서가 비치된 곳은 아직 많지 않다. 루브르박물관에는 최근 삼성전자 프랑스 법인의 후원으로 제작된 한국어 안내서가 있다.

GATE **3**　BOARDING AREA **로마**　좌석번호 SEAT

이탈리아 홀릭,
로마를 탐하다

드디어 이탈리아다.
고대 로마신화부터 세계 트렌드를 주도하는 최첨단 패션이 공존하는 곳이다.
아직까지 '시에스타' 문화를 고집하는 사람들이 느리게 만들어내는
음식과 와인이 무척 맛있는 곳.
요모조모 어느 구석을 들여다보아도 정말 매력적인 나라,
이탈리아가 '도전 자유여행'의 무대.
로마에서 이탈리아 최대 호수인 가루다까지
이탈리아 방방곡곡을 그야말로
발바닥이 닳도록 돌아다닌 여행 이야기가 지금부터 펼쳐진다.

여행 컨셉트

이미 신혼여행으로 이탈리아를 다녀왔다는 결혼 1년차 신혼부부. 그때는 배낭여행으로 갔던 거라 저렴한 숙소를 전전했단다. 그래서 이번에는 럭셔리하게 이탈리아를 여행하고 싶단다. 실제 100% 럭셔리한 것은 아니었지만 신혼의 추억을 되새긴 것만으로도 충만하지 않은가.

여행 파트너

권오현, 민보영 | 오현은 디자인 사이트 프로그래머다. 알고 보니 기자가 출입하는 여행업체 관계자들과도 친분이 있어 '역시 세상은 좁은 것'이라는 법칙을 새삼 일깨워줬다. 보영은 증권회사 비서로 근무하며, 여행을 무척 좋아한다.

오현과 보영의 여행 가계부

교통비 | 7일 이용 합계 128.7유로
식비 | 7일 총 153.29유로
통신비 | 7일 총 2.7유로
쇼핑비 | 약 928.7유로
기타비 | 42(입장료 합)+7(팁)+6.2(기타)=55.2유로
총 여행경비 | 약 300만 원

※ 로마 실제 여행 시기 : 2007년 6월

1st day
'박물관 도시' 로마 뒷골목에서 길을 잃다

오현·보영 커플의 기나긴 이탈리아 일주의 출발점은 로마이다. 볼 것도, 할 것도 많은 로마에서 온전히 주어진 시간은 이틀뿐. 지난번 이탈리아 여행 당시 정해진 일정마저 빼먹었던 이들 '불량커플'(?)은 사전에 꼼꼼히 짠 이동 코스에 맞추어 다니기로 결정하면서 '실속커플'로 탈바꿈했다.

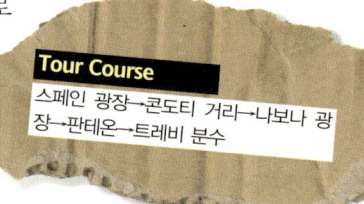

Tour Course
스페인 광장→콘도티 거리→나보나 광장→판테온→트레비 분수

오현과 보영은 본격적인 로마 여행에 앞서 여행일정을 체계적으로 잡기 위해 여행 시작 첫날에만 가이드의 도움을 받기로 했다. "로마에서 가장 맛있는 아이스크림집이 어디에요?", "선물용 기념품을 사기 좋은 가게는 어디에 있죠?" 끈질긴 사전미팅(?) 끝에 오현·보영 커플은 동선을 최대한 고려한 맞춤 코스를 손에 넣는 데 성공했다.

예상보다 코스를 짜는 데 시간이 많이 걸렸기 때문에 지체하지 않고 테르미니역에서 A라인 지하철을 타고 곧바로 첫째 날 루트의 출발점인 스파냐역으로 향했다. 지하철 스파냐역은 로마의 중앙역인 테르미니에서 불과 세 정거장, 시간으로 따져도 10분이 채 걸리지 않는 거리다.

(위) 바르카차 분수에 동전을 던지는 오현과 보영
(아래) 힘들지? 잠깐 쉬었다 가자.

〈로마의 휴일〉의 여운이 남아 있는 스페인 광장

이탈리아어로 '스페인'이라는 의미인 '스파냐'역 이름에서 유추할 수 있듯이 스페인 광장은 스파냐역을 벗어나자마자 바로 나온다. "이름을 스페인 광장이라고 지은 이유는 예전에 이곳에 스페인대사관이 있었기 때문이에요. 이처럼 이탈리아의 광장 이름은 특정 지역이나 사람 이름에서 딴 경우가 많습니다." 예전에 왔을 때는 미처 몰랐던 기초상식에 머리가 절로 끄덕여진다.

스페인 광장 뒤에 있는 스페인 계단은 관광객들로 '물 샐 틈 없을 만큼' 빽빽하다. 이처럼 스페인 광장이 유명세를 톡톡히 치르는 가장 큰 이유는 영화 〈로마의 휴일〉에서 앤 공주(오드리 헵번)가 스페인 계단에 앉아 젤라토(아이스크림)를 먹던 명장면 때문이다. "우리 영화 속 장면처럼 스페인 광장에서 젤라토 먹자!"는 보영의 말에 "스페인 계단에 앉아

Tour Point

긴급히 현지 가이드투어가 필요할 때는 로마자전거나라(Romabike) 패키지처럼 일정이 정해진 것이 아니라 자유로운 개별여행을 떠나더라도 로마처럼 역사적인 유물·유적이 많은 곳에서는 각각의 장소에 따른 전문적인 해설이 아쉬울 때가 있다. '로마자전거나라'는 이탈리아 현지에서 자유여행 기간 중 원하는 장소·지역·시간 등을 마음대로 골라 한국인 가이드의 인솔을 받을 수 있는 맞춤투어 프로그램을 제공한다. 로마뿐 아니라 유럽 각 지역에서 현지투어 프로그램을 운영한다. www.romabike.com

(위) 스페인 광장에서 보영의 사진을 찍는 오현
(아래) 예술인의 공간, 나보나 광장

서 아이스크림을 먹으면 경찰한테 걸린다는데? 벌금 문대"라며 오현이 딴죽을 건다. "에이, 계단에서 아이스크림을 먹는 게 불법이라고? 그런 게 어디 있어?" 스페인 계단에서 아이스크림을 먹는 것이 정말 불법인지 아닌지 부부의 공방은 끝날 줄 모른다.

로마의 패션 1번지 콘도티 거리

말 많던(?) 스페인 광장을 벗어나 로마 최대의 쇼핑지대라는 콘도티 거리로 접어들었다. 스페인 광장의 바르카차 분수 바로 앞에서 시작되는 콘도티 거리는 세계적인 패션 트렌드를 주도하는 이탈리아의 주요 명품 브랜드가 집결해 있는 것은 물론, 얼키설키 미로처럼 복잡하게 얽힌 골목 사이사이마다 셀렉트 숍, 기념품 숍 등에서 다양한 상품을 만날 수 있어 로마 관광의 필수 코스로 꼽힌다. 콘도티 거리 초입에서부터 화려한 명품 브랜드들의 퍼레이드에 눈이 어지러워진다.

프라다, 푸플라, 구찌, 불가리, 루이 비통…. 명품에 관심이 많은 보영이 말하기를 "한 달쯤 뒤에 왔으면 진짜 쇼핑 실컷 하고 가는 건데! 여름은 대대적인 명품 세일 기간이거든. 60% 넘게까지 할인해 준다는데…. 너무 아쉬워." 여행 전 가이드북, 인터넷 등으로 로마, 피렌체 현지의 정보에 한해서 준 '달인'의 경지에 올라선 그녀는 아쉬움을 다른 아기자기한 숍에서 지인들의 선물을 사는 것으로 대신했다.

Tour Point

로마 여행의 시작과 끝 테르미니 역 : 로마 시내 한가운데에 자리 잡은 중앙역 테르미니는 로마 여행의 출발점이자 종착점이라고 해도 지나친 말이 아니다. 국제공항인 레오나르도 다빈치공항까지 직통 열차가 다니며 유럽 각지로 연결되는 열차는 물론 지하철, 버스역이 모여 있기 때문이다. 그만큼 편의시설도 잘 갖추어져 있어 식당, 카페는 물론 기념품, 의류, 서적 등 각종 아이템을 구비한 숍들이 즐비하다. 특히 지하 1층에 있는 슈퍼마켓은 비교적 늦은 시간까지 운영해 역 근처 호텔에 머무르는 관광객들에게 요긴하다. 덧붙이면 테르미니 역사는 유동 인구가 워낙 많아 상대적으로 소매치기 등 범죄 위험에 노출될 가능성도 높으므로 소지품과 가방을 알아서 잘 챙겨야 한다.

부부의 위기? 젤라토와 사랑에 빠지다 나보나 광장

가이드가 '로마의 대학로'라 비유했을 만큼 젊고 모던한 분위기가 물씬 풍겨나는 나보나 광장. 가장 큰 분수인 넵투누스 분수를 중심으로 로마 젊은이들이 삼삼오오 모여앉아 있다. 거리의 화가들이 풍경화, 캐리커처, 초상화 등을 그리는 공간에는 관광객들이 그림 감상에 바쁘다. 이탈리아 화가가 그린 초상화를 꼭 갖고 싶었다는 보영은 이번에도 역시나 시간의 압박으로 아쉬운 발걸음을 돌려야 했다.

그나저나 잘나가던 부부의 애정전선에 갑자기 먹구름이 드리웠다. 원인은 너무나 사소하게도 젤라토! 나보나 광장에서 판테온으로 향하는 뒷골목에 자리 잡은 '졸리티'는 로마에 사는 가이드가 엄지손가락을 치켜 올릴 만큼 현지인들도 즐겨 찾는 젤라토 가게란다. '졸리티'에 들러 생과일주스와 프라골라 젤라토(딸기 아이스크림)&리조 젤라토(쌀 아이스크림)가 믹스된 콘을 각각 골라든 오현과 보영은 아무래도 젤라토가 훨씬 입맛에 잘 맞았던 모양이다. "지난해 먹었던 젤라토보다 만 배는 맛있다"며 '산더미'처럼 쌓인 젤라토를 먹어치우던 보영은 오현이 젤라토를 빼앗아 먹을 듯하자 "내 것 먹지 마!"를 외치면서 젤라토 사수하기에 바쁘다. 맛난 젤라토 앞에서 한없이 약해지는 부부애라니!

Tour Point
로마 현지 가이드 추천 젤라토 맛집 BEST 3
로마의 젤라토(아이스크림)는 이탈리아 여행객들이라면 모두 인정하는 '맛의 최고봉'이다. 이탈리아에서 나는 과일들을 아낌없이 넣어 만들었기 때문에 맛이 뛰어난 것은 물론이려니와 양도 훌륭하다.

로마 어느 곳을 가든 컵이나 콘에 아슬아슬 흐를 정도로 넘치게 담은 젤라토를 맛보는 이들을 쉽게 볼 수 있다. 또 '옵션'으로 위에 얹어주는 생크림은 우리나라에서 먹던 것과 달리 전혀 달지 않고 부드러운 맛이 일품이므로 한 번쯤 맛볼 것을 권한다.

- **파씨** : 무려 120여 년의 역사를 자랑하는, 로마에서 제일 오래된 아이스크림 가게
- **졸리티** : 나보나 광장 인근에 자리 잡은 가게. 특히 현지인들이 '즐겨 찾는' 가게로 유명하다.
- **올드 브리지** : 바티칸 시국 입구 근처에 위치한 아이스크림 가게. 사람들이 늘 줄지어 서 있다.

'완벽한' 돔 아래서 다시 한 번 사랑을 맹세하다 판테온

"로마의 상징이라 할 수 있는 네 가지 명소가 있습니다. 로마의 '혼'이라고 불리는 카타콤베, '심장'은 포로 로마노, '얼굴'은 콜로세움 그리고 '건축물'로 꼽히는 것이 바로 판테온이죠." 가이드의 설명 덕분에 한층 더 기대치가 높아진 판테온이 다음 코스이다. 2,000여 년 전에 지어진 무지주 건축물(기둥 없이 거대한 공간이 확보됨)로 건축학적 가치가 뛰어난 것은 물론, 시대에 따라 다신전에서 기독교 교회로 탈바꿈했을 만큼 판테온은 로마 역사 자체를 상징하는 건물이라고 할 수 있다.

(위) 신혼부부의 단골 포토 샷, 판테온 돔 아래 서다.
(가운데) 판테온 앞 광장
(아래) 트레비 분수야, 반가워!

Tour Point
입장료 : 무료
관람시간 : 09:00~18:30

삼거리 분수? 트레비 분수!

유명세로 전 세계 도처에 모사품이 흔해 외양만큼은 무척 친숙한 트레비 분수를 직접 보니 "역시 원본은 달라"라는 감탄사가 절로 나온다.

중앙에 위치한 바다의 신 넵투누스를 비롯해 양쪽으로 그를 호위하듯 늘어선 다른 바다의 신들의 조각이 푸른 물과 어우러져 분수라기엔 다소 거대하면서도 완벽한 그림을 만들어낸다. 또 여기에 추가된 트레비 분수에 대한 재미있는 상식! 이탈리아어로 '트(3)', '레비(거리)'라는 두 단어가 조합된 이름인 '트레비 분수'를 굳이 해석하면 '삼거리 분수'라는 다소 촌스러운 이름으로 변신한다.

지난해 이미 트레비 분수에 동전을 던져 로마에 다시 올 수 있다는 전설을 현실로 바꾼 오현과 보영은 경험자의 여유로움이 있어선지 아주 익숙한 포즈를 취한다. "분수를 등지고, 오른손으로 동전을 잡고 왼쪽 어깨 너머로 던진다. 맞지?" "우리 이번에도 동전 던졌으니 다음에 로마에 또 오겠네."

Tour Point
동전 아끼지 말고 꼭 한 번 '트레비' 분수에 소원을 빌어보자. '트레비' 분수에 동전을 넣으면 로마에 다시 온단다. 누가 알겠는가? 또 로마에 오게 될지!

2nd day 거대한 로마 유적 한가운데에서 영화 주인공 되기

오늘은 본격적으로 로마의 본모습이라 할 수 있는 역사와 문화 공간을 둘러볼 차례이다. 콜로세움은 지난번 여행 때도 보긴 했지만, 바깥에서만 보고 정작 안에 들어가 보진 못했다는 오현과 보영은 드디어 숨겨진 안쪽을 본다는 기대감에 잔뜩 부풀었다.

테르미니 역에서 B라인 지하철을 타고 두 정거장 아래쪽에 있는 콜로세움(이탈리아어로 콜로세오)역에 내렸다. 콜로세움은 지하철 입구를 벗어나자마자 바로 코앞에서 거대한 모습을 뽐내고 있다.

Tour Course
콜로세움→콘스탄티누스 개선문→포로 로마노→진실의 입→캄피돌리오 광장→베네치아 광장

가장 로마다운, 로마스러운 상징물 위에 서다 콜로세움

어제 들었던 '로마의 얼굴'이라는 표현이 무척 잘 어울리는 것이 로마의 대표적인 이미지로 가장 흔히 볼 수 있는 콜로세움 아닌가. 콜로세움은 세월의 흔적으로 약간 이지러지긴 했으나 오랜 세월을 '살아' 왔다기에는 거의 완벽하게 보존되어 있는 원형경기장이다. 기원 전후에 걸쳐 완성된 이 건축물은 당시 로마 시민들의 유흥을 위한 공간으로서 영화 〈벤허〉, 〈글래디에이터〉 등의 명장면에서 묘사된 마차 경기 또는 검투사들의 혈투가 벌어졌던 바로 그 무대이다.

Tour Point
콜로세움 입장료 : 11유로
관람시간 : 09:00~20:00

오현과 보영은 복층인 데다가 내부도 만만치 않게 넓은 콜로세움 구석구석을 돌아다니느라 연방 잰걸음을 옮겼다. 초입에 전시 중인 '에로스 특별전시전'을 지나쳐 원형극장의 안을 바라다볼 수 있는 난간으로 나아가니 파란 하늘과 어우러진 건물이 그림엽서 속의 한 장면을 떠올리게 한다. "보영아, 여기 난간에도 기대 서 보고, 저기에도 한번 앉아보면 좋겠다." 평소 DSLR 카메라를 가지고 다니며 '아마추어 사진가'로서 투지를 불태우는 오현이 콜로세움 전경에 '필'을 받았는지 보영을 모델 삼아 사진 찍기에 바쁘다.

낯익은 '원조'의 위용 콘스탄티누스 개선문

떨어지지 않는 발걸음을 재촉하며 콜로세움을 벗어나자마자 바로 왼쪽으로 흰 대리석으로 된 거대한 석조문이 눈에 들어온다. 315년에 콘스탄티누스 황제가 전쟁에서 승리한 것을 기려 헌정한 콘스탄티누스 개선문이다.

두 사람은 "어디서 많이 본 것 같지 않아?" "파리에서 본 개선문이랑 닮았네, 뭐" 하며 쑥덕댔지만 알고 봤더니 그 유명한 파리의 개선문이 바로 이 콘스탄티누스 개선문을 원형으로 하여 본떠 만든 것이란다. 가까이 가서 자세히 들여다보니 아치형 문 옆쪽으로 크고 작은 조각들이 빼곡히 들어차 있는 것이 전문적인 예술적 안목이 없어도 빼어난 가치를 지닌 역사적 유물임을 짐작하게 한다.

로마시대로 향하는 타임머신에 탑승하다 포로 로마노

콘스탄티누스 개선문을 지나 길 하나만 건너면 바로 나오는 포로 로마노. 로마제국 당시 상업, 정치, 종교 등 가장 핵심적인 분야와 연관된 시설들이 밀집해 있어 곳곳에 산재한 많은 유적지들 중에서도 '로마의 중심지'라고 지칭하기에 손색이 없다.

어느새 두 손을 꼭 맞잡은 오현과 보영은 포로 로마노 중앙에 난 '성스러운 길(Via Sacra)'을 산책하듯 거닐며 포로 로마노의 풍경을 찬찬히 눈에 담는다. 또 다른 개선문인 티투스 개선문(Arco di Tito)을 비롯해 로마 정치의 가장 중심지였던 원로원, 신화의 주인공 베스타 등 신과 황제들의 신전 건물은 대부분 무너졌다. 무너진 건축자재들 사이로 잡초가

(왼쪽) 부부는 지금 가위바위보 중(?) (가운데) 포로 로마노 전경 (오른쪽) 보영아, 이번엔 내가 안마해줄게.

무성해 '지나간 옛 영광의 흔적'을 당장에 찾기는 쉽지 않다. 하지만 역사가 켜켜이 쌓인 공간에 서서 바로 이곳에서 몇 천 년 전에 있었던 일들을 돌이켜보며 가슴으로 느끼는 감동은 눈으로만 짐작할 수 있는 '겉모습'과 비할 바가 아니다.

'간발의 차'로 진실의 입을 놓치다

로마시대에서 갓 빠져나온 듯 따끈따끈한 감동을 뒤로하고 '진실의 입'이 있다는 산타마리아 인 코스메딘 교회로 향한다. 거짓말쟁이가 강의 신의 얼굴을 본떴다는 조각의 입 안에 손을 집어넣으면 잘린다는 무시무시한 에피소드로 유명한 진실의 입. "입에 손을 넣고 사진을 찍어야겠지? 무서운 척 오들오들 떠는 표정으로 찍으면 재미있겠지?"라며 나름대로 창의적인 포즈까지 연구하며 기념사진에 대한 의욕을 불태우던 보영의 의욕을 한순간에 꺾어버리는 불상사(?)가 발생했다.

오후 7시가 채 안 되었는데도 일찍 문을 닫는 유럽 관광지들답게 교회 자체가 문을 닫은 것이다. 굳게 닫힌 교회 앞에서 발만 동동 구르던 보영은 창살 사이로 손을 집어넣어 어렵게 진실의 입만 카메라에 담는 데 만족해야 했다.

Tour Point

사전에 입장 시간을 체크해 늦지 않도록 하자. 낙서는 절대 금지! 진실의 입 오른편 벽에는 온갖 낙서가 다 되어 있다. 특히 가장 많은 부분을 차지하는 것이 한글로 된 낙서라고 한다.

시 당국에서 한 번 지웠지만 여전히 한글로 된 낙서가 가장 많은 부분을 차지해 현지 교민들도 부끄러워할 만큼 국제적인 망신을 사고 있다고 한다.

미켈란젤로의 숨결이 스민 '위풍당당' 캄피돌리오 광장

산타마리아 인 코스메딘 교회에서 북쪽으로 10분이 채 안 되게 걸었을까, 웅장한 계단과 대리석 조각이 오현과 보영을 맞이한다. 르네상스 시대 거장 미켈란젤로가 직접 설계한 것으로 더욱 유명한 캄피돌리오 광장의 입구이다. 계단 하나하나를 올라 탁 트인 광장으로 올라서니, 바닥에 펼쳐진 기하학적인 모자이크 무늬에 눈길이 쏠린다. 마치 둥근 광장을 감싸듯 세워져 있는 화려한 건물은 중앙에 있는 것이 로마신화의 정점이라 할 수 있는 제우스 신전, 오른쪽에 있는 것이 콘세르바토리 궁전, 왼쪽에 있는 것이 카피톨리노박물관이다.

광장에서 궁전 옆으로 난 계단을 오르다가 장난기가 발동한 오현과 보영이 어느새 가위 바위 보를 하며 계단 오르기를 한다. 연속 이겨 승승장구 계단을 오르는 오현을 부러운 눈으로 쳐다보던 보영은 "어우 야~ 나도 좀 올라가자"며 유치한 애교작전(?)을 펴기에 바쁘다.

미켈란젤로의 숨결이 닿은 캄피돌리오 광장

베네치아 광장

포로 로마노 전경

로마 시민들과 관광객들의 쉼터 베네치아 광장

캄피돌리오 광장을 지나 바로 옆에 있는 베네치아 광장으로 발걸음을 옮긴다. 오늘 마지막으로 돌아볼 곳이다. 베네치아 광장 역시 과거 베네치아 대사관(고대 베네치아는 로마제국과 마찬가지로 독립국이었다)이 있었던 것에서 유래한 이름이다. 이탈리아 초대 국왕이던 비토리오 에마누엘레 2세 기념관을 중심으로 펼쳐진 광장 앞은 도로와 인접해 있어 다소 혼잡한 편이다. 두 사람은 "그동안 부지런히 다녔으니 이제 좀 쉬어야지?"라며 베네치아 광장 계단에 털썩 주저앉아 시원한 음료수로 목을 축인다. 주변으로는 그들과 비슷한 관광객들이 지친 다리를 쉬기도 하고, 현지 사람들이 소풍을 나온 듯 주변 잔디밭에 앉아 수다를 떠는 한가한 전경이 도로의 소음과 묘한 조화를 이룬다.

3rd day
'행복한 이탈리아 미션' 완수기

이번이 이탈리아 방문 두 번째이니만큼 오현과 보영은 '작정하고' 지난번에 아쉬웠던 것들에 마음껏 도전해보리라 다짐 또 다짐했단다. 다행히도 '위시 리스트'에 올랐던 대부분을 성공적으로 완료한 오현과 보영. 벌써부터 '다음번에 해야 할 것들' 목록을 작성하고 있다는데…. 진정 이탈리아 홀릭이라는 타이틀이 아깝지 않은 두 사람이다.

예전에 못 가봤던 지역 가보기

이번 여행에서는 나폴리, 폼페이, 피렌체 등 지난번에 가지 못했던 곳을 가보고 싶었다. 그 중에서 피렌체를 방문했다. 세계적인 우피치박물관도 가보고, 단테가 베아트리체를 만난 베키오다리도 가보고. 지난번 여행과 이번 여행을 합해 총 10일쯤 이탈리아에서 보냈지만 가본 곳보다는 못 가본 곳이 더 많다. 다음번에는 폼페이, 나폴리, 피사 그리고 이번 여행에서 무척 아름다웠던 가르다 호수에 다시 가보고 싶다.

이탈리아 정통 요리 오랫동안 맛보기!

이건 정말 희망대로 '오랜 시간' 맛보았다. 저녁때 보통 3시간이 넘는 식사에 먹다가 쉬고, 먹다가 자고, 심지어 먹다가 전철이 끊기기까지! 지난번 여행에서는 맛집 정보를 준비하지 못해 기억에 남을 만큼 맛있는 음식을 먹지 못했는데, 이번에는 정말 맛있는 곳만 골라 가서 행복했다.

결혼식 보기

출발 전에 이건 실현 가능할지 확신도 없고 운이 좋아야 할 거 같다고 생각했는데 정말 운이 좋은 걸까? 여러 장소에서 결혼하는 커플을 심심찮게 보았다. 특히 프라스카티에 있는 성당에서 축가 부르는 걸 들었는데 으아, 정말로 소름이 쫙 끼쳤다. 웅장한 성당에 가득 차는 아름다운 목소리. 그 현장에 있었던 건 정말 축복이었다고 생각한다.

낡을수록 멋진 교통수단 '베스파 타보기'

이탈리아에 다시 오면 이탈리아의 명물인 베스파를 꼭 타보리라 결심했다. 안타깝게 베스파를 '씽씽' 타보지는 못했지만, 골목에 주차되어 있던 베스파에 말 그대로 슬쩍 타보기만 했으니 어쨌거나 성공한 거다.

Tour Point

로마 여행의 손과 발이 되는 버스·지하철

로마는 지하철 노선이 A라인, B라인 두 가지로 단순할 뿐 아니라 버스 노선도 잘 갖추어져 있어 자유여행으로 다닐 경우 대중교통을 이용하는 것이 최선의 이동 방법이다. 트램도 있지만 최근 노선을 줄이는 추세라 버스를 이용하는 것이 더 편할 듯하다. 버스, 지하철을 공통티켓으로 이용할 수 있으며 1회권은 1유로(1시간 이내 환승 가능), 1일권은 5유로이다. 버스나 지하철 노선도는 티켓 안내소에서 유료로 판매하니, 돈을 절약하려면 가이드북을 준비하거나 머무르는 호텔에서 구할 수 있는 시내지도의 뒷면 인포메이션을 참조하는 것이 좋다.

내일여행의 **추천 일정**

1일		로마 밤 도착
2일	하루	콜로세움→포로 로마노→팔라티노 언덕→진실의 입→빅토리아 엠마누엘 2세 기념관→트레비 분수→스페인 광장→포폴로 광장
3일	하루	바티칸시국 관광 바티칸 박물관→성베드로 성당→피에트로 광장 등 로마시내 야경관람 나보나 광장, 판테온, 스페인광장, 스페인 계단, 트레비 분수 야경
4일	하루	로마에서 피렌체 이동 산타마리아 노벨라역과 교회→산 로렌초 성당과 가죽 시장→피렌체 관광의 중심 두오모와 시뇨리나 광장→우피치미술관→베키오 다리→미켈란젤로 언덕

여행 정보 (2008년 6월 기준)

항공

에어프랑스로 파리를 경유해 로마로 들어갈 수 있다. 인천~파리 간 비행 편은 매일 운항하며 파리~로마 간 비행 편 역시 현지에서 매일 운항한다.

시차

이탈리아 현지시각이 한국보다 8시간 느리다(3월 마지막 주 일요일~10월 마지막 주 일요일 동안에는 서머타임 실시로 7시간 시차).

화폐 및 환율

이탈리아에서는 EU가입국의 공용통화인 유로화를 사용한다. 1유로 ≒ 1,591.60원

기후

전형적인 지중해 기후로, 대부분 햇살이 쨍쨍한 맑고 무더운 날씨이다. 특히 해가 일찍 뜨고 늦게 지기 때문에 활동 가능 시간이 상대적으로 긴 편이다.

GATE	BOARDING AREA	좌석번호 SEAT
4	**밴쿠버**	

캐나다의 어느 멋진 날

때로는 로맨틱하게, 때로는 여유롭게, 때로는 역동적으로, 때로는 신나게…
원하는 모든 분위기에 마음껏 빠져들 수 있는 공간, 캐나다 밴쿠버.
여행을 떠난 한재영, 박경아 커플이 캐나다에서의 하루하루가
모두 '어느 멋진 날' 이었다고 말하는 이유,
독자들도 금세 공감하게 될 것이다.

여행 컨셉트

밴쿠버를 여행해본 적 있다는 재영은 아내 경아와 추억을 나누려는 듯 여유로운 코스와 이색적인 축제를 찾아다녔다. 멋진 경치를 누비는 드라이브는 물론 공원에서의 한가로운 휴식도 취하고 맥주 만들기나 축제에 참여하는 등 적극적으로 현지 문화에 참여했다. 그래서 특이하게 테마별로 일정을 소개하고자 한다.

여행 파트너

한재영(34세), 박경아(32세) 커플 | 결혼한 지 1년 남짓 지난 한재영, 박경아 커플은 입사 동기로 만나 오랫동안 교제하다 부부의 연을 맺었다. 10년 전 학생시절 홀로 캐나다 브리티시컬럼비아 주를 여행했던 재영은 이번에 아내와 함께 다시 여행하게 돼 기쁘다고 했고, 아내 경아는 남편의 추억 한편을 차지하는 멋진 곳을 함께 여행하게 돼 기쁘다고 했다.

재영과 경아의 여행 가계부

식비는 보통 7~30캐나다달러 정도 들고, 교통비는 1존 버스나 스카이트레인 이용하면 2.5캐나다달러가 든다. 이동이 많은 날은 밴쿠버의 모든 대중교통을 이용할 수 있는 데이패스를 사용하는 게 좋다(1일권 9캐나다달러). 내일여행 밴쿠버 금까지는 89만 원부터 있다.

※ 밴쿠버 실제 여행 시기 : 2007년 4월

1st day
빅토리아 다운타운 나들이

경비행기를 타고 빅토리아로 입성한 덕분에, 이너 하버의 아름다운 풍경을 '빅토리아의 첫인상'으로 맞이하게 된 재영과 경아. '역시, 상상대로'라며 만족스러워 한다. "경비행기로 오니깐 빅토리아의 상징인 이너 하버의 환영을 받으며 들어올 수 있어 좋다"며 재영이 한마디 덧붙인다.

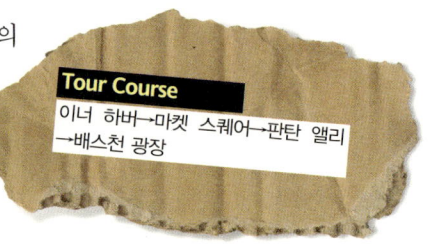

Tour Course
이너 하버→마켓 스퀘어→판탄 앨리→배스천 광장

화창한 날씨와 빅토리아의 아름다움에 매료된 재영과 경아는 장시간 비행의 피곤함도 잊고 곧바로 빅토리아 다운타운 나들이에 나선다.

빅토리아의 상징 이너 하버

"오빠, 사진에서 봤던 그 모습이야"라며 상기된 표정을 짓는 경아. 그녀의 말처럼 이너 하버는 빅토리아를 대표하는 모든 이미지를 한곳에 담고 있다. 도시의 품에 안겨 있듯 아늑한 항만으로 요트들이 가지런히 정박해 있고, 그 주변으로는 고전미가 느껴지는 주의사당, 호텔이라기보다 관광 명소로 입지를 굳히고 있는 페어먼트 엠프리스 호텔 건물이 도도하게 자리하고 있다.

Tour Point
경비행기 터미널이자 프린스 오브 웨일스 고래 투어가 출발하는 지점이 모두 이너 하버에 있다.

오래된 공간, 새로운 물건들 마켓 스퀘어

다운타운 거리 곳곳을 걷던 중 마켓 스퀘어가 눈에 들어온다. 큰 문을 지나 들어서니 작은 광장에 고전적인 식수대가 눈에 띈다. 재영이 물이 나오는지 확인하려고 꼭지를 눌러보자 물줄기가 힘 있게 솟아오른다. 꼭지를 누른 재영도, 옆에서 구경하던 경아도 예상치 못했던 강도 높은 물줄기에 화들짝 놀라 뒤로 물러선다. 그런 모습이 우스운지 한동안 깔깔깔 웃음이 이어진다.

Tour Point

마켓 스퀘어 건물은 1800년대 후반에 건설됐으며 1975년 재건축 공사를 마쳤다. 야외로 트인 3층짜리 건물에는 패션용품, 장식품, 예술품 등을 판매하는 상점부터 레스토랑까지 독특한 숍들이 모여 있다. 이너 하버에서 와프 거리를 따라 걸어 올라가다 존슨 거리와 만나는 지점에서 우회전하면 좌측에 있다.
www.martketsquare.ca

미로처럼 신비한 길 판탄 앨리

마켓 스퀘어를 빠져나와 길을 건너며 빨간색 벽돌로 이어진 좁고 긴 골목길이 보인다. 두 사람 정도가 간신히 지나갈 정도로 정말 좁은 골목길이므로 한눈팔면 놓칠지도 모른다. 도심에서 좁은 빨간색 골목길을 발견한 재영과 경아는 마치 비밀 통로라도 발견한 듯 조심스럽게 한 발 한 발 골목길로 내딛는다. "도심에 이런 골목길이 있다는 게 신기해"라는 경아의 말에 재영도 고개를 끄덕인다. 다정히 손을 잡고 밀착한 채로 좁은 골목길을 함께 걸어가는 부부의 모습이 참으로 따뜻해 보인다.

아무것도 없을 듯한 골목길을 조금 들어가자 아기자기한 상점이 나타나고 길을 오가는 사람들도 보인다. 단, 이 길에서는 오가는 사람이 동시에 지나기가 다소 불편하므로 마주보는 사이 먼저 지나갈 수 있게 잠깐 옆으로 비켜 서주는 센스가 필요하다는 점을 기억하자.

Tour Point

판탄 앨리는 예전 차이나타운에서 도박이 이뤄지던 곳이다. 골목의 가장 좁은 곳은 폭이 0.9m밖에 되지 않는다. 판도라 거리 쪽에서 걸어 들어가 골목을 쭉 걸어 나가면 캐나다에서 가장 오래된 빅토리아 차이나타운을 만난다.

풍경, 여유, 음악이 있는 곳 배스천 광장

마켓 스퀘어에서 내려와 해안을 따라 산책을 즐기는 재영과 경아. 이너 하버 풍경을 보랴, 와프 거리의 이색 풍경을 즐기랴, 정신이 없다. 그러던 중 가득 모여 있는 노천카페와 건물 사이로 작은 광장을 발견한다. "저기가 어딜까?" 호기심에 기웃거리던 그들의 눈에 포착된 작은 표지 하나, 배스천 광장이다.

조그마한 상점들과 예술작품과 수공예품을 파는 노점상들이 즐비하고 노천 레스토랑들도 있어 이너 하버의 정취를 느끼며 산책을 즐기기에 그만이다. 곳곳에 마련된 벤치에 앉아 잠시 쉬어가는 여유도 잊지 말 것.

Tour Point
와프 거리와 뷰 거리가 만나는 지점부터 시작된다. 여름에는 거리 음악가들과 밴드들의 연주를 들을 수 있어 좋다.

2nd day
그대와 함께여서 더욱 아름다운 부차트 가든

빅토리아에서의 낭만적인 시간을 더욱 로맨틱하게 만들어 주는 곳, 부차트 가든. 빅토리아는 도시 자체가 정원을 방불케 하지만, 부차트 가든은 특별하다.

Tour Course
부차트 가든
→ 빅토리아 교외 드라이브

10년 전 혼자 이곳을 찾았던 재영은 "그때는 이곳이 이렇게 아름다운지 몰랐는데 사랑하는 아내랑 오니깐 더욱 아름답게 느껴지네"라며 다정히 경아의 손을 잡는다. "여기 꽃 좀 봐!", "저기 꽃 좀 봐!" 경아가 남편 재영의 손을 이끌고 나비보다 더 사뿐사뿐 꽃밭 사이를 날아다닌다.

부차트 가든의 시초이자 중심지라 할 수 있는 선큰 가든부터 수천, 수만 송이 장미가 꽃밭을 이루는 로즈 가든, 기다란 분수대를 중심으로 꽃들이 가득 피어나는 이탈리아 정원, 동양의 고즈넉한 아름다움이 느껴지는 일본 정원 등 부차트 가든 곳곳을 돌아본다.

Tour Point

부차트 가든은 제니 부차트가 1904년 소규모 정원을 가꾸면서 그 역사가 시작돼 지금은 빅토리아의 대표 명소로 자리 잡았다. 개장 시간은 연중 오전 9시, 폐장 시간은 계절별로 유동적이다. 6월 1~14일까지는 오후 7시, 6월 15일부터 9월 1일까지는 밤 10시30분에 문을 닫는다. 오전 10시 30분부터 오후 2시 사이는 단체 관광객들로 붐비는 시간이므로 오전 9시나 오후 3시 이후에 방문하는 게 좋다. 입장료 또한 계절별로 차이가 있는데, 3월 21일~6월 14일 23캐나다달러, 6월 15일~9월 30일 25캐나다달러, 10월 21캐나다달러 등이다.

www.butchartgardens.com

부차트 가든, 이런 재미도 있다! 부차트 가든에서 즐기는 피크닉

아름다운 꽃밭이 펼쳐진 푸른 잔디밭에 예쁜 천을 깔고 사랑하는 사람과 오순도순 피크닉을 즐기는 그림, 영화 장면 같지 않은가? 특히 부차트 가든처럼 아름다운 곳에서라면 더더욱 말이다. 부차트 가든 다이닝 룸 레스토랑에서는 밖에서 피크닉 하는 기분으로 식사를 즐길 수 있는 패키지 메뉴를 따로 준비해 두고 있다. 단, 여름철에만 이용 가능. 따로 피크닉을 준비하기 힘든 여행자들에게는 색다른 경험을 해볼 수 있는 특별한 기회가 될 것이다.

땅에는 화사한 꽃들이, 하늘에는 화려한 불꽃들이~! 한여름 밤, 부차트 가든은 화사한 꽃들로 빛나고, 화려한 불꽃놀이로 또 한번 빛난다. 특별한 축제나 행사 때나 구경할 수 있는 게 불꽃놀이지만 부차트 가든에서는 얘기가 다르다. 여름철 토요일마다 불꽃놀이를 즐길 수 있기 때문이다. 호수 위로 뿜어져 나오는 불꽃놀이와 함께 매주 축제 기분에 젖어 보자. 올해 여름 불꽃놀이 진행시기는 6월 30일부터 9월 1일까지.

오색빛깔 찬란한 부차트 가든의 겨울! 부차트 가든이 봄부터 가을까지는 꽃과 나무들로 아름답겠지만 겨울에는 을씨년스럽고 볼 것도 없을 것이라고 생각한다면 오산이다. 겨울에는 알록달록한 꽃 대신 오색찬란한 조명 등이 정원을 가득 채운다. 수만 개의 오색등으로 꾸며지는 겨울의 부차트 가든은 봄, 여름, 가을에 느낄 수 없는 특별한 멋을 선사한다. 기간은 12월 1일부터 다음해 1월 6일까지.

"애프터눈 티 같이 하실래요?"

몇 시간을 거닐며 가든 구경에 빠져졌던 경아가 다리를 두드리며 "여보, 우리 잠깐 쉴까?" 하자, 재영이 기다렸다는 듯 그녀를 이끌고 로즈 가든에 있는 '다이닝 룸 레스토랑'으로 향한다. 재영이 사랑하는 아내와 함께 부차트 가든에 오면 꼭 해주고 싶었던 것이라며 애프터눈 티를 주문하자 경아는 그저 감동스런 표정이다.

"요즈음 애프터눈 티야 어디서든 맛볼 수 있지만, 이렇게 아름다운 정원이 있는 그림 같은 곳에서 즐기는 애프터눈 티는 아무데서나 해볼 수 없는 특별한 경험이잖아. 사랑하는 아내 경아랑 여기서 꼭 애프터눈 티를 즐기고 싶었어." 재영의 따뜻한 배려에 경아는 마냥 행복해 한다.

*애프터눈 티는 매일 낮 12시부터 이용 가능하며 가격은 1인당 24.75캐나다달러

3rd day
낭만 가득, 재미 가득 빅토리아 교외드라이브

다운타운과 명소를 둘러보는 것만으로는 빅토리아 여행을 말할 수 없다. 하루쯤 차를 타고 빅토리아의 아름다운 해안도로를 달리며 그 매력에 제대로 심취해보자.

Tour Course
빅토리아 해안도로 드라이브

다운타운에서 조금 벗어나 해안도로를 달리던 재영과 경아, "이렇게 아름다운 풍경이 있다니…. 다운타운이랑 명소 몇 곳만 둘러보고 그냥 떠났더라면 너무 아쉬웠을 거야"라며 입을 모은다.

해안도로를 타고 달리며 만나는 바다도 멋지거니와 곳곳에 자리한 집들과 마을의 풍경 역시 너무나 이국적이다. 재영과 경아는 달려가다 멋진 곳을 만나면 잠시 차를 세워두고 여유를 누린다. 불어오는 바람도 느끼고, 상쾌한 공기도 흠뻑 들이마시고, 풀 냄새도 맡아본다. "이런 게 진짜 여행이야. 그치?"

Tour Point

차를 타고 어디를 달리더라도 저마다 아름다운 풍경을 만나게 된다. 대표적인 드라이브 코스는 빅토리아 시닉 마린 드라이브, 다운타운 인근 비컨 힐 공원, 근처 댈러스 로드에서 시작해 해안을 끼고 고급 주택가와 레스토랑, 상점들이 모여 있는 오크베이와 윌로우스 비치를 거쳐 아름다운 코도바 베이까지 이어지는 해안도로는 그 명성에 뒤지지 않는 멋진 풍경을 선사한다. 더 욕심이 난다면, 사니치에서 시드니까지 드라이브를 즐겨도 좋다.

그저 행복에 겨운 두 사람, "이 드라이브 때문에 빅토리아를 더더욱 못 잊을 것 같아"라며 마음을 나눈다.

4th day
진짜 고래를 만나다, 고래 투어

바다 한가운데로 배를 타고 나가 고래를 만난다는 것, 상상만으로도 가슴 설렌다. 수족관에 갇힌 고래가 아니라 바다 한가운데서 자연 상태 그대로의 고래를 만날 수 있다니, 신나지 않을까?

Tour Course
웨일 와칭(고래 투어)

흔히 '웨일 와칭'이라는 투어에 나선 재영과 경아. 배에 오르기 전에 우주복처럼 생긴 두꺼운 오렌지 복장과 모자와 장갑으로 무장한다. 특이한 옷차림을 한 서로의 모습이 재미있는지 서로 보며 웃어대는 재영과 경아. 드디어 배를 타고 바다 한가운데를 향해 달려간다.

멀미에 약하다는 경아는 "그래도 고래를 보러 간다는데 도전하지 않을 수 없죠!"라며 씩씩한 모습이다. 재영과 경아를 태운 배가 파란 하늘 아래 망망대해를 달려가는 가운데, 선장은 망원경을 이리저리 돌려가며 고래 찾기에 나선다.

잔뜩 기대에 찬 재영과 경아도 고개를 돌려가며 바다 곳곳을 뚫어져라 쳐다본다. 바다에서 작은 움직임만 보여도 '고래 아닐까?'라며 기대감에 찬다. 망망대해에 배를 세워두고 고래를 찾아 두리번거리는 가운데 재영이 "이러고 있으니깐 〈노인과 바다〉가 생각나네. 〈노인과 바다〉에 나오는 노인이 된 기분이야. 주인공도 이런 기분이었겠구나 싶네" 한다.

그때 "저기, 고래가 나타났어요!"라는 선장의 목소리가 들린다. 선장이 손짓하는 곳으로 고개를 돌린 재영과 경아는 눈앞에 고래가 나타났다는 사실이 믿기지 않는 눈치다. "저 녀석은 고래라기보다는 돌고래 일종으로 워낙 부끄럼을 많이 타기 때문에 사람들이 나타나면 금세 사라지고 한동안은 다시 나타나지 않을 거예요"라는 선장의 말이 끝나기도 전에 그 녀석이 자취를 감춘다. 그리고 한참을 두리번거렸지만 선장의 말처럼 녀석은 다시 모습을 드러내지 않았다.

쉬이 고래들이 모습을 드러내지 않자 선장은 "자연 상태에서 고래를 보는 거라서 어떤 때는 바로 앞에서 고래들이 점프해서 뛰어오르는 모습을 볼 수 있는가 하면 또 가끔은 멀리서 고래 꼬랑지만 보고 돌아가야 할 때도 있습니다. 저희도 손님들에게 고래를 보여주기 위해 최선을 다하지만 자연이 하는 일이라 어쩔 수 없네요" 한다.

고래는 많이 보지 못했지만 바다표범, 물개, 독수리 등 다양한 야생동물들을 만나본 재영과 경아. "시원하고 고요한 바다 위를 다니며 자연을 만끽하고 특별한 야생동물들의 서식지를 자연 상태 그대로 살펴본 것만으로도 오늘 투어는 만족스러웠어요. 고래를 제대로 못 본 것은 좀 아쉽긴 하지만, 약간의 아쉬움은 남겨둬야 다음 여행을 기약할 수 있겠죠?"

Tour Point

빅토리아 이너 하버에서 출발하는 다양한 고래 투어 프로그램이 있다. 그중 대표적인 업체는 '프린스 오브 웨일스'로, 모터가 달린 고무보트를 이용하는 상품과 크루즈형 선박을 이용하는 상품 등이 있다. 고무보트를 이용하는 상품은 연중 이용 가능하며 여름에는 오전 8시 30분부터 30분 간격으로 출발한다. 소요시간은 3시간, 요금은 85달러. 두꺼운 슈트는 연중 제공되며 추운 날씨에는 모자와 장갑까지 제공된다. 웹사이트에 한국어 자료도 있다.
www.princeofwhales.com

GATE	BOARDING AREA	PAGE
4	밴쿠버	89

와인 VS 맥주

자연을 배경으로 분위기 있게 와인 한 잔, 체리 포인트

와인을 좋아한다는 재영과 경아 커플. 유명 와이너리들이 모여 있는 빅토리아와 밴쿠버 섬을 방문한 이상 와이너리 투어는 'Must do' 코스란다. 재영과 경아가 선택한 곳은 빅토리아 다운타운에서 그다지 멀지 않고 수많은 수상 경력을 자랑하는 '체리 포인트 포도밭'이다.

넓게 펼쳐진 포도밭과 함께 시야가 확 트인다. 둘이 손을 꼭 잡고 포도밭을 거니는 모습이 영화 장면처럼 아름답다. 포도밭을 둘러보고 와인 시음을 시작한 재영과 경아, 직원의 설명을 열심히 들으며 와인을 음미해 본다. 몇 잔째 맛을 본 재영은 "이러다 아침부터 취하겠는데…"라며 장난스런 표정이다.

Tour Point

빅토리아 다운타운에서 멀지 않은 코블 힐에 있다. 5월 1일부터 10월 31일까지 오전 11시, 오후 1시, 3시에 와이너리 정기 투어가 진행된다. 투어는 포도밭 견학과 와인 시음 코스로 이뤄진다. 와인 숍은 매일 오전 10시~오후 5시까지 문을 연다. 와인과 곁들여 식사가 가능한 비스트로는 월~토요일은 오전 11시~오후 4시, 일요일은 오전 10시~오후 3시까지 문을 열고 선데이 브런치를 제공한다.
www.cherrypointvineyards.com

빅토리아만의 신선, 특별한 맥주 '카누 브루 펍'

빅토리아가 맥주로 유명하다는 사실을 아는가? 빅토리아에는 역사와 전통을 자랑하는 맥주 양조장과 직접 만든 맥주를 판매하는 '브루 펍'이 여러 곳 있다. 그중 유명한 곳이 카누. 바다가 보이는 전망에 맥주맛과 음식 맛이 일품이라 늘 손님들로 붐빈다. 재영과 경아가 카누를 방문한 날, 캐나다 유명 스케이트 선수도 이곳을 찾았다. "여기, 정말 유명한 곳이긴 한가봐. 유명인들도 오고 말이야"라며 경아가 재영 귀에다 대고 얘기한다.

맥주 샘플러로 카누만의 독특하고도 다양한 맥주를 맛본 재영은 엄지손가락을 펴대며 '캬아~' 환호를 터뜨린다. "여기 맥주 맛 진짜 기가 막히다! 가깝기만 했어도 매일 왔을 텐데…. 한국에서 여기까지 매일 오긴 좀 멀지?"

Tour Point

영업시간은 오전 11시 30분부터 밤 12시까지. 단, 금, 토요일은 새벽 1시까지 문을 연다. 차이나타운에서 항구 쪽으로 내려와 스위프트 거리를 찾으면 카누가 보인다. 화학제와 보존제를 전혀 사용하지 않은 100% 자연산 맥주를 맛볼 수 있다
www.canoebrewpub.com

밴쿠버에서 꼭 해야 할 6가지
밴쿠버 다운타운에서 이렇게 놀자

스탠리 파크에서 자전거타기

재영이 밴쿠버에 오면 경아를 데리고 꼭 가고 싶었던 곳이 바로 스탠리 파크. 재영은 10년 전, 이 아름다운 공원에서 혼자 쓸쓸히 자전거를 타면서 다정히 산책하거나, 함께 자전거를 타는 연인들을 봤다. 그때 다짐했다. '나중에 사랑하는 사람이랑 꼭 함께 와서 자전거도 타고 이 여유로운 분위기도 만끽하겠다'고. 꼭 10년 후 그는 혼자가 아니라 사랑하는 아내와 함께 자전거를 타며 소원을 이뤘다.

1,000에이커 규모의 스탠리 공원은 캐나다 최대 시립공원이자 북미에서 세 번째로 큰 공원이다. 다운타운에서 걸어서 갈 수 있으며 다양한 대중교통편도 이용 가능하다. 자전거와 롤러블레이드 이용자들을 위한 길과 산책자들을 위한 길이 나뉘어 있으므로 주의하자.

콜 하버 시워크 산책하며 밴쿠버의 새로운 모습 보기

10년 전 밴쿠버를 찾았던 재영이 가장 놀라워했던 지역이 바로 캐나다 플레이스에서 스탠리 공원 방향으로 향하는 콜 하버 해안가이다. 그때는 별다른 볼거리가 없던 이 지역에 으리으리한 고층 건물이 대거 들어선 것. 뿐만 아니라 공원, 노천카페 등도 생겨 완전히 다른 곳으로 변모했다. 재영과 경아는 "꼭 이곳에 들러, 노천카페에서 해안을 바라보며 여유롭게 차 한 잔을 즐기고 산책도 즐겨 보라"며 "초현대적인 모습과 자연이 어우러진 밴쿠버의 매력을 새로이 깨닫게 될 것"이라고 말한다.

캐나다 플레이스에서 스탠리 공원 쪽으로 걸어가면 웨스트 워터프론트 로드를 거쳐 콜 하버 시워크를 지나게 된다.

키칠라노 해변에서 저녁노을 감상하기

저녁 무렵, 키칠라노 해변에 도착한 재영과 경아. 기다란 해변에 통나무들이 나란히 줄을 맞춰 놓여 있고 그 위로 사람들이 삼삼오오 모여 있다. 바다가 무대이고 해변이 객석인 양, 사람들은 통나무를 의자 삼아 바다를 바라보고 있다. 재영과 경아도 관객의 일원이 되어 바다를 바라본다. 그리고 얼마 후 하늘이 붉게 물들면서 푸른 바다를 배경으로 저녁노을이 진다. 분위기에 젖은 키칠라노 해변의 저녁 풍경은 한낮의 분주함과는 상반된 모습이다. 재영과 경아는 '캐나다 여행 마지막 날 저녁, 이곳에 와서 저녁노을을 감상하며 여행을 마무리하면 멋질 것 같다'고 추천한다.

키칠라노 해변은 밴쿠버 다운타운 지역에서 다리 건너편에 위치하고 있으나 거리는 멀지 않다. 버스나 차량으로 쉽게 이동 가능하다. 현지인들은 애칭처럼 '키츠 해변'이라고 부른다.

개스타운 증기시계 앞에서 기념사진 찍기

개스타운에 가면 누구나 다 증기시계 앞에서 기념사진을 찍는다. 특별할 게 없어 보일지도 모르지만, 그래서 더 특별하기도 하다. 전 세계에서 유일한 이곳 증기시계는 개스타운의 상징물로, 증기로 작동한다. 시계 앞에서 기념사진을 찍으려 포즈를 취하는데, '뿌~뿌~' 소리가 나고 증기까지 나오자 깜짝 놀라는 재영과 경아. 마냥 신기해하며 시계를 쳐다본다. 증기시계 소리는 15분마다 들을 수 있으며, 시계 위에서 증기가 나오는 모습도 볼 수 있다.

개스타운이 시작하는 초입에 있어 찾기 쉽다. 개스타운 증기시계 회사 대표이자 시계공인 레이몬드 선더스가 1875년 설계에 기반해 1977년 증기시계를 만들었다.

하버 센터 전망대에서 밴쿠버 한눈에 담기

밴쿠버가 도대체 어떻게 생겼는지 궁금하다면, 하버 센터 전망대인 '밴쿠버 룩아웃'에 올라가 밴쿠버를 바라보자. 360도 유리창으로 이뤄져 있어 밴쿠버 동서남북을 두루 둘러볼 수 있다. 전망대를 한 바퀴, 두 바퀴 열심히 돌아본 재영과 경아, "밴쿠버 최고층 높이에서 보니 이제 밴쿠버를 훨씬 더 잘 알 것 같다"며 흐뭇한 표정이다. 무엇보다 좋은 점은 한 번 입장권을 끊으면 낮에도 올 수 있고 저녁때도 올 수 있으므로 밴쿠버의 주경과 야경을 모두 섭렵할 수 있다는 점.

캐나다 플레이스에서 멀지 않으며 건물이 높아 어디서든 잘 보인다. 웨스트 해스팅스 거리와 시무어 거리가 교차하는 코너에 있으며, 지하에서 표를 끊어 엘리베이터를 타고 올라가면 된다. 계절별로 운영 시간에 차이가 있는데, 2007년 4월 30일부터 10월 14일까지는 오전 8시 30분부터 밤 10시 30분까지 문을 연다. 단, 폐장 20분 전에는 전망대로 올라가는 마지막 엘리베이터를 타야 한다. 입장료는 성인 기준 13캐나다달러. 전망대 위층에는 회전 전망 레스토랑도 있다.
www.vancouverlookout.com

캐나다 플레이스 멀리서, 가까이서 바라보기

밴쿠버에 도착한 재영과 경아가 가장 먼저 찾은 곳은 바로 캐나다 플레이스. 밴쿠버를 대표하는 상징으로 종종 등장하는 캐나다 플레이스는 대형 요트나 선박의 하얀 돛 같은 건물 외관이 인상적이다. 막상 캐나다 플레이스로 가서 가까이서 그 모습을 보면 도대체 무슨 모양인지 한눈에 볼 수 없지만 멀리서 바라보면 그 모습이 한눈에 들어온다. 경아는 "밴쿠버 모습이 등장할 때마다 이곳이 나와 궁금했는데 직접 보니깐 좋다"며 "밴쿠버를 상징하는 곳인 만큼 꼭 한번 와보면 좋을 것 같다"고 말한다.

다운타운 해안가에 위치한 캐나다 플레이스는 1986년 밴쿠버 엑스포를 위해 건설된 건물로, 현재는 회의장, 전시장, 호텔, 아이맥스 영화관, 레스토랑 등이 모여 있는 복합문화 공간으로 이용되고 있다. 또 대형 크루즈들이 정박하는 주요 터미널이기도 하다.
www.canadaplace.ca

내일여행의 추천 일정

1일	하루	퀸 엘리자베스 공원→화이트 록→크레센트 비치
2일	하루	스탠리공원→밴쿠버미술관→밴쿠버 공립도서관→그리스도 처치 성당→중산공원→차이나 타운→그랜빌 스트리트와 롭슨 스트리트
3일	하루	베니어 공원→키칠라노 지역→개스타운→캐나다 플레이스→하버 센터 타워
4일	하루	부차트 가든→주의사당→로열 런던 밀랍 인형 박물관→로열 브리티시컬럼비아 박물관
4일	오전	산책 후 공항 출발

여행 정보

항공

에어캐나다 인천~밴쿠버 직항편이 매일 운항된다. 밴쿠버까지 갈 때는 10시간, 올 때는 11시간 정도 소요된다. 시차는 캐나다 브리티시컬럼비아 지역이 한국보다 17시간이 느리다. 단, 서머타임제가 실시되는 4월 첫째 주 일요일부터 10월 마지막 주 일요일까지는 한국보다 16시간 느리다.

날씨

한국과 비슷한 기후이나 6~8월 여름철에는 비가 거의 내리지 않아 습하지 않고, 햇살은 강하나 시원한 편이다. 빅토리아는 1년 내내 온화한 편으로 강우량도 적다. 휘슬러 지역은 산악지대인 만큼 도시보다 서늘해 봄까지도 눈이 내리고 여름까지 눈이 쌓여 있는 지역도 있다.

화폐 및 환율

캐나다달러(CN$)를 사용하며 2008년 4월 말 기준 환율은 1CN$ ≒ 1,010원이다.

전압

110V를 사용한다.

Tip

캐나다에서 물품을 구매하거나 식사를 할 경우 가격표나 메뉴판에 있는 가격대로만 생각해서는 안 된다. 이는 세금 비포함 금액으로 캐나다 전체가 6%이며, 주세는 주마다 다른데, 빅토리아 주는 7%이다. 또한 캐나다는 팁 문화가 있으므로 레스토랑이나 바를 이용할 때는 물론, 택시에도 팁을 지불해야 한다.

GATE	BOARDING AREA	좌석번호 SEAT
5	**런던**	

대한민국 대표 싱글즈, 브리짓의 도시 런던을 가다

4월 말의 봄볕 가득한 런던.
짧다면 짧고 길다면 긴 3박 4일간의 런던 여행은
참 행복하고 즐거웠다.
이미 영상과 사진으로 익숙한 관광지들을
거침없이 돌아다녔고
영화와 뮤지컬 등으로 알려진 새로운 명소도 찾아다녔다.
'쓸 때 쓰고 아낄 땐 팍팍 아낀다'는 모토 아래
버스와 지하철 등 대중교통을 완전히 접렵했고
대표적인 관광지는 이제 길 안내도 할 수 있을 정도가 됐다.

여행 컨셉트

3박 4일 일정으로 두 사람의 자유여행이라기보다는 함께 동행한 기자의 조언대로 움직였다. 짧은 일정에 우왕좌왕하지 않고 최대한 여러 곳을 보기 위함이었다. 마지막 날 현정은 영화와 관련된 곳을 구경하고, 현주는 뮤지컬과 관련된 곳을 찾았다.

여행 파트너

염현정(30세) | 영화 마케터. 바쁜 업무 중에도 이번 런던 여행을 위해 영국을 대표하는 최근 영화, 〈러브 액츄얼리〉, 〈브리짓 존스의 일기〉, 〈노팅힐〉 등을 다시 보며 영화 속 명소를 공부해 와 놀라움을 샀다. 싱글인 줄 알았는데 '키 크고 돈 잘 벌고 연하인' 1등 남편과 알콩달콩 신혼 재미까지 누리고 있다.

심현주(29세) | 뮤지컬 배우. 런던 여행에 지원한 이유도 순전히 '뮤지컬과 연극' 때문이었다고. 첫날 관람한 뮤지컬 〈빌리 엘리엇〉도 그의 추천으로 보게 됐다.

현정과 현주의 여행 가계부

현정의 가계부 | 총 지출액 약 340파운드(한화 약 59만 원, 1파운드 1,740원 기준)로 이 가운데 공동경비는 40파운드이다. 이외에 〈빌리 엘리엇〉 팸플릿 5파운드, 박물관 입장료와 가정식 점심 정식 21.68파운드, 제인오스틴박물관 입장료 5.95파운드, 군것질 40파운드, 선물과 기념품 100파운드, 뮤지컬 〈맘마미아〉 관람 27.5파운드, 에든버러 숙박 15파운드 등을 지출했다.

현주의 가계부 | 총 지출액 약 961파운드(약 150만)로 뮤지컬 관람에 크게 지출했다. 〈메리 포핀스〉 25파운드, 〈무빙 아웃〉 21파운드, 〈위 윌 락 큐〉 25파운드, 〈시내트러〉 30파운드, 〈랫 팩+맥 앤 마벨〉 50파운드, 〈마우스 트랩〉 관람에 20파운드를 썼고, 선물과 기념품 337파운드, 식사와 군것질 65.6파운드, 쇼핑 108파운드 정도를 썼다.

※ 런던 실제 여행 시기 : 2006년 4월 말

1st day
런던을 마주하다

첫날, 참 많이도 다녔다. 이 정도의 명소는 적어도 이틀은 잡아야 한다. 이 명소가 위치한 곳을 선으로 긋는다면 런던 구시가지에 위치한 주요 명소는 대부분 들어갈 터. 저렇게 다닌 데에는 런던 여행 첫날을 '런던을 훑어보는 날'로 정했기 때문이다. 현정과 현주는 런던이 처음이라 3년 전 런던을 방문하여 하루 동안 혼자 돌아다닌 적이 있던 기자가 1일 가이드를 자처한다. 그렇게 런던 여행 첫날 일정을 시작한다.

Tour Course
피카딜리 서커스 광장→런던관광안내센터→버킹엄 궁전→St. 제임스 파크→빅벤과 웨스트민스터 사원→런던 아이→타워브리지와 타워 오브 런던→트라팔가 광장→레이케스터 광장→뮤지컬 〈빌리 엘리엇〉 관람

영화와 공연안내 지도부터 챙기다

AM 09:45 숙소를 나선다. 첫날이라는 기대감 때문인지, 말로만 듣던 악명 높은 런던의 봄과는 달리 날씨가 화창해서인지 발걸음이 가볍다. 지하철을 이용한 현정과 현주의 런던 여행 첫 방문지는 피카딜리 서커스 광장이다. 에로스 동상이 있는 이곳은 차이나타운과 극장가, 버킹엄 궁전과 트라팔가 광장 등으로 이어지는 중심가다. 많은 이들이 이곳을 기점으로 런던 여행을 시작하며 만남의 장소로 활용한다. 사실 런던에서 첫 목적지는 런던관광센터다. 런던 여행 1번지로 통하는 피카딜리 서커스 광장 주변에 위치한 이곳에서는 런던과 영국 관광에 대한 모든 정보를 얻을 수 있다.

시티투어에서부터 테마별 가이드, 런던 이외의 지역 정보, 스코틀랜드와 웨일즈 정

보까지 구할 수 있으며 각 도시로 운항하는 열차와 버스 편 정보도 알아볼 수 있다. 짧은 시간에 현정과 현주가 집어 든 것은 역시 '무비맵(Movie map)'과 '공연맵(Theatre map)'이다. 무비맵은 영국에서 촬영돼 전 세계적으로 인기를 끌었던 〈러브 액츄얼리〉, 〈브리짓 존스의 일기〉 등 대표적인 영화 촬영 장소를 한눈에 볼 수 있게 꼼꼼히 안내한 지도다. 50여 편의 공연맵에는 최근 영국에서 상연되는 뮤지컬, 연극 등의 공연 정보와 극장 위치를 알 수 있게 한 지도로 상연 요일과 시간 등의 세부적인 정보도 담겨 있다. 런던관광센터는 피카딜리 서커스 광장 리젠트 스트리트에서 폴 몰 스트리트 방면으로 내려오는 중간에 있다. 투어뿐만 아니라 숙박 정보도 알려주며 인터넷도 사용할 수 있다. 환전소도 있다.

Tour Point
런던관광센터 : 피카딜리 서커스역 3번 출구

AM 11:08   몰 스트리트 쪽으로 향한다. 오전 11시 30분에 진행되는 버킹엄 궁전의 근위병 교대식을 보기 위해서다. 세인트 제임스 파크를 왼쪽으로 끼고 몰 스트리트를 걷다 보니 영국 국기가 길 양쪽으로 늘어서 있고 말을 탄 경찰들이 지나가 그야말로 런던의 심장부에 와 있음을 실감케 한다. 봄으로 막 접어든 런던의 공원은 온통 연둣빛이다. 수선화와 튤립이 공원 구석구석 피어 있다. 푸릇푸릇한 공원은 보고만 있어도 마음이 들뜬다. 버킹엄 궁전 앞은 빅토리아여왕 기념탑을 중심으로 많은 인파로 꽉 차 있다. 서성이며 교대식을 기다렸지만 오늘은 교대식을 하지 않는단다. 내일(4월 22일)이 엘리자베스 여왕 생일이라 버킹엄 궁전 안팎으로 성대한 행사가 열리기 때문이란다. 빨간 제복을 입고 곰 가죽 모자를 쓴 근위병들이 순식간에 일렬로 나열해 행렬하는 것을 지켜보는 정도로 만족해야 한다.

> **Tour Point**
> 근위병 교대식은 4~8월 중 오전 11시 30분에 매일 열린다. 9~3월까지는 이틀 간격으로 열린다. 정확한 일정은 그때그때 확인한다. 버킹엄 궁전은 내부도 관람할 수 있다. 8~9월 오전 9시 30분부터 입장이 가능하며 경호실부터 만찬실, 빅토리아 여왕 화랑, 접견실, 연회실, 알현실 등을 돌아볼 수 있다. 관람료는 다소 비싸다. 11파운드(5월 9일 기준 1파운드≒한화 1,730원)

버킹엄 궁전

우리가 런던에 왔노라~!

PM 01:10   빅벤과 국회의사당, 웨스트민스터 사원을 거쳐 2000년대 이후 런던의 새로운 아이콘으로 떠오르는 런던 아이(British Airways London Eye)로 향한다. 신구 시대를 대표하는 런던의 아이콘인 런던 아이와 빅벤은 템스 강을 사이에 두고 서로 마주 하고 있다. 국회의사당과 웨스터민스터 사원은 무료로 관람 가능하지만 대부분 관람보다 '런던에 왔다 간' 기념사진 남기기에 분주하다. 이곳을 바라보고 있노라면 런던은 더는 낯선 도시가 아니다. 9시 뉴스에 단골 등장하는 템스 강과 빅벤을 바라보면 낯익은 편안함을 느낀다.

그래서 빅벤과 국회의사당, 웨스터민스터 사원을 보면 탄성보다는 안도의 한숨이 먼저 나오는가보다. 구시대 상징인 빅벤을 뒤로하고 웨스트민스터 브리지를 걸어서 건넌다. 대표적인 런던 관광명소로 꼽히는 곳인 만큼 다리 또한 분주하다. 군밤과 아이스크림, 핫케이크를 비롯해 군것질 거리와 기념품 노점상 등이 줄이어 다리를 메우고 있다. 런던 아이와 함께 카운티 홀과 아쿠아리움이 이웃해 있으며 템스 강변으로 많은 사람이 따뜻한 봄볕을 즐기고 있다. 카운티 홀은 영화 〈브리짓 존스의 일기 2〉의, 아쿠아리움은 〈클로저〉의 배경이기도 하다.

신시대를 대표하는 런던의 아이콘이 된 런던 아이는 런던시가 2001년 밀레니엄을 기념해 세웠다. 이 아이콘은 유서 깊은 역사와 전통의 도시라는 런던의 이미지에 맞지 않는다고 설립 전부터 많은 논쟁을 일으켰다. 하지만 논쟁과는 상관없이 입장료가 10파운드에 가까운데도 사시사철 관광객은 물론 런던 시민들로 붐비는 명소로 자리 잡았다. 런던 아이는 런던 시내를 한눈에 내려다볼 수 있다는 점도 매력적이지만 해질 무렵이나 야경이 빛나는 날이면 기념일을 보내거나 연인들의 프러포즈 장소로도 유

런던의 각종 가이드

런던 아이

명하다. 20명까지 탑승 가능한 차를 2시간여 전세 내 샴페인 파티 등을 열 수도 있다.

PM 03:20 타워 브리지와 런던 타워로 향한다. 빅벤에 이어 구시대를 상징하는 또 다른 아이콘으로 꼽히는 타워 브리지는 빅토리아 시대에 막대한 돈을 들여 지은 곳으로, 런던 타워와 함께 런던과 영국의 역사를 상징하는 곳이다. 전망대로 꾸며진 25m의 쌍둥이 탑에서는 런던 시내를 한눈에 내려다볼 수 있으며, 타워 브리지의 역사를 한눈에 볼 수 있는 전시관도 운영한다. 현정에 따르면 영화 〈브리짓 존스의 일기〉에서 브리짓 또한 이곳을 걸어서 건너는 장면이 있다고 한다.

런던 출발 전 영화를 다시 보며 내용과 촬영지를 상기했던 현정은 런던 곳곳을 지나칠 때마다 영화를 떠올렸다. 그저 런던의 주요 명소 중 하나로만 생각했던 일행에게도 영화를 통해 런던이 새롭게 다가온다. 1078년부터 런던을 굽어본 런던 타워는 1529년 헨리 8세가 화이트 홀 궁전으로 이전하기까지 궁전으로 사용됐으며 그 후에는 감옥으로서 중요한 역할을 해왔다. 웨스트민스터 사원과 그리니치 전망대와 함께 런던에 있는 세계문화유산으로 꼽히지만 입장료가 비싸 한국인 단체 관광객은 겉모습만 살짝 보고 마는 곳이기도 하다.

다시 웨스트엔드 안으로 들어와 트라팔가 광장으로 향한다. 웨스트엔드 안으로 들어서니 곳곳에 뮤지컬, 연극 공연장이 눈에 띄자 현주가 흥분한다. 현정과 현주는 일정 내내 그랬다. 영화 속 명소를 지나치려면 현정이, 뮤지컬 간판이라도 지나치려면 현주가 먼저 흥분하며 목소리가 커졌다. 트라팔가 광장은 런던의 또 다른 명소들이 위치한 곳이다. 세계에서 가장 큰 미술관으로 꼽히는 내셔널 갤러리와 내셔널 포트리트 갤러리가 있다. 광장 중앙에 위치한 넬슨의 동상도 트라팔가 광장을 상징하는 주요 아이콘이다.

Tour Point

낮과 밤 두 번 모두 런던 아이를 탑승해 본 결과 본인 얼굴 사진 남기기가 주된 목적이 아니라면 밤에 런던 아이를 탑승할 것을 추천한다. 야경이 훨씬 낭만적이다. 사진 찍기를 위해선 특수 유리로 제작된 런던 아이의 외관 때문에 초보자는 카메라 모드 설정에 주의해야 한다. 풍경을 찍으려면 원거리 촬영 모드를, 저녁때라면 플래시는 끄고 촬영한다.

'스매시 히트' 뮤지컬에 취하다

PM 05:50 뮤지컬 〈빌리 엘리엇〉을 보러 가기 전 영국의 대표 먹을거리로 꼽히는 '피시 앤드 칩스'를 시식하기로 한다. 현정이 인터넷에서 알아온 런던에서 가장 오래된 바로 꼽히는 '램 앤드 플래그(Lamb & Flag)'를 찾아가기로 한다. 레이케스터 광장 주변을 돌며 물어물어 찾아간 곳은 명성답게 많은 이들로 북적이고 있다. 저녁식사 전 하루 일과를 끝낸 런더너들과 관광객들이 어울려 거품 가득한 시원한 맥주를 홀과 입구에서도 나눈다. 저녁식사를 마치고 〈빌리 엘리엇〉을 상영 중인 빅토리아 팰리스 극장으로 향한다. 인기 있는 공연답게 입구부터 줄이 길게 늘어서 있다. 공연 관람 소감을 결론부터 말하면 영화를 보지 않은 사진기자까지 감동에 찬 표정으로 극장 문을 나설 정도다.

> **Tour Point**
> 타워브리지 전망대와 전시관 입장료는 약 6파운드(어른 기준), 런던 타워 입장료는 11.3파운드이다. 내셔널 갤러리의 입장료는 없다. 런던에서 국립이나 시립이 운영하는 박물관, 미술관은 관광객도 입장료를 따로 내지 않는다. 입장료를 받는 곳에서는 국제학생증을 소지하면 상당 부분 할인받을 수 있다.

12세 어린 소년이 춤과 노래, 연기를 겸비해야 하는 뮤지컬의 주인공을 맡았다는 것부터 감동이다. 잉글랜드 북부 탄광촌의 고단한 삶과 그곳에서 발레리나의 꿈을 펼치는 한 소년과 가족, 주변 인물들의 이야기가 재미있고 짜임새 있게 전개된다. 영어를 잘 못하더라도 영화를 보거나 줄거리 뼈대를 알아두면 뮤지컬 내용을 따라가기가 어렵지 않다. 뮤지컬 본고장의 진가를 확인하는 순간이었다.

지하철과 버스를 정복하라

효율적이고 즐거운 런던 여행의 반은 교통편을 어떻게 이용하느냐에 달려 있다 해도 지나치지 않다. 지하철 1구역 편도 요금이 3파운드(약 5,200원). 주요 관광명소는 1구역이면 커버할 수 있지만 편도당 우리의 5배가 넘는 요금을 내고 표를 끊으려면 눈물이 앞을 가린다. 그렇다고 젊고 튼튼한 다리만 믿고 모든 곳을 다 걸어서 다닐 수는 없다. 만약 런던 여행을 계획하고 있다면 무엇보다도 이 정보를 눈여겨보길 바란다.

1. 지하철을 알면 런던이 보인다

가장 먼저 지하철이 생긴 도시 런던은 그만큼 복잡한 지하철 노선망을 자랑한다. 러시아워에도 지하철은 끄떡없이 빨리 달리고 히드로공항을 비롯한 런던의 주요 공항과 기차역으로도 지하철이 연결돼 있어 가장 편리하게 런던을 이용할 수 있는 교통수단으로 꼽힌다. 지하철 역 이름은 우리처럼 지역과 명소 이름으로 돼 있어, 원하는 목적지로 손쉽게 이동할 수 있다는 것도 장점이다. 지하철 노선 이해는 먼저 우리의 2호선 같은 순환선, 서클 라인(지하철 노선도의 노란색 라인) 이해부터 시작하면 쉽다. 서클 라인의 주요 역들을 기점으로 동서남북으로 향하는 각 노선이 연결되기 때문이다. 다만 방향 확인을 하고 승강장으로 내려갈 것. 입구에 노선별 방향을 나타내는 노선도가 그려져 있으니 목적지를 확인하고 이동하면 된다. 지하철에서는 안내방송도 해준다. 도착했을 때는 '웨이 아웃(Way Out)'으로 사인을 따라 이동하면 되고 표를 입구에 내고 나온다. 런던 지하철은 출구가 많은 역이 비교적 적어 출구를 찾아 헤매는 일이 적다. 런던에서는 지하철을 언더그라운드 또는 튜브라고 한다.

2. 버스를 알면 런던 여행이 더 쉽다

노선과 목적지를 쉽게 알 수 있고 빠르다는 장점 때문에 지하철을 선호하지만 알고 보면 버스가 런던을 파악하는 데 더욱 유리하다. 버스 이용은 먼저 4방위부터 확인한다. 일단 가장 가까운 버스 역으로 간다. 버스 역에는 그 역에 정차하는 다양한 노선 버스가 친절하게 노선도까지 곁들여 표시돼 있다. 본인이 내릴 역을 확인하고 해당 노선 버스를 타면 된다. 많은 여행자들이 유럽의 대도시에서 지하철을 이용하는데 개인적으로 버스 이용을 적극 추천한다. 그 이유는 첫째, 버스는 운행 도중 창 밖의 도심 풍경도 감상하고 지리도 정확히 알 수 있어 다음 여행이 더 쉬워진다. 정거장 사이가 짧아 한 정거장 정도 지나치거나 못 미쳐 내리더라도 구경하는 셈치고 걸으면 된다. 둘째, 버스 요금이 싼 경우가 많다. 런던은 1구역 편도가 3파운드지만 버스는 1.5파운드다. 셋째, 무거운 가방을 들고 계단을 오르내리지 않아도 된다. 다른 도시까지 연계한 장기 여행의 경우 다른 여행지로 이동하기 위해 공항이나 기차역으로 갈 때 무거운 가방을 들고 지하철 계단을 오르내리는 것만큼 고역스러운 일이 없다. 런던 버스는 24시간 운행하는 노선도 있으니 숙소 중심으로 파악해 두면 나이트라이프를 충분히 즐기기에 부담이 없다.

3. 왕복권 또는 패스를 활용하면 훨씬 저렴하다

앞서 밝혔듯이 런던의 교통비는 살인적이다. 런던에서는 먹는 것보다도 오히려 비용이 더 많이 드는 것이 교통비라는 말을 실감할 수 있다. 그러나 왕복권 또는 패스를 활용하면 상당 부분 절약할 수 있다. 절약할 수 있는 비율이 예상보다도 크다. 버스 이용 요금만 보더라도 편도당 1.5파운드이지만 새벽 4시까지 무제한 탈 수 있는 1데이 패스는 3.5파운드다. 지하철과 버스, 국전철, 도크랜드 경전철 등을 통합적으로 사용할 수 있는 1데이 트래블 카드(one-day travelcard)도 있다. 1~2구역에서만 사용할 수 있는 트래블 카드의 가격이 5.1파운드(성수기 기준, 비수기는 4.1파운드)이며 1~6구역까지 모두 이용할 수 있는 카드는 10.1파운드(비수기는 5.1파운드)다. 런던 시내외 교외는 크게 6구역으로 나눌 수 있는데, 햄프턴 코트 팰리스와 윈저 성 등이 6구역에 해당된다. 그 밖에 히드로 익스프레스 이용이 포함된 카드, 주말여행카드, 가족여행카드 등이 있다. 단, 트래블 카드 중에는 혼잡한 출근시간인 9시 전에는 사용할 수 없는 것도 있으니 확인하고 구입할 것. 장기간 체류하는 이들은 오이스터(Oyster) 카드를 이용해도 좋다. 원하는 사용기간을 정해 미리 충전하고 무제한 이용하는 방법이다. 이용 방법도 간단해 한국에서 지하철 카드 결제하듯이 탑승할 때 찍고 타면 된다. 케임브리지나 스코틀랜드의 에든버러로 여행할 경우엔 왕복권이나 브릿 레일(Brit Rail)패스 등을 활용하면 더욱 저렴하게 다녀올 수 있다.

2nd day
영국식 여유로움

AM 10:00   오늘은 어제보다도 날씨가 더 맑다. 숙소 앞 작은 정원의 벤치에 한 남자가 나와서 책을 읽고 있다. 참, 평화로운 모습이다. 현정과 현주는 자기들도 그러고 싶다고 재잘거린다. 오늘의 첫 목적지는 런던 교외에 위치한 햄프턴 코트 팰리스(Hampton Court Palace)다. 1540년까지 유럽에서 가장 큰 궁전이었으며, 영화 〈천일의 앤〉으로도 유명한 왕 헨리 8세의 흔적이 많이 남아 있는 궁전이다. 원래는 윈저 성을 가려고 하다가 여왕 생

일잔치를 위해 폐쇄된다는 정보를 입수하고 햄프턴 코트 팰리스로 목적지를 바꿨다. 햄프턴 코트 궁전으로 가기 위해선 런던 남부의 워털루 역에서 런던 교외선으로 갈아탄다. 기차가 30분마다 있으며 40분 정도가 소요된다. 템스 강을 끼고 있는 햄프턴 코트 궁전은 무엇보다도 화려한 궁전 정원이 백미다. 게다가 푸른 하늘과 맑은 햇살이 어울린 런던의 봄 날씨가 감동스럽다. 정원의 벤치에 앉아 해바라기도 하고 사진도 찍으며 시간을 보낸 후 주말에만 열리는 런던의 마켓들을 감상하기 위해 부랴부랴 런던으로 향한다.

Tour Course
햄프턴 코트 팰리스→버로우 마켓→코벤트 가든 마켓→차이나타운→피카딜리 서커스 광장→빅벤 국회의사당 야경

주말 시장 재미에 푹 빠진 현정과 현주

PM 02:40 워털루 역에서 곧장 타워브리지 남쪽의 버로우 마켓(Borough Market)을 찾았다. 금, 토요일에만 문을 여는 마켓으로 현정이 아침부터 가자고 주장한 곳. 바로 영화 〈브리짓 존스의 일기〉의 촬영무대이다. 현정을 제외한 나머지 사람들은 다소 심드렁한 표정으로 마켓으로 향했지만 버로우 마켓에 도착하는 순간 기자가 오히려 시장 돌아보는 재미에 푹 빠졌다. 시장 입구부터 분위기가 심상치 않다. 브리짓이 친구들과 술을 마신 펍으로 알려진 입구의 글로브 펍(Glove Pub)을 비롯한 펍 앞에는 영국의 브리짓들이 맥주 한잔을 들고 늘어서서 날씨 좋은 한가로운 주말 오후를 만끽하고 있다. '아~, 나도 저곳에 어울렸으면' 하는 생각이 저절로 들만큼 자유로우면서도 낭만적인 분위기다.

버로우 마켓은 품질 좋은 식료품, 농수산물을 판매하는 시장으로 유명하다. 그런 만큼 먹을거리

(위) 〈브리짓 존스의 일기〉 촬영 무대였던 버로우 마켓 입구의 글로브 펍
(아래) 덕투어버스

가 풍요로운 곳이다. 눈으로만 구경하는 것이 아니라 우리의 할인마트처럼 시식까지 할 수 있다. 막 구운 수제 소시지를 큼직하게 썰어놓고 먹어보라 하고 초코 브라우니와 갓 구운 빵도 맛볼 수 있다. 수제 햄버거를 싼 가격에 사먹고 말린 과일을 시식하며 '좋아라' 한다. 와인 시음도 빼놓을 수 없다. 그야말로 배낭여행객들에게는 점심 한 끼를 시식으로 해결할 수 있는 곳이다. 시장 입구에 위치한 수제 소시지는 없던 입맛도 돌 만
큼 맛있었고 초코 브라우니도 한 덩어리 사서 나눠먹었다. 블루베리, 스트로베리, 라즈베리 등 각종 딸기 말린 것도 별미다.

두 번째로 방문한 곳은 코번트가든(Convent Garden)의 코벤트가든 마켓이다. 이곳은 각종 액세서리, 생활 인테리어 용품을 판매하지만 주말이면 야외공연, 거리의 악사 등으로 더욱 유명한 시장이다. 이미 관광객과 영국 시민들이 쏟아져 나와 주말 오후를 만끽하고 있다. 맥주 한잔을 손에 들고 공연을 보거나 일광욕을 하는 모습이 무척 평화로워 보인다. 야외 공연무대 위에선 재즈공연을 시작했는데 여가수의 노래가 귓가를 파고든다. 이번엔 현주의 얼굴에 미소가 가득하다. 음악에 집중하며 리듬에 맞춰 몸도 살짝 흔드는 모습이 예쁘다. 이곳에선 흥에 겨우면 구경꾼들이 즉석에서 춤을 추기도 한다. 만나는 시간을 정해놓고 현정은 마켓 구경에 나섰다. 사라지는 듯하더니 금세 예쁘게 장식된 비누 등을 들고 나타난다. 그냥 길가에 걸터앉아 분위기만 즐겨도 좋은 곳이다.

PM 05:10 코벤트가든 마켓을 뒤로하고 나와 저녁식사를 하기 위해 차이나타운으로 향한다. 아뿔싸! 반대편으로 가다가 길을 잃어 결국 지하철을 타야 했다. 차이나타운은 피카딜리 서커스 광장에서 샤프트버리 애비뉴 방면의 소호(Soho)에 있다. 중국식당 외에

도 베트남, 이탈리아 등 다양한 식당과 극장이 밀집해 있어 저녁이면 더욱 붐빈다. 현정이 '불친절하기로 유명하다'는 왕케이(Wongkei) 식당을 가보자고 해 찾아가봤다. 그러나 결론부터 얘기하면 이 글을 읽고 런던을 방문하는 이들은 그곳에 가지 않기 바란다. 불친절은 개선됐지만 음식 맛은 형편없다. 네 명 모두 허기만 겨우 해결하고 숟가락을 놓아야 했다. 현주는 뮤지컬 관람을 위해 일찍 일어서고 남은 이들은 런던 야경 구경에 나선다. 날씨가 좋아 야경 촬영에 그만이다. 피카딜리 서커스 광장의 주변을 둘러보고 빅벤 쪽으로 향했다. 맑은 하늘, 남청색 하늘 위로 눈부신 조명이 장식한 빅벤과 국회의사당, 웨스트민스터 사원이 걸린다. 낮과는 또 다른 풍경이다. 다소 삭막해보인 런던 아이도 밤이 되니 낭만적이다. 런던에서의 3일째 밤이 또 이렇게 깊어간다.

런던과 친해지려면 주말 마켓을 가보라

버로우, 코벤트가든 마켓과 더불어 노팅힐의 골동품 시장 포르토벨로(Portobello), 런던 멋쟁이들의 보세 쇼핑으로 유명한 캠덴 록(Camden Lock) 시장 등의 공통점은 바로 주말에만 열린다는 것이다. 시장 별로 토요일에만 문을 여는 곳도 있고 금-토, 토-일 등 2일만 문을 여는 곳도 있다. 주말을 끼고 런던을 방문한다면 런던의 주말 마켓을 꼭 찾아보자. 한가로운 주말 오후 윈도쇼핑과 거리 공연을 즐기는 여유로운 런던인과 마주하면 런던과 더욱 친해지는 계기가 된다.

런던의 음식 맛보기

런던에서 살인적인 물가만큼 악명 높은 것이 또 하나 있다. 바로 음식이다. 한 가이드북에서 세상에서 없어져야 할 것 가운데 하나로 영국의 요리사를 꼽을 정도다. 물론 잘 갖춰진 레스토랑이야 맛있지만 웬만한 여행자들 주머니 사정이 런던 물가에 맞추기가 쉽지 않다. 그래도 '금강산도 식후경'이라는데, 현정, 현주와 함께 터득한 런던에서 음식 즐기는 노하우를 공개한다.

막스 앤드 스펜서 등 슈퍼마켓 충분히 활용하기

속옷 브랜드로 알려진 막스 앤드 스펜서(Marks & Spencer)는 영국에서는 대형 슈퍼마켓 체인이다. 기차역, 지하철역 등 가까운 곳에서 어디서든 막스 앤드 스펜서를 찾을 수 있다. 의류 등을 팔기도 하지만 청과물 등을 파는 식료품 슈퍼마켓으로 더욱 유명하다. 아파트먼트로 숙소를 잡을 경우 이곳에서 각종 야채와 빵 등을 사서 간단한 한 끼를 만들어 먹어도 좋다. 여행 중에는 샌드위치나 1회용 용기에 손질해서 포장한 과일 등을 구입해 한 끼 해결해도 된다. 물 값도 아끼려면 큰 통의 물을 구입해 작은 통에 덜어가지고 다니는 방법도 있다.

런던 시민들도 사랑하는 샌드위치 전문점 프레타 망제(Pret A Manger)

런던 곳곳에서 자주 만나는 샌드위치 겸 커피 전문점 프레타 망제에서는 다양한 샌드위치를 1.2파운드부터 판매한다. 일식 도시락 초밥도 판매하는 등 한 끼 식사를 부담 없이 해결할 수 있는 곳이다.

그래도 놓칠 수 없는 런던의 대표 음식

아무리 맛없기로 유명하다지만 누구에게나 유명한 영국의 음식 '피시 앤드 칩스와 애프터눈 티, 푸짐한 홈메이드 아침식사 등은 놓치지 말고 먹어보자. 피시 앤드 칩스는 웬만한 펍에서 다 서빙되며 간단히 포장, 길거리 음식으로도 판매한다. 애프터눈 티는 홍차 전문판매점으로 유명한 포트넘 앤드 메이슨(Fortnum & Mason) 등이 유명하다. 차 한 잔만 주는 것이 아니라 생크림과 딸기잼을 듬뿍 바른 스콘, 간단한 스낵 등을 곁들이는데 조금 비싸지만 한 끼 식사로도 손색이 없다. 홈메이드 아침식사는 소규모 호텔이나 영국식 민박집 B&B(Bed & Breakfast)에서 맛볼 수 있다. 베이컨, 계란프라이, 토마토, 빵 등이 기본으로 차려지는 이 식단은 소박하면서도 풍요로운 아침식사를 약속한다.

3rd day
런던과 더욱 깊이 끌어안다

이제 본격적인 여행도 3일째로 접어들었다. 오늘은 관심분야가 다른 두 사람의 욕구를 조금이라도 충족시키고 서로의 관심사로 바라본 런던 모습 또한 궁금한 터라 2개조로 나눠서 다녔다. 현정은 영화 〈러브 액츄얼리〉의 무대가 되었던 곳을 중심으로 돌아다닐 계획을 세웠고 현주는 일요일엔 낮에만 뮤지컬이 공연된다는 점을 감안해 레이케스터 광장의 할인 티켓 부스를 돌아보고 낮 공연 티켓을 구입한 후 공연관련 전문 서적을 판매하는 서점 등을 돌아보기로 했다. 집결지는 늦은 오후 피카딜리 스트리트에 위치한 영

국 전통 홍차 판매 전문점 포트넘 앤드 메이슨(Fortnum & Mason)이다. 너무 늦은 시간에 도착해 에프터눈 티는 결국 못 마시고 잼과 차(Tea) 등 각자 선물을 구입한 후 폐점 직전 판매하는 스트로베리 케이크를 반값에 구입한 뒤 와인과 함께 숙소에서 런던 여행 마지막 날 밤을 추억했다.

현정과 떠나는 런던 영화 여행

나의 런던 영화 대 런던, '러브 액츄얼리'

브리짓존스의 도시, 영화 〈노팅힐〉에서 환하게 웃던 휴 그랜트가 날 보고 걸어오고 나의 '빌리' 가 백조의 호수를 꿈꾸며 날아갈 것 같은 곳. 킹스크로스 역에 가면 기차역 벽면으로 '해리포터' 가 쑥 들어가고 있었다. 런던외곽으로 들어가는 기차 창밖으론 영화 〈오만과 편견〉의 '다아씨' 가 나를 향해 뛰어올 것 같았다. 히드로공항에서도 여러 커플은 서로의 사랑을 확인하며 '러브, 액츄얼리!' 를 외치고 있었다. 〈브리짓 존스의 다이어리〉, 〈노팅힐〉, 〈러브 액츄얼리〉, 〈빌리 엘리엇〉, 〈해리포터 시리즈〉, 〈오만과 편견〉 등 한국 여

인들의 마음을 뒤흔들었던 그 영화들을 모두 만날 수 있는 곳, 바로 런던이다.

나를 반겨준 그녀, 바로 브리짓!
내가 길을 잃고 있을 때, 친절한 얼굴로 다가오던 통통한 그녀가 바로 '브리짓'이다. "어디로 가시나요? 도와드릴까요?" 런던에서 그를 만날 수 있는 곳으로 버로 마켓과 타워 브리지가 있다. 버로 마켓은 영화 1편에서 '브리짓'의 남자친구인 '마크 다시'와 '다니엘 클레버'가 그녀를 앞에 두고 결투했던 곳이다. 모두 여자의 환상이기도 하다. 멋진 남자와 잘생긴 남자가 나를 위해 싸우다니. 우리나라에도 알려진 '제이미 올리버' 요리사가 신선한 요리재료를 사는 곳이기도 하다. 입구 왼쪽으로 '브리짓'이 친구들과 함께한

글로브 펍도 있다. 시장을 나와 그 왼쪽으로 돌아가면 영국 야경의 대명사 타워 브리지가 있다. 걸어서 충분히 갈 수 있는 거리다. '브리짓'이 매일 아침 커피 한잔을 들고 '나의 몸무게는 얼마? 주량은 얼마지? 담배는? 올해 계획은 이뤄내야지!' 하며 다짐하던 곳. 런던 사람들이나 우리나 작심삼일은 마찬가지인 것 같다. 그러고 보면 그녀의 출근길은 항상 나의 출근길과도 비슷했다.

영국의 대표배우 휴 그랜트!

웨스트민스터 사원 주변, 다우닝가 10번지에 수상 관저가 있다. 그 집무실에서 아직도 휴 그랜트는 나탈리 비서를 위해 공수부대를 보내줄까? 그녀도 나와 같이 통통하다. 노팅힐에 나왔던 노팅힐 마켓, 포토벨로(Portobello)는 못 갔지만 분위기가 비슷한 코벤트가든을 가보았다. 역시 주말에만 서는 벼룩시장은 보는 재미가 쏠쏠하다. 걷고 있노라면 영국의 특유한 시장분위기를 느끼며 여성들이 좋아할 만한 작은 물건들에게 유혹당하기 쉽다. 줄리아 로버츠를 잊기 위해 그곳에서 사계절을 지내던 휴 그랜트, 그의 옆모습이 어딘가에서 느껴지기도 하고….

어디에서든 '러브 액츄얼리'

〈러브 액츄얼리〉의 막이 오르는 곳, 트라팔가 광장. 뒤로 보이는 무게 있는 건물이 바로 내셔널 갤러리다. 그림 마니아는 아니지만 이곳에서 모네, 피카소 등을 만나는 건 색다른 경험이기도 하다. 사실 루브르박물관 등에 미술교과서에 나올 법한 그림들이 많겠지만 이곳에서 유명한 화가들의 숨겨져 있는 그림을 만날 때면 보물을 발견하는 것 같다. 길을 나서서 내셔널 포트레이트 갤러리로 길을 향한다. 영국 역사에 유명했던 사람들의 초상화를 전시해놓는 곳. 헨리 8세, 피의 여왕 메리, 엘리자베스 1세까지 이어지는 세계사책에서 볼 수 있었던 왕과 왕비의 초상화가 잔뜩 걸려 있다. 정말 그들의 얼굴은 어떨까 무척 궁금했다. 메리가 정말 대단한 미인이라 엘리자베스가 죽였다는 설도 있는데 사실일까? 헨리 8세는 정말 통통하게 생겼을까? 기대에 부풀어 들어간 왕실 초상화실에서 여러 인물들이 나를 내려다보고

있었다. 한때 역사를 주름잡던 사람들. 정말 메리는 생각 외로 미인이었다. 이들의 역사를 고등학교 때 실감나게 읽어서일까? 크롬웰의 사진 앞에선 왠지 모를 뭉클함이 느껴졌다. 권력이란, 왕실이란, 갑자기 영국왕실 사람들이 측은해지는 이유는 뭘까?

내셔널 갤러리를 나와 옥스퍼드 스트리트로 향한다. 비서의 유혹에 이끌려 악마의 목걸이를 사던 한 중년의 남자. 그 주얼리 매장에 있던 '미스터 빈'을 만나지도, 그 숍을 찾지도 못했다. 다만 잠실 L백화점의 3배쯤 되는 셀프리지(Selfridges) 백화점 규모에 압도, 여러 세일 브랜드에 이끌려 나도 모르게 화장품 숍 앞에서 1시간을 보내기도 했다. 그밖에 킹스크로스역의 해리포터 촬영지, 바쓰(Bath)에서 확인한 〈오만과 편견〉의 흔적들, 런던에서 만나는 영화의 향기는 무궁무진하다.

현주와 떠나는 런던 뮤지컬 여행

끊임없이 넘치는 예술의 에너지

9박 10일 일정 중에 난 거의 매일 —에든버러를 갔던 날을 제외하고— 뮤지컬을 봤다. 내가 본 뮤지컬과 연극을 소개하면 〈빌리 엘리엇〉, 〈메리 포핀스〉, 〈위 윌 락 큐〉, 〈시내트라〉, 〈맥 앤드 마벨〉, 〈무빙 아웃〉, 〈마우스 트랩〉, 〈랫 팩〉 등이다. 뮤지컬의 본고장인 런던의 웨스트 엔드는 몇 십 년째 장기 공연하는 명작부터 따끈따끈한 신작까지 가득하다. 이곳은 그야말로 뮤지컬의 메카라 할 수 있다. 피카딜리 광장 주변만을 의미했던 웨스트 엔드는 현재 피카딜리 서커스에서 레스터 광장, 코벤트가든 등 소호를 포함한 극장가 전체를 포함하게 되었다. 좌석 규모 500석 이상에 연중무휴로 공연하는 극장이 밀집해 있을 뿐만 아니라 쇼핑가도 가깝고 교통편도 좋아서 관광객들이 찾기에 정말 좋다.

첫 만남의 설렘과 감동 〈빌리 엘리엇〉

아침에 집을 나서서 인천공항에 갈 때까지의 설렘을 아직도 잊을 수 없다. 여행의 묘미는 새로운 사람을 만난다는 것과 새로운 곳에 갈 수 있다는 기대가 아닐까?
여행 첫날 봤던 〈빌리 엘리엇〉은 이번 영국 여행에서 처음 본 작품이다. 내가 정말 보고 싶었던 작품이었고 영화와는 정말 다른 감동을 주었다. 뮤지컬의 감동은 무엇보다도 열 살 안팎의 어린 배우들의 사랑스러움이다. 주인공 빌리와 빌리의 친구 마이클은 타고난 끼와 열정이 대단했다.
대극장 빅토리아 팰리스의 광활한 무대를 종횡무진 달리고 구르고 날기까지(플라잉 장치를 이용해서) 하는 꼬마들의 열정은 대배우의 카리스마 못지않은 감동을 선사한다. 빌리의 친구로 게이적 성향을 지닌 마이클이 "왜 남자가 여자 옷을 입으면 안 되냐?"며 엄마 옷을 꺼내 입고 탭댄스를 신나게 추는 장면은 가히 장관이다. 어린 배우들의 생생한 흥분과 무대에 선 행복감이 객석에까지 전해지기 때문이다.

생존을 위해 투쟁해야 했던 노동자들의 아픔과 재치 넘치는 유머가 공존하고 척박한 현실을 딛고 꿈을 찾아 먼 길을 준비하는 어린 예술가의 용기가 아름답다. 그리고 무엇보다 빌리의 행복을 위해서라면 기꺼이 십시일반하겠다는 동네 사람들의 풋풋한 동지애가 훈훈하다. 〈빌리 엘리엇〉은 단지 하루 저녁의 흥겨움을 주는 뮤지컬이 아니라 한동안 가슴에 진하게 남을 감동을 주는 작품이었다.

코벤트가든 마켓과 야외 재즈 공연여행

둘째 날 오후 코벤트가든 마켓에서의 재즈 공연은 예상치 못하게 발견한 보석이었다. 그곳엔 거리 공연을 하는 사람이 많았는데 그중에서 내 귀를 사로잡은 재즈 싱어가 있다. 그 아름다운 멜로디와 분위기에 취해 천국에 온 것 같은 기분이 들었다. 내가 음악을 할 수 있음에 감사하고 내 직업을 자랑스럽게 생각할 수 있는 시간이었다.

저녁식사 후 차이나타운 근처의 프린스 에드워드 극장으로 〈메리 포핀스〉를 보러 갔다. 〈메리 포핀스〉는 가족뮤지컬이다. 가족단위로 온 관객이 대부분이었고, 디즈니에서 만들어서 그런지 화려하고 볼거리가 많았다. 우산을 들고 하늘을 날고, 가방 속에서 여러 가지 물건을 꺼내는 마법을 부리기도 한다. 극중 안무는 유명한 매튜 본이 했는데 정말 환상적이었다.

찰리 채플린과 함께한 감동적인 하루

셋째 날, 눈을 떠서 창밖을 보니 비가 내리고 있다. 각자 스케줄대로 움직이기로 한 날이다. 레이케스터 광장의 찰리 채플린 야외 공연을 보기로 했다. 비 오는 날 우산 쓰고 벤치에 앉아 채플린의 영화 〈The Kid〉를 보니 가슴이 따뜻해진다. 영국 사람들은 비가 와도 야외공연을 할 만큼 웬만한 비에 익숙한 것 같다.

책도 사고 구경도 할 겸 공연전문서적을 파는 서점에 갔지만 일요일이라 문을 열지 않았다. 영국 연극인들이 자주 찾는 이곳은 유명 영화배우들이 대본이나 책을 사러 자주 들른다고 한다. 일요일은 저녁공연이 없어서 〈무빙 아웃〉 3시 공연을 보기로 한다. 〈무빙 아웃〉은 음악을 담당한 빌리 조엘의 콘서트를 보는 느낌이 들었는데, 여러 댄서들이 스토리를 바탕으로 춤으로 연기하는 공연이었다.

내일여행의 **추천 일정**

1일	저녁	런던 도착
2일	하루	국회의사당, 빅벤, 런던 아이, 웨스트민스터 사원 관광→세인트 제임스 파크, 버킹엄 궁전과 근위병 교대식→피카딜리 서커스 역, 레이스터 광장, 차이나타운→뮤지컬 관람
3일	하루	대영박물관→세인트폴역→런던의 주요 쇼핑가(리젠트와 본드 스트리트, 옥스퍼드 스트리트)
4일	하루	런던 근교여행→케임브리지 관광→옥스퍼드 관광
5일	하루	내셔널 갤러리, 트라팔가 광장→타워 브리지와 런던 타워
6일	오전	암스테르담→런던 출국
7일	오후	한국 도착

여행 정보 (2008년 6월 기준)

항공

런던까지는 대한항공 매일, 아시아나항공은 주 4회 직항 편을 운항한다. 에어프랑스, 캐세이패시픽항공, KLM 네덜란드항공, 에미레이트항공 등은 파리, 홍콩, 암스테르담, 두바이 등을 경유해 런던까지 항공편을 운항한다. 경유하기 번거롭긴 하지만 비용은 싸다. 시차는 9시간 빠르고 서머타임 때에는 8시간이다.

날씨

음식과 물가만큼이나 악명 높은 것이 바로 날씨. 특히 하루에도 사계절 변화를 체험할 수 있다는 봄, 가을 날씨 변덕은 대단하다. 대서양 기후로 여름은 한국보다 서늘하고 겨울은 따뜻한 편이다.

화폐 및 환율

파운드(£)와 펜스(p)가 통용된다(1£에 100p).
1파운드 ≒ 2,012.57원

언어

영어

비자

3개월 이내 무비자 입국 가능

전압

240V, 50Hz를 사용한다. 멀티어댑터를 준비할 것

오른쪽을 먼저 보자
다른 유럽 국가와 달리 운전석이 오른쪽 자리에 있다. 길을 건널 때 오른쪽부터 보고 건너길. 무심코 평소대로 왼쪽부터 보고 건너다가는 위험할 수도 있다. 런던의 도로 곳곳에는 'Look Light, Look left'라고 씌어 있다.

GATE	BOARDING AREA	좌석번호 SEAT
6	상하이	

엄마와 함께 추는 '상하이 트위스트'

중국 경제와 상업을 대표하는 도시이자
아시아를 대표하는 인구 1,300만 명의 거대도시 상하이는
나날이 다른 모습을 보여준다.
그곳에는 누가 더 높은지 내기라도 하는 양
크고 현대적인 건물들이 속속 스카이라인을 바꾸고 있지만
조금만 골목으로 들어가면 길가에 빨래를 널어 말리며
소박하게 사는 상하이 주민들이 있다.
그 가운데 상하이 대한민국 임시정부와 윤봉길 의사 기념관처럼
선조들의 발자취를 찾아볼 수 있는 곳도 있고,
가수 '비'가 환하게 웃는 지하철 광고판도 있다.
상하이 여행 주인공은 박혜영.
예쁜 엄마 손병란과 함께 상하이를 다녀왔다.

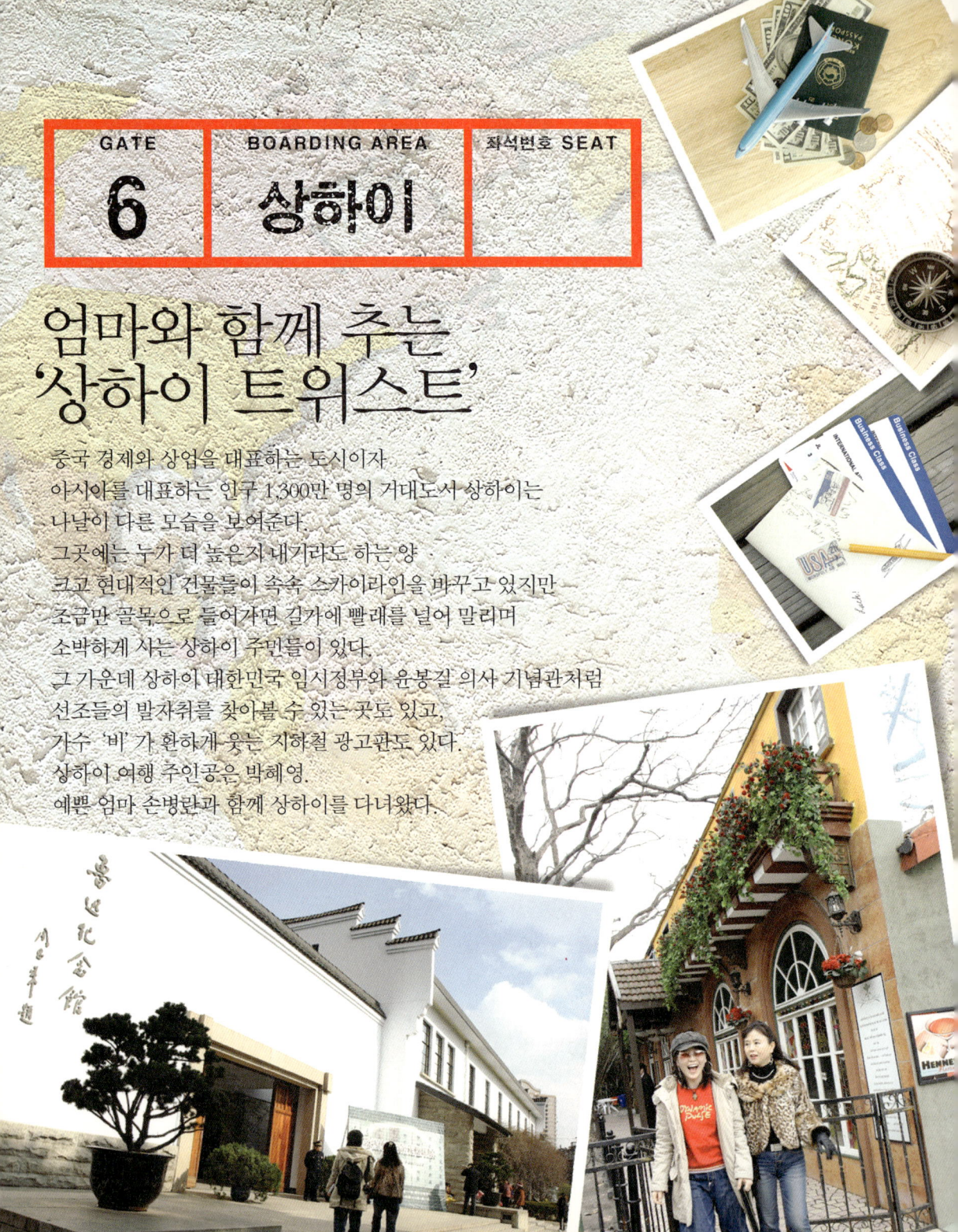

여행 컨셉트
이번 여행은 혜영과 어머니 손병란 씨가 계획하고 자유롭게 다녔다. 특이한 것은 동행한 기자들과 함께 수호천사 역할을 하기로 한 것이다! 여행 후 서로 선물을 줬다. 친구같이 편안한 여행이 된 셈이다.

여행 파트너

박혜영(20대) | 컴퓨터공학을 전공하지만 컴퓨터보다 사람과 사회가 더 좋아 사회학을 부전공하며 미래를 당차게 준비하는 20대 중반의 대학졸업반이다. 몇 년 동안 어려움을 겪은 엄마와 여행을 떠날 만큼 속이 깊다.

예쁜 엄마 손병란(40대) | 예쁜 얼굴에 젊음을 유지하고 있는 손병란 씨. 기자들이 따라간다는 말에 '영화배우가 된 기분'이라던 그녀는 이번이 첫 해외여행이다. 여행이 끝난 뒤 '첫사랑 같은 여행'이었다는 아름다운 멘트를 남겨 더욱 감동을 주었다.

모녀의 여행 가계부
상하이 여행에서 혜영이와 엄마가 쓴 비용은 모두 3,347위안(한화 약 45만 원, 1위안=135원 기준). 항공, 호텔 3박 숙박(조식 포함), 유류할증료 등 각종 세금을 제외하고 교통, 식사와 선물, 쇼핑까지 합친 금액이다. 쇼핑에 약 800위안 지출. 내일여행에서는 2008년 6월 상하이 금까지 상품을 19만 8,000원부터 판매한다.

※ 상하이 실제 여행 시기 : 2006년 1월

1st day
아름다운 첫인상에 반하다

엄마와 딸, 서로 마음을 두드리다

AM 10:40 드디어 상하이 푸동공항에 도착했다. 전날 들떠 잠을 거의 자지 못한 데다 이른 아침 정신없이 공항에서 수속 밟고 비행기에 오른지라 실감이 잘 나지 않는다. 그런데 상하이에 도착하니 여행이 실감난다. 푸동공항은 중국인들만큼 노랑머리, 파란 눈의 외국인도 많은 것 같다. 세계가 주목하는 중국 시장이라는 말이 몸으로 느껴진다. 비행기가 도착할 때 비가 내려 덜컥 걱정이 앞섰지만 공항 밖으로 나서자 비가 그쳐 다행이다.

Tour Course
상하이 서커스 예매 후 위위안으로 이동→위위안 정원과 상가→서커스 구경→호텔, 밤마사지

PM 01:30 상하이역 앞 '홀리데이 인 다운타운(Holiday Inn Downtown) 호텔'에 체크인했다. 어디로 갈지 의견이 계속 엇갈린다. 비 때문이다. 사실 혜영은 첫날 하루는 엄마를 위한 일정을 준비했다고 한다. 부모를 위해 만들었다는 정원 '위위안(豫園)'을 관람하고 엄마가 보고 싶어 했던 서커스를 보려고 했다. 서커스는 상관없는데 비가 오는 날에 위위안을 볼 수는 없지 않은가? 고민 끝에 예정대로 일정을 진행하기로 했다. 파이팅을 외치며 서커스를 예매하러 나섰다. 하늘이 흐리긴 했지만 더는 비가 내리지 않는다.

효의 상징 '위위안'에서 엄마가 활짝 웃다

PM 04:00 혜영이 엄마에게 보여주고 싶다던 위위안. 상하이에서 가장 유명하고 아름다운 옛 조경림으로 상하이뿐만 아니라 강남에서도 손꼽히는 곳이다. 옛 사람들은 '동남 제일의 풍경'이라며 칭송을 아끼지 않았다고 한다. 국내에서는 한 항공사의 CF 배경으로 소개돼 더 유명해졌다. 위위안의 설립 배경에, 400년 전 주인이 부친의 편안한 말년을 위해

지었다는 일화가 있다. 엄마에게 이곳을 보여주고 싶은 혜영의 마음을 알 것 같다. 위위안 초입부터 고풍스러운 건물의 뾰족한 처마 끝이 눈길을 잡아 붙들더니 위위안 정원의 풍경은 더욱 멋있다. 기암괴석과 정자, 누각, 연못, 진귀한 나무와 꽃들이 어우러져 아름답게 조화를 이룬다. 드나드는 문마다 모양이 다르고 여러 길이 어지럽게 나 있다. 미로처럼 난 길을 따라 헤매며 사진 찍는 재미에 흠뻑 빠졌다. 위위안을 구경하고 밖으로 나오니 또 다른 세상이다. 어둠이 내려앉은 위위안 상가는 지붕 끝에 조명을 한껏 두르고 알록알록 빛의 향연을 뿜어내고 있다. '아, 여기가 상하이구나.' 배고픔과 다리 아픔도 잊고 여기저기 돌아다닌다.

PM 10:00 상하이에서 제일 유명하다는 궁허신루에 있는 서커스를 보고 호텔로 돌아왔다. 인간의 육체로 만들어내는 각종 기술에 엄마는 홀딱 반한 눈치다. '멋있다' 는 감탄사를 연발한다. 서커스 관람료가 비교적 싼 자리(1인당 180위안. 자리에 따라 요금이 다르다)로 골랐지만 상대적으로 비싸다며 불만이던 엄마가 즐거워하는 표정에 혜영이 표정도 덩달아 밝아진다. 서커스 관람 후 호텔로 돌아왔지만 흥분이 가시지 않는 모양이다. 호텔 옆 퓨전 국수집에서 간단히 저녁식사를 하고 발마사지 '콜' 을 외친다. 호텔 벨보이 소개로 간 마사지 집은 우리가 묶는 호텔 부근 이스트 차이나 호텔 2층에 있다. 1시간 30분 서비스에 상대적으로 요금은 비싸지만 벨보이의 '최고' 라는 추천대로 마사지 후 모두 엄지손가락을 치켜세운다. 기분 좋은 밤이다. 발마사지는 1인당 200위안이다.

Tour Point
위위안 입장료 : 1인당 30위안
개장 시간 : 08:30~17:00

2nd day
상하이 명물을 찾아가다

낮과 밤이 다른 풍경에 눈이 휘둥그레지다

AM 10:30 느지막하게 호텔을 나선다. 오늘은 오전에 가는 상하이박물관 외에는 엄마를 위한 코스로 잡았다. 『론리플래닛』이 상하이 하이라이트 톱 5에 상하이박물관을 선정할 정도로 박물관은 잘 갖춰져 있었다. 혜영은 박물관에 들어서자마자 눈을 반짝인다. 도자기, 회화전시관, 소수민족 유물전시관 순으로 천천히 돌았다. 첫 관람관으로 도자기를 잡은 것도 엄마를 위한 배려였다. 엄마와 혜영의 고향은 경기도 여주, 바로 도자기의 고장이다. 엄마는 도자기 숍을 운영하기도 했고, 도자기를 빚고 굽는 공부도 했다고 한다. 혜영의 친구들에게 엄마가 도자기를 구워 선물한 적도 있다고 한다.

전시관을 관람하며 엄마와 혜영, 엄마와 기자, 혜영과 기자는 짝을 바꿔가며 얘기를 나눈다. 여행 이틀째 서로 조금씩 알아가는 과정이 조심스러우면서도 즐겁다.

Tour Course
상하이박물관→상양시장→푸동 진마오 타워→호텔

Tour Point
박물관 입장료 : 1인당 20위안
입장 시간 : 평일 09:00~17:00, 주말에는 오후 8시까지 개관. 폐관 1시간 전까지 입장 가능

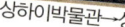

PM 02:00   택시에서 내리는 순간부터 다짜고짜 사람들이 붙들고는 "루이비통 있어요, 샤넬 있어요"를 한국말로 속삭인다. 그 유명한 상하이의 짝퉁시장 '샹양시장'이다. 명품에 관한 한 가짜 신발, 지갑, 가방, 선글라스, 의류 등 없는 게 없을 정도다. 입구는 좁아 보여도 그 안의 규모는 상상을 초월한다. 좁은 골목길 양쪽으로 가게가 꽉 찬 줄이 열 개도 넘는 듯하다.
구경만 할 것 같던 우리 일행도 하나 둘씩 흥정에 나선다. 280위안 부르던 장지갑을 50위안에, 170위안 부르던 선글라스를 40위안에 구입했다. 부르는 값의 4분의 1, 5분의 1 가격부터 흥정을 시작하는 셈. 말은 통하지 않아도 계산기에 서로 원하는 가격을 찍는다. 알고 보니 혜영은 흥정의 귀재다. 흥정과 쇼핑 재미에 취하다보니 어둠이 내려앉을 무렵에야 시장을 벗어났다. 그런데도 엄마 표정에는 아쉬움이 가득하다.

안개 속, 구름 속 나는 도심의 신선이야

PM 07:00   상하이의 또 다른 명물 '진마오 타워'에 올랐다. 입구를 못 찾아 한참 헤맸는데, 고층 빌딩으로 가득 찬 푸동 지구는 낮에 본 상하이와는 또 다른 풍경을 연출한다. 마치 SF영화 무대 같다. 신비로우면서도 으스스하다. 상하이의 전망대로는 독특한 건물 외관 덕분에 동방명주 타워가 먼저 꼽히지만, 최근 진마오 타워가 그 명성을 넘어서고 있다. 송신탑인 동방명주보다 호텔인 진마오 타워를 더 다양하게 이용할 수 있기 때문이다.

일부 관람자들은 동방명주가 보이는 전망 때문에 진마오 타워에서의 야경이 더 멋있다고 평가하기도 한다. 비까지 내려 물안개가 낀 진마오 빌딩과 주변은 마치 영화 〈배트맨〉에 나오는 고담시티 같았다. 독특한 건물 외양과 달리 88층 높이의 전망대 내부는 비교적 평범하다. 한 바퀴 돌며 야경을 보고 기념품 가게 등을 돌아볼 수 있게 꾸몄다. 상하이 야경은 비와 안개로 시야가 맑지는 않았지만 독특한 풍경을 자랑했다. 타워 87층은 스카이라운지로, 레스토랑과 바 등으로 꾸며 상하이에서 특별한 시간을 보내는 곳으로 유명하다. 혜영과 엄마는 군에 있는 혜영의 동생을 위해 전망대에서 즉석 우편엽서를 찍기도 한다.

PM 11:00 그냥 잠들기가 아쉬워 호텔 로비 바에 왔다. 돈을 많이 쓴다고 잔소리하는 혜영의 말을 못 들은 척하고 엄마와 기자는 일단 '지르기'로 한다. 떡하니 와인을 시켜 놓고 여행 기분을 만끽한다. 게다가 실력 좋은 필리핀 여성 듀오의 라이브 공연이 흥을 돋운다. 그들의 리드에 엄마와 혜영은 상하이 호텔 로비에서 춤도 추고 노래를 부르기도 했다. 엄마와 혜영이 속 깊은 얘기를 나눌 수 있게 한답시고 '진실게임'을 했는데 첫 주자로 기자가 걸리고 말았다. 30대의 삶이 궁금했는지 혜영과 사진기자의 파상공세가 시작됐다. '솔직한 기자 씨'의 진솔한 발언이 이어지자 엄마도 혜영이도 질문에 솔직히 대답한다. 웃고 훌쩍이며 무르익는 대화에 술병이 하나 더 늘었다. 잠들기 아쉬운 상하이의 밤이 지나간다.

3rd day
혁명의 도시에서 치열한 삶을 꿈꾸다

혜영, 치열하게 살기로 다짐하다

AM 10:30 지난 이틀과는 달리 해가 쨍 하고 뜬 것을 보니 기분이 좋다. 상하이에서 맑고 파란 하늘 보기가 쉽지 않다는 얘기를 익히 들었던 터다. 오늘은 혜영을 위한 날이다. 제일 먼저 쓰추안베이루에 있는 루쉰박물관으로 향한다. 여행 계획을 세우며 혜영이 제일

Tour Course

루쉰공원과 박물관→윤봉길 기념관→상하이 대한민국임시정부→위위안 상가→와이탄→상 양시장→호텔, 발마사지

가보고 싶어 했던 곳이다. 루쉰(魯迅)은 20세기 초 중국 문화혁명시대를 대표하는 사상가이자 혁명가이며 문학가다. 『아큐정전』『아침 꽃을 저녁에 줍다』 등으로 우리나라에도 잘 알려진 그는 혁명에서 사람에 관해 고민을 많이 한 사상가로 꼽힌다. 역시 사람과 사회에 관해 고민해온 혜영은 그의 발자취를 조금이라도 좇아보려 했던 것 같다. 박물관은 루쉰의 삶을 저서와 편지, 사진 등으로 전시했고, 영어로 된 설명이 부족했지만 혜영은 꼼꼼히 관찰했다. 귀국하여 상하이에서 가장 기억에 남는 곳으로 루쉰박물관을 꼽은 혜영이었다. "치열했던 그의 삶을 엿볼 수 있었다"는 게 그 이유다.

Tour Point
루쉰박물관 입장료 : 8위안, 윤봉길의사 기념관 입장료 15위안

이어 루쉰공원을 한 바퀴 돌아 겨우 찾아낸 윤봉길의사 기념관(루쉰공원은 윤봉길 의사가 일본군 수뇌부에게 폭탄을 던졌던 바로 그 홍구공원이다. 기념관이 루쉰공원 안에 있다)에서 살짝 눈물을 흘린 혜영이의 심정을 이해할 수 있을 것 같았다.

PM 02:30 　상하이 대한민국 임시정부 앞에 섰다. 상하이 임시정부 또한 혜영의 '꼭 봐야 할 곳' 목록에 있던 곳이다. 우리 선조들은 1919년 3.1만세운동 이후 상하이에 임시정부를 세우고 독립운동을 펼쳤다. 중심가에서 살짝 안쪽으로 들어선 마땅루에 있는 대한민국 임시정부 옛터는 규모는 작지만, 당시를 떠올리게 하는 가재도구와 신문·서적 등의 자료로 암울했던 시절 우리의 자존심을 보여주고 있었다. 관람을 마친 혜영은 방명록에 "과거는 미래를 기약합니다. 더 나은 미래를 위해 항상 최선을 다하겠습니다"라는 글을 남겼다.

엄마, 어른스러운 혜영을 보고 내심 놀라다

PM 07:15 황푸 강을 사이에 두고 요란한 조명으로 치장한 두 곳은 바로 동방명주와 진마오 타워가 있는 푸동 지구와 상하이를 상징하는 시계탑 건물이 있는 와이탄 지구다. 시계탑 야경의 백미로 손꼽히는 이곳은 강을 사이에 두고 제각기 다르면서도 같은 표정으로 상하이를 얘기한다. 푸동 지구가 현대를 상징한다면 와이탄 거리는 근대의 상하이를 상징하는 곳이다.

이런저런 이유를 차치하고 보는 즐거움만으로도 이 거리를 방문할 가치는 충분하다. 날씨가 추운 데도 시야가 맑아서인지 야경을 즐기는 관광객과 시민들이 많다. 야경 관람 후 혜영과 엄마는 못다 한 쇼핑의 아쉬움을 달래러 상양시장으로 향한다.

PM 11:30   상양시장이 문을 닫는 바람에 쇼핑을 제대로 못한 엄마는 마지막 밤의 아쉬움을 발마사지로 푼다. 30대의 기자 또한 좋다며 동행한다. 혜영과 사진기자는 호텔에 남아 이것저것 정리한다. 발마사지로 기분 좋아진 엄마의 '콜'로 호텔 로비에 앉아 차가운 맥주를 한잔씩 나눴다. '벌써 3일이 지났네', '아쉽네' 하는 대화가 오간다. 엄마는 "첫사랑 같은 여행이었어"라며 멋진 멘트로 소감을 밝힌다. 엄마는 이번 여행으로 아직 아이인 줄만 알았던 혜영을 더욱 이해하고 믿게 됐다며 고마워한다. 혜영 또한 엄마를 한두 걸음 더 이해하고 사랑하게 됐단다. 환하게 웃으며 소감을 말하는 모습을 보니 마음이 따뜻해졌다. 3박 4일간 많은 것을 교감했다고 하기는 어렵지만, 인생이라는 긴 여행 동안 둘은, 아니 우리 여자들은 서로 공통분모를 키워가며 더욱 닮아가겠지.

Tour Point
상양시장은 밤 8시가 조금 넘으면 문을 닫기 시작하니 그전에 방문해야 한다.

음식

음식에 대해 할 얘기는 거의 없다. 우리는 모두 중국어를 전혀 할 줄 모른다. 큰 어려움은 없었지만 가장 곤란했던 곳은 식당이었다. 게다가 중국 음식에 관해서는 혜영조차도 조사해오지 않았으니 아뿔싸, 밥 시켜 먹는 게 이렇게 힘들 줄이야. 현지음식을 먹어 보고자 첫날 먹었던 음식 향취에 질려 겁부터 먹었다. 이후 패스트푸드와 한식을 주로 먹었다. 바쁘게 돌아다녀야 하는 낮에는 켄터키 후라이드치킨 등 패스트푸드를 먹었고, 밤에는 한식당과 퓨전식당을 찾았다. 여행 중 한식당에 거부감이 있는 사람들에게는 퓨전 레스토랑을 추천한다. 한류 덕분인지 현대적인 퓨전 레스토랑에는 한국식을 응용한 메뉴가 많다. 3일째 저녁에 찾은 위위안의 '78'이라는 식당도 추천할 만하다. 비빔밥과 김치, 순두부 등을 응용한 한식 퓨전 요리를 판매한다. 가격과 비교한 맛과 서비스는 대체적으로 만족스럽다. 김치돌솥비빔밥, 샐러드, 아이스크림까지 4인 식사비로 145위안(약 1만 9,580원, 2006년 1월 20일 기준)이 들었다.

교통

지하철과 택시를 주로 탔다. 다섯 정거장이 넘는 먼 거리는 지하철, 가까운 거리는 택시를 주로 탔다. 가까운 거리를 4명이 이동하면 택시가 더 쌌기 때문이다. 택시 기본요금은 10위안부터, 지하철 기본요금은 3위안부터다. 첫날 상하이 서커스 월드역에서 황피루(Huangpi Rd.)역까지는 한 번 갈아타고 일곱 정거장이었다. 1인당 지하철 편도요금은 4위안이다. 지하철 세 정거장 거리인 호텔에서 서커스장까지는 택시를 타면 16위안쯤 나온다. 중국어를 모르면 내려야 할 곳의 명칭과 거리 이름을 간자체로 크게 써서 보여주면 된다. 우리가 쓰는 번체는 모르는 사람이 많다. 영어는 큰 호텔을 제외하고는 애당초 하지 않는 것이 좋다. 공항과 호텔을 오갈 때는 택시와 자기부상열차를 골고루 이용했다. 호텔에서 안내한 택시를 타니 150위안이 나왔고 공항 택시 승강장에서 잡아 탄 택시비는 170위안쯤이었다. 푸동 지구 수족관 부근에서 자기부상열차를 탈 수 있다. 요금은 1인당 50위안(비행기 티켓을 보여주면 40위안)으로 조금 비싸지만 공항까지 편도 10여 분이면 도착한다.

쇼핑

혜영과 어머니는 상양시장에서 지갑, 신발, 시계 등을, 상하이박물관 등 각종 박물관과 기념관에서 책갈피 등을 구입했다. 수호천사로서 서로에게 사준 선물을 공개한다.

1. 결혼을 앞둔 선배에게 주기 위해 진마오 타워 전망대에서 산 인형. 30위안
2. 상양시장에서 산 시계와 가방, 운동화. 각각 18위안, 80위안, 80위안
3. 수족관에서 산 냉장고 자석. 혜영이 엄마에게, 사진기자가 기자에게
4. 공항에서 산 중국차. 엄마가 사진기자에게
5. 상하이박물관에서 산 중국문화유산에 관한 책. 기자가 혜영에게

4th day
동방명주의 저 붉은 해처럼

우뚝 솟은 동방명주 타워에 해가 뜨다가 잠시 걸린다는 소문이 있었다. 지난해 여름 배를 타고 중국에 갈 때 보았던 일출과 일몰 광경을 채 잊지 않았지만 또다시 일출을 보고 싶었다. 호텔 프런트에 가서 '日出 Time'을 물어보고 다음 날 아침 카메라만 들고 택시를 타고 와이탄으로 향했다. 도시는 저녁의 화려함을 황폐함으로 바꾸어 아침을 맞이하고 있었다. 멀리 보이는 푸동 지구를 잘 찍으려고 와이탄을 따라 위쪽으로 걸어가면서 연을 띄우는 사람들, 태극권 하는 사람들을 지나친다. 떠오르는 태양을 배경 삼아 줄을 맞추어 태극권 하는 사람들이 보인다.

Tour Course
상하이미술관→수족관

상하이박물관의 감동을 이어 상하이미술관으로!

다양한 문화와 감성이 공존했을 법한 큰 나라 역사에서 받았던 감동은 미술관에 대한 호기심으로 이어졌다. 그런데 택시기사에게 미술관 주소를 짚어주고 찾아 들어간 곳은 '상하이도시계획전시관'이었다. 잘못 간 것이다. '어차피 들어왔으니' 하고 스스로 토닥이며 상하이의 이모저모를 관찰했다. 생각보다 역사가 찬란하고 빠르게 변화하는 도시라는 인상이 짙게 남았다. 상하이에 가실 분들은 박물관과 미술관 위치를 잘 알아보고 가기 바란다.

Tour Point
도시계획전시관 입장료 : 20위안

마지막 여행지, 바다 속으로 풍덩!

엄마도 혜영도 커다란 수족관에는 가본 적이 없다고 했다. 집에서 키우던 금붕어가 놀던 수조만 봤다는 혜영은 기대가 큰 눈치였다. 하지만 매표소부터 말썽이었다. 공항으로 가야 했기 때문에 트렁크를 끌고 나왔는데, 매표소에서는 맡아 줄 수 없다고 한다. 불쌍한 눈으로 바라보며 몇 번이고 부탁했지만 결국 덜컹거리는 가방을 끌며 수족관을 돌아다녀야 했다.

Tour Point
수족관 입장료 : 110위안

엇! 공항까지 7분!

소문으로만 듣던 자기부상열차를 타러 갔다. 당일 항공 티켓이 있으면 40위안으로 할인해주어 전자티켓임을 증명하는 용지를 들이댔지만, '요고이 무엇이오~ 아니 되오~'(내 맘대로 해석) 하는 바람에 결국 50위안을 다 주고 탔다. 수많은 여행객 속에서 청소하는 언니가 방긋 웃어주었다. 엇! 어느새 기차는 시속 437킬로미터로 달린다. 쉥쉥~ 지나치는 시골풍경이 왠지 낯설지 않다. 엄마와 혜영이 손을 꼭 잡는다. 아름답고 신명나는 여행이었다.

내일여행의 추천 일정

1일	오후	신천지→옥불사→황푸 강 유람선
2일	하루	위위안정원→동방 명주탑→진마오 타워→LUXURY BAR→CLOUD 9→상하이 해양 수족관
3일	하루	소주 관광 호구→유원→사자림→졸정원→창랑정→관전가→상하이로 출발→상하이서커스 관람
4일	오전	상하이 임시정부청사→상하이박물관

여행 정보 (2008년 6월 기준)

항공
인천~상하이 구간 항공편은 하루 14편 운항한다. 김포~상하이 4회까지 합치면 무려 18번이다. 항공사도 대한항공, 아시아나항공, 중국동방항공, 상하이항공 등 다양하다. 중국의 비즈니스 도시인 만큼 많이 붐비기 때문에 예약해야 주말에 갈 수 있다. 시차는 한국보다 1시간 느리다.

날씨
한국보다 여름엔 더 덥고 겨울엔 조금 더 따뜻하다. 1월은 조금 따뜻하다 해도 장갑, 모자 등을 준비하는 게 좋다. 비가 자주 내리는 편이고, 야경을 보려면 더 추워질 수 있으니 모자에 목도리를 준비해야 한다. 여행하기에는 초여름(4~6월)이나 초가을(9~10월)이 좋다.

화폐 및 환율
위안(Y)화 사용, 1위안 ≒ 148.59원

비자
비자가 필요하며, 올림픽을 앞두고 비자 발급에 제한이 많다. 출국 전 20일쯤 여유를 두고 준비하는 게 좋다.

전압
220V, AC 50 사이클이다. 2핀짜리 110V용 플러그와 220V용 플러그 둘 다 필요하다.

GATE	BOARDING AREA	좌석번호 SEAT
7	도쿄	

찬이와 훈이의
좌충우돌 도쿄 탐방기

세계에서 둘째가라면 서러워할 높은 물가와
눈이 빙빙 돌 만큼 복잡한 지하철, 코스프레 같은 이상야릇한 문화 등…
수식어마저 모두 제각각인 이 만화 같은 도시로
대한민국 직장인을 대표해 박진찬과 김영훈이 주말 재충전 여행을 떠났다.
처녀지를 탐험하듯 조심스럽게, 때론 무모할 만큼 담대하게
도쿄를 휘젓고 다닌 이들의 첫 도쿄 탐방기.
2박 3일에 걸친 도쿄발 생생 여행기 속으로 떠나보자.

여행 컨셉트

두 사람 모두 직장을 다니기에 일정을 100% 활용하게 본인들이 직접 알차게 계획했다. 대부분은 두 사람이 함께했지만 마지막 날 오전은 각자 개인 여행을 했다.

여행 파트너

박진찬 | 디지털 방송 프로그래머. 일이 바빠 그간 여행은 꿈도 꾸지 못한지라 이번 도쿄 여행을 누구보다 기대했다. 무슨 일복이 그리 터졌는지 여행을 떠나기 전날까지 밤샘 작업을 하고 왔다지만, 그에도 아랑곳없이 뛰어난 도보 실력을 자랑하며 부상 투혼까지 발휘했다.

김영훈 | 광고대행사 AE였다. 여행 직후 직장을 그만뒀다는 소식을 들었는데, 어떻게 지내는지 궁금하다. 정장을 차려입고, 귀에 피어싱을 하고 나타나 뜨악했지만 여행 기간에 부지런하고 성실한 모습을 보이며 첫인상을 완전히 바꿔놓았다.

찬이와 훈이의 여행 가계부

찬이의 가계부 | 1일 **교통비** : 660엔, **식사비** : 라멘(800엔, 세금 포함), **쇼핑비** : 아사쿠사에서 기념품 구입 1,550엔+신 발 1만 1,500엔, 군것질 : 이름 모를 막대사탕 하나 300엔, **식사비** : 라멘+만두 세트(724엔 세금 포함)
2일 **교통비** : 540엔, **식사비** : 초밥(900엔, 세금 포함), **쇼핑비** : 도큐핸즈에서 워키비츠 구입(1,300엔)
3일 **교통비** : 신주쿠~하마마츠죠 660엔, 하마마츠죠~하네다(모노레일) 270엔, **쇼핑비** : 도큐핸즈에서 워키비츠 구입(1,300엔)

훈이의 가계부 | 예전 동남아 순회 여행을 마치고 난 뒤 여권 깊숙이 꼭꼭 숨겼던 300달러를 환전해 3 만 4,000엔 정도 노자를 마련했다. **교통비** : 지하철을 주로 이용했다. 하루에 두 번 이상씩 이용. 여행 마지막 날은 프리 마켓을 위해 택시 이용. 총 6,000엔+α, **식사비** : 라멘과 덮밥, 스시 등을 먹었다. 회전 스시집에서 한 접시 550엔짜리 스시를 질렀다. 1만 엔 정도, **기타비** : 특별한 입장료는 없었고 약간의 주 전부리, **쇼핑비** : 체크 남방과 일본 전통 의상을 샀다. 총 7,000엔, **남은 금액** : 쇼핑을 하지 못해 1만 3,000엔이 남았다. 아쉬운 점은 동전은 환전이 안 된다는 것

※ 도쿄 실제 여행 시기 : 2006년 3월

1st day
도쿄에 첫발을 내딛다

오전 12시, 김포공항을 출발한 비행기는 2시간여 만에 하네다공항에 도착했다. 기내에서 아사히 맥주 한 잔을 맛본 훈은 일본에 도착했다는 흥분감이 더해서인지 얼굴이 상기된 모습이다. 이제 공항에 도착했을 뿐인데, 첫 도쿄 나들이에 나선 일행 모두 마음은 도쿄 시내를 누비고 있었다. 하지만 그 누가 알았겠는가. 도쿄에 발을 디딘 첫날부터 '호텔 찾아 삼만 리'를 찍게 될 줄이야.

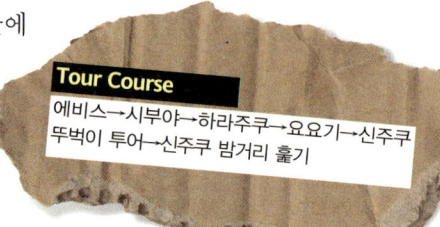

Tour Course
에비스→시부야→하라주쿠→요요기→신주쿠
뚜벅이 투어→신주쿠 밤거리 훑기

미션, '호텔 찾아 삼만 리'를 완수하라!

숙소에 들러 짐을 풀기로 한 일행은 곧바로 신주쿠로 향했다. 이제부터 시작된 찬, 훈이 대 도쿄 메트로의 한판. 신주쿠까지는 비교적 수월하게 도착했다. 문제는 그 복잡하고 넓은 신주쿠 역에서 제대로 출구를 잡아 나가는 것이었다. 신주쿠 역은 규모도 클 뿐더러 시내 역 가운데도 분주하기로 첫 손가락에 꼽히는 곳이다.

"동, 서, 북쪽은 한글 표시가 되어 있는데, 아니 왜 남쪽만 없는 거지?" 한참을 헤매다 찬이가 볼멘소리를 내놓는다. 간간이 눈에 띄는 한글 표시가 반갑기는 하지만 정작 필요한 남쪽 방향 표지판은 도대체 어디에 숨은 건지 알 수 없다. 더구나 일본은 프랑스만큼이나 영어가 통하지 않는 곳으로 유명한 곳 아닌가. 짧은 일본어, 영어 실력에 손짓 발짓까지 다해가며 지나는 이들에게 대답을 구했지만 어찌된 게 대답은 서로 전혀 다른 방향을 가리킬 뿐이다.

일단 어느 한쪽을 선택해 밖으로 나가기로 했다. 갑작스레 펼쳐진 바깥 풍경에 일행 모두 짧은 감탄사를 내지른다. 역사 계단 아래로 이어진 번화한 신주쿠 거리와 일본어가 빼곡히 적힌 찬란한 간판들. 일본 최고 번화가라는 타이틀답게 신주쿠 거리는 번쩍번쩍 휘황찬란하기 그지없다. 그렇다. 도쿄에 도착한 것이다! 잠시 도쿄를 음미하며 기념촬영을 했다.

하지만 그 뒤로도 오랫동안 호텔을 찾기 위한 지루한 걸음을 재촉해야 했다. 가다 서다, 묻다 또다시 걷기를 반복하는 사이 5시를 훌쩍 넘기고 모두 얼굴에 초조함이 가득할 무렵에야 겨우 호텔을 찾았다. 알고 보니 신주쿠 역과 호텔 사이는 겨우 10여 분 거리밖에 되지 않았다. 결국 호텔을 지척에 두고 한 바퀴 돌아온 셈이다. 일본인들의 친절한 길 안내에 휘말린 기분이다. "일본인들 너무 친절한 거 아니야. 모르는 길까지도 그토록 친절히 알려주다니 말이야!"

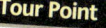
Tour Point

하네다공항-도쿄 시내 가는 법 : 가장 편한 방법은 호텔까지 이어지는 리무진버스를 이용하는 것이다. 시내 주요 호텔간 직통 리무진 버스가 운영된다. 1,200엔 정도. 지하철을 이용한다면 국내선까지 무료 셔틀을 탄 뒤 모노레일 타고 하마마츠초역까지 간 다음 JR야마노테선을 이용해 시내로 들어간다. 택시도 탈 수 있지만 무척 비싸다. 공항에서 도쿄역까지 7,000엔쯤 나온다.

라멘의 진수를 맛보다

후다닥 체크인을 마치고 나와 본격적인 시내 탐험을 시작했다. "자, 이제 시작! 도쿄야, 기다려라. 내가 가마!" 에비스 가든 플레이스에 도착하니 해는 저물고 어둠이 깃들고 있었다. 가려 했던 에비스 맥주박물관도 문을 닫고 거리엔 적막감이 감돌았다. 실망감이 이만저만 아니다. 로맨틱하게 불을 밝힌 유럽식의 아기자기한 거리를 배경 삼아 기념사진을 남기긴 했지만 아쉬울 뿐이다.

해가 지니 배고픔이 찾아들었다. 찬이 가이드북을 펼치더니 유명한 라멘집이 있다며 메뉴를 추천했다. 곧바로 라멘집 찾기를 시작했다. '호텔 찾아 삼만 리' 같은 상황이 다시 연출될 뻔했지만, 일본인 청년 덕분에 책에 나온 것은 아니더라도 무척 훌륭한 일본 라멘을 먹을 수 있었다. 10분쯤 걸리는 거리를 직접 안내해준 청년에게 감사한다. 찬도, 훈도, 기자도 모두 '오이시이(맛있다)'를 연발하며 도쿄에서의 첫 식사를 맛나게 먹었다.

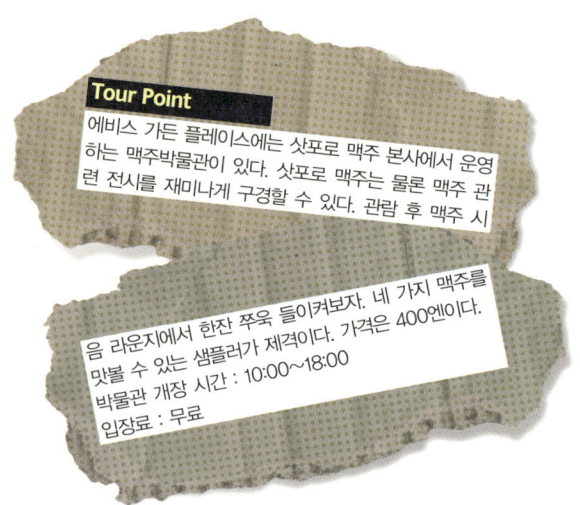

Tour Point
에비스 가든 플레이스에는 삿포로 맥주 본사에서 운영하는 맥주박물관이 있다. 삿포로 맥주는 물론 맥주 관련 전시를 재미나게 구경할 수 있다. 관람 후 맥주 시음 라운지에서 한잔 쭈욱 들이켜보자. 네 가지 맥주를 맛볼 수 있는 샘플러가 제격이다. 가격은 400엔이다.
박물관 개장 시간 : 10:00~18:00
입장료 : 무료

에비스에서 신주쿠까지 걷고 또 걷고

뚜벅뚜벅 걸어가는 동안 이런저런 이야기를 나누며 서로에게 익숙해졌다. 자연스럽게 형, 누나, 동생이라 부르며 조잘조잘 수다를 늘어놓는 사이 시부야역에 도착했다. 순식간에 눈앞에 별천지가 펼쳐졌다. 시부야역 뒤편 높다란 건물마다 번쩍번쩍 빛을 발하는 영상판이 박혀 있고, 사방으로 엇갈려 있는 횡단보도는 신호가 바뀔 때마다 토해내듯 사람들을 쏟아놓는다. 신주쿠와는 또 다른 느낌이 든다. 만화에 나오는 미래사회 같

다. 고급 상점과 식당, 오락시설이 빼곡히 늘어선 거리를 따라 이리저리 기웃거리며 조금은 낯선 일본 문화를 살짝 엿본다. 도쿄에서 가장 큰 음반매장인 타워 레코드에도 들어가 보고, 도토루에서 커피도 한잔 마시며 시부야 거리 분위기에 흠뻑 젖다 보니 어느새 9시가 되었다.

늦은 저녁 하라주쿠역은 한산하기만 하고, 요요기역을 거쳐 신주쿠까지 다시 돌아온 때는 이미 깊은 밤이다. 신주쿠의 밤은 화려하기만 하다. 또다시 발바닥이 부르트도록 신주쿠 거리를 쏘다녔다. 낮보다 더 많은 사람으로 가득 찬 이곳은 〈밤을 잊은 그대〉를 부르는 곳 같다.

2nd day
도쿄의 구석구석을 누비다

참가자와 기자들 모두 출근의 위협(?)에서 벗어나 모처럼 늘어지게 잠을 잤다. 금까기 상품에 포함된 호텔 조식을 간단히 들고 느긋하게 둘째 날 일정을 시작한다. 특별한 계획은

없었다. 업무에 쫓기다 보니 계획은커녕 사전 예습조차 하지 못하고 온 탓에 이동 중에도 틈틈이 다음 일정을 짜기 바쁘다. 어쩌면 자유여행의 매력은 물 흐르듯 발길 닿는 대로 따라가는 것, 그게 아닐까 싶다.

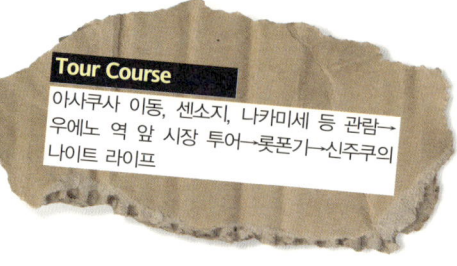

Tour Course
아사쿠사 이동, 센소지, 나카미세 등 관람→우에노 역 앞 시장 투어→롯폰기→신주쿠의 나이트 라이프

일본의 예스러움이 가득한 아사쿠사와 센소지

단 한 번 만에 무사히 아사쿠사에 도착한 찬과 훈은 어제의 실수를 만회라도 하듯 알아서 척척 길을 찾아낸다. 역사를 나서니 옛 분위기 물씬한 거리가 예사롭지 않다. 멋들어지게 꾸민 인력거와 센스 만점 인력거꾼이 있어 한 번 타볼 심산에 넌지시 가격을 물어본다. "이쿠라 데스까(얼마입니까)?" 10분 타는 데 1인당 2,000엔(1만 7,000원쯤)이란다. 어휴, 만만치 않다. 타 보는 것 대신 멋진 인력거 청년과 기념사진 찍는 데 만족하고 돌아선다.

한국인은 물론 매년 수백만의 여행객이 다녀간다는 센소지는 도쿄에서도 유명한 사찰이다. 방문객들은 사찰 입구 높은 문에 달린 엄청나게 큰 빨간 등 앞에서 기념사진을 찍는다. 이 문턱을 넘으면 바로 나카미세 도오리가 시작된다. 약 200m에 걸쳐 곧게 뻗은 길은 사원까지 그대로 연결되어 있지만 일직선으로 똑바로 나가기는 쉽지 않다. 너무 많은 사람들이 가로막고 있기 때문이다. 거리 양옆으로 다닥다닥 붙어 있는 상점마다 독특하고 눈길을 끄는 물건이 가득해 관광객의 발길을 잡아 세운다.

쇼핑을 좋아하는 훈은 벌써 이곳 매력에 푹 빠졌다. 이것저것 뒤적이며 꼼꼼하게도 훑어본다. "누나, 이 옷 어때요?" 어느새 옷 하나를 손에 든 훈은 자못 진지한 표정으로 이리저리 둘러본다. 결코 흥정이란 게 없는 일본이라지만 넉살 좋은 훈은 에누리까지 받아 옷을 산다. 굳이 쇼핑할 마음이 없어도 여행자들에게 이곳은 충분히 매력적이다. 자질구레한 기념품부터 에도시대 전통 공예품까지 눈요깃거리가 가득하다.

훈과 찬은 사원 여기저기 신기한 구경거리를 보고 만지고 찍기도 하면서 여행 온 기분을 만끽한다. 사원 한쪽에 마련된 종이학 접기 코너에서 종이학 아닌 종이용(?)을 접기도 하고, 커다란 향로 앞에서 연기를 쐬며 건강을 바라기도 한다. 대웅전 앞 사람들 틈바구니에서 동전을 던지며 소원을 빌기도 하고, 영문도 모른 채 남들 따라 촛불을 밝히며 자신만의 이야기를 꾹꾹 눌러 담는다.

Tour Point

신주쿠–아사쿠사 가는 법 : JR 야마노테선을 타고 가다 우에 역에서 아사쿠사행 긴자선으로 갈아탄다. 아사쿠사역이 종점. 요금은 350엔(190+160엔). 센소지는 무료입장

여기 남대문 시장 아니야?

점심은 나카미세 도오리 옆 골목에 있는 회전 초밥집에서 거하게 먹었다. 초밥은 한 접시에 130엔부터. 이것저것 먹다 보니 접시는 쌓이고 배가 불러 올 참에 둘은 한 접시에 500엔이나 하는 초밥을 날름 집어 들고 만다. "도쿄까지 왔는데 한 번은 질러 봐야지!" 찬이 먼저 시식하고, 훈이 따라 또 한 접시를 집어 든다. "그래, 맛은 어떤데?" 둘 표정을 보니 영 시원찮아 보인다. 큰맘 먹고 지른 보람도 없이 훈과 찬은 허무하게 입맛만 다신다. 그래도 도전 정신은 아름답다.

우에노역 또한 사람들로 붐비긴 마찬가지다. 우에노 공원을 갈까 망설이는 사이 누군가 역 맞은편 작은 샛길로 난 골목 시장을 발견한다. 후루룩 책장을 넘기던 찬은 "어, 여기 유명한 아메요코 시장인 거 같은데?"라며 아는 척을 한다. 시장이란 단어가 나오니 훈의 눈이 또 초롱초롱 빛을 발한다. "나 뭐 살 것도 있는데, 우리 가요, 가~!"

작은 골목 시장 같아 보였는데, 안으로 들어갈수록 여기저기 거미줄처럼 얽힌 상점들이 꼬리에 꼬리를 물고 나타난다. 이태원과 남대문을 합쳐놓은 듯한 독특한 아이템들이 가득하다. 얼마를 돌아다녔을까. 몇 시가 되었는지도 모를 만큼 쇼핑의 마력에 빠진 일

행이 다시 모인 시간은 5시가 넘었다. 한가득 쇼핑할 것처럼 덤벼든 훈은 정작 하나도 건지지 못하고, 슬렁슬렁 구경하던 찬과 기자 누나만이 ABC마트에서 겨우 신발 하나씩 구입했을 뿐이다. 그래도 여전히 마음은 즐겁다. 이것저것 구경하면서 도쿄의 또 다른 멋과 문화에 흠뻑 젖어들 수 있었으니까 말이다.

Tour Point

골목 시장이라고 만만하게 봤다가는 큰코다친다. 세계에서 물가가 가장 높은 도쿄에서도 교통편과 음식, 의류는 특히 높은 품목이다. 물론 다른 상점가에 비해 가격이 싼 편이긴 하지만 한국과 비교해 결코 싸지 않다. 굳이 쇼핑할 마음이 아니어도 이리저리 기웃거리다 '한 건' 올리는 재미가 더 크다. 급한 볼일(?)은 부근 지하철역을 찾는 게 가장 빠르다. 이곳 상점 거리에서 화장실 찾기는 쉽지 않다.

맥주 한잔에 도쿄의 추억을 담다

도쿄의 남은 저녁 시간을 어디서 보낼까 고민하던 차에 롯폰기에 가보기로 한다. 롯폰기는 대규모 복합 쇼핑 타워와 클럽이 여기저기 있기로 유명한 곳. 도쿄에서도 클럽 문화가 가장 활발하게 이뤄지는 곳이다. 롯폰기역에 도착하니 이미 어둠이 깔린 저녁이다. 멋진 야간 조명이 거리를 밝히고 있지만, 쉬지 않고 돌아다닌 탓인지 모두 금세 지치고 만다.
가이드북에는 롯폰기를 아주 근사한 곳으로 묘사했지만, 배고픔과 피곤함에 '계속 전진'의 의욕을 잃은 우리는 멋진 클럽을 찾아 헤매는 것을 위험한 모험(?)이라고 암묵적으로 단정지었다. 롯폰기 힐스 내 전망 타워를 발견하긴 했지만 "너무 비싸다"라고 입을 모으며 다음을 기약한다. 그 대신 부근 중화요리 라멘집에서 도쿄에서의 마지막 저녁을 들며 하루를 마감했다. 아쉬움 때문인지 호텔로 돌아와서는 맥주 한잔에 도쿄의 추억을 담아 들이키며 늦은 밤까지 이야기꽃을 피웠다. 짧지만 바쁘게 움직였던 도쿄에서의 둘째 날이 저물어가고 있었다.

Tour Point
롯폰기 힐스 전망 타워 입장료 : 1,500엔

에피소드 신주쿠의 밤을 불태우다

기자 누나들이 잠에 곯아떨어진 사이, 펄펄 끓는 두 청춘은 결코 도쿄의 마지막 밤을 그냥 보내지 않았다. 찬과 훈 서로 앞서거니 뒤서거니 하며 신주쿠의 찬란한 밤을 번갈아가며 지샌 것이다. 호기심 왕성한 찬은 새벽 5시까지 홀로 거리를 쏘다녔다나. 그 후 한국에 돌아온 찬의 메신저 아이디는 '신주쿠 완전정복' 이었다.
나카미세 도오리에는 별별 물건이 다 있어 구경하는 재미가 보통 아니다. 전통 공예품부터 부채(1,000엔), 게다(2,990엔), 등(700엔), 배자(300엔), 작은 소품까지 없는 게 없다. 찬과 훈도 지인들에게 줄 선물을 모두 여기서 구입했다.

3rd day
마지막 하루를 잡아라

첫째, 둘째 날을 함께 다닌 훈과 찬은 마지막 날 오전 일정은 각자 가고 싶었던 곳에 가기로 한다. 쇼핑을 좋아하는 훈은 프리 마켓이 열린다는 소식을 듣고 전날 일찌감치 계획을 짜두었고, 찬은 신주쿠 도큐핸즈에 가기로 했다.

훈이의 마지막 날 하루, 프리 마켓에 올인!

마지막 날이다. 요요기 공원과 도쿄 돔에서 프리 마켓이 열린다고 한다. 도쿄돔에서 열린다는 프리 마켓을 가고 싶었지만 비행기 시간이 촉박해 숙소와 가까운 요요기 공원의 프리 마켓에 가기로 하고 시간에 맞춰 호텔을 나선다. 일요일이라 공원은 산책과 소풍을 나온 가족, 젊은이들로 가득하다. 여기저기서 음식 노점상들이 자리 잡고, 젊은 인디 밴드들이 한창 공연 준비 중이다. 하지만 프리 마켓을 하는 곳을 찾기는 어려웠다. 노점상 아주머니에게 물어보았다.

"저기, 프리 마켓을 하는 곳이 어딘가요?"
"오늘 프리 마켓 안 해요."
"헉!"

어이가 없었다. 그렇게 기대하고 기다렸던 프리 마켓에 올인하다 오히려 올인당한 기분이다.

여행은 지금까지 살아오면서 배운 모든 기술을 써먹는 시간이라 생각했는데, 아직 덜 배웠나 보다.

순간 정신이 혼미해지면서 얼빠진 채 앉아 있었다. 갑자기 시간이 아까웠다. 바쁜 걸음으로 근처 하라주쿠로 향한다. 첫날 늦은 시간에 방문했던 터라 하라주쿠를 제대로 보지 못했다. 주말이라 그런지 하라주쿠 주변은 인산인해였고 코스프레하는 친구들도 만날 수 있었다. 독특한 패션으로 무장한 젊은이들과 개성 넘치는 상점가

사이를 누비며 정신없이 돌아다녔다.

음료수를 사러 편의점에 들렀는데 시계를 보니 2시간밖에 남지 않았다. 이럴 수가. 급한 마음에 지하철로 향했고, 간신히 출발 30분 전에 도착해 무사히 한국으로 돌아올 수 있었다. 정신없이 제대로 마무리도 짓지 못하고 여행의 마지막을 보내 너무 아쉬웠다.

짧은 일정만큼이나 아쉬움이 많은 여행이었지만, 지금도 내 그림자는 도쿄에 남아 구석구석을 느끼고 있을 게다. 언젠가 다시 내 그림자를 찾아 도쿄로 향하는 날이 오겠지.

살짝 엿본 훈의 여행 일기

에비스 부근 라멘집에서
배가 고프다. 가이드북을 보니 이 근처에 유명한 라멘집이 많다고 한다. 무척 친절한 일본 청년의 배려로 꽤 괜찮은 라멘집을 찾을 수 있었다. 사진을 보고 맛있어 보이는 라멘을 주문한 뒤 기다렸다. 세숫대야 냉면만 한 그릇에 가득 담겨 나오는 라멘의 양에 감동하고 끝내주는 맛에 눈물을 찔끔거린다. 오른손 엄지손가락을 들어 보이며 요리사에게 감사를 표시하고 일본 라멘에 빠져든다. 7,000원 이상인 음식 값이 전혀 아깝지 않다.

북적거리는 시부야 거리에서
일본 젊은이들은 같은 얼굴에 다른 눈, 코, 입을 가진 듯하다. 수많은 인종이 모여 사는 미국보다 더 다양한 인간이 모여 사는 것 같다. 그들은 피가 다르지만 일본 젊은이들은 영혼이 다르고 냄새가 다른 것 같다. 개개인이 발산하는 느낌이 다른 색깔인 듯하다. 최고급 크레파스처럼 말이다.

아사쿠사 센소지에서
아사쿠사는 딱! 소리를 내며 내 뒤통수를 갈겼다. 이럴 수가! 그곳은 호기심 천국이었다. 따분할 줄만 알았던 아사쿠사의 상징인 '카미나리몬'과 엄청 큰 붉은색 등. 인력거와 일본 전통 복장을 한 사람들, 사쿠라 장식의 작은 상점인 '나카미세'와 '아사쿠사 센소지' 등은 내가 일본에 있다는 것을 피부로 느끼게 해준다. 전통 의상을 구입해 입고 다니며 사진을 찍고 아기자기한 전통 기념품을 구입한다. 아름다운 풍경을 보면 내 것으로 만들고 싶어진다. 아사쿠사가 그런 곳이었다. 나는 아사쿠사 센소지에 10엔을 던졌기에 내 것으로 만들 수 있었다.

찬의 마지막 날 하루, 행복을 파는 곳 도큐핸즈

이제 마지막 날이다. 첫날 무리한 탓일까? 다리가 아파 멀리 가기는 어렵고, 숙소 부근에 있는 도큐핸즈에 들르기로 한다.

도큐핸즈는 정말 세상에서 없는 거 없이 모든 것을 다 파는 곳 같았다. 둘러보는 것만으로도 행복해지는 곳이랄까? 특히 주방용품은 남자인 나조차도 탄성을 지를 만큼 다양한 물품들로 가득했다. 어머니와 함께 왔다면 주머니가 거덜 났을 것이다.

신주쿠에 있는 도큐핸즈는 7층 규모로 매장을 대충만 둘러봐도 두 시간은 후딱 간다. 그중 가장 인상 깊었던 곳은 1층이다. 아주 일본틱한 귀여움으로 가득 찬 장난감을 주로 진열해 놓고, 가발, 파티용품, 서프라이징 용품, 기타 모든 장난감으로 무장한 층이다. 나도 거기서 워키비즈를 하나 구입했다. 이놈 얼마나 귀여운지 가지고 다니기도 아깝다!

참, 그 사실을 아는가? 일본 사람들에게 도큐핸즈라고 말하면 대부분 고개를 갸우뚱하며 잘

못 알아듣는다. 현지 발음은 '도큐한즈' 다. 도쿄를 가면 잊지 말자. '도큐한즈!' 그렇게 두 시간을 보내고 나니 정말 떠나기 싫은 맘뿐이다. 신주쿠에서 12시쯤 하네다로 출발했다.

잠깐 옆길로 빠져 일본 지하철을 이야기하면, 참 복잡하고 찾기 힘들지만 꼭 그렇지만도 않은 듯하다. 곳곳에 각 사철과 연결된 입구가 있고, 3분 간격으로 운행하고 있다. 우리나라 지하철에 익숙해져서 적응하기 힘들어 그렇지 일본 지하철도 매력 있다.

도쿄, 이것만은 알고 떠나자!

지하철만 정복하면 도쿄가 내 손에

도쿄 시민들에게 지하철은 없어서는 안 될 주요한 교통수단이다. 도쿄를 여행하는 이들에게도 가장 편리한 교통수단은 바로 지하철이다. 물론 버스도 많긴 하지만 대다수 노선이 일본어로만 표기되어 이용하기 어렵다. 물가 비싼 도쿄에서 택시를 타고 다닌다는 건 한 푼이 아쉬운 여행자에겐 그림의 떡 같은 이야기다. 도쿄 지하철은 시내 구석구석 편리하게 연결되어 있는 데다 영어로 된 노선도와 지도는 기본이고 주요 역사에는 한국어로 표기된 안내 표지판도 있다. 도쿄 지하철만 정복하면 혼자서라도 시내 투어는 걱정 없다.

도쿄 지하철, 이것만은 알아두자

1. 도쿄에는 시내 순환노선인 JR 야마노테선을 포함해 12개의 지하철 노선(도쿄 메트로 노선 8개, 도에이 노선 4개)이 있다. JR 야마노테선은 우리로 치면 2호선쯤 된다. 일단 이 노선만 따라가면 신주쿠를 비롯, 하라주쿠, 시부야, 에비스, 우에노 등 시내 주요 지역을 섭렵할 수 있다. 단 지하철 노선으로 환승하려면 표를 다시 끊어야 한다. 또 승차권 구입 발매기도 다르다.
2. 지하철 요금은 거리와 노선에 따라 모두 다르다. 가려는 목적지와 금액을 확인한 후 자동발매기에서 표를 끊는다.
3. 도쿄 지하철은 노선마다 색깔이 다르기 때문에 기억해두면 지하철 이용이 훨씬 수월해진다. JR 야마노테선은 회색 얼룩띠로 가장 찾기 쉬우며 또한 많이 이용되는 긴자선은 노란색, 오에도선은 자주색, 치요다선은 녹색 등 구분이 쉽다. 가려는 지역에 어떤 노선이 지나는지 확인하고 현재 위치한 곳까지 환승이 적고 빠른 노선을 선택한다.
4. 도쿄 지하철 환승 구조는 우리와 다르다. 다른 노선으로 갈아타고자 할 때 역사에 따라서는 개찰구를 빠져나왔다 다시 다른 쪽 개찰구로 들어가야 하는 경우가 있다. 개찰구에 넣은 표를 다시 뽑지 않고 잊고 오는 경우가 많은데, 목적지에 도착할 때까지 표는 꼭 가지고 있어야 한다.
5. 지하철에서 휴대전화 통화는 매너가 아니다. 진동이나 매너 모드 설정은 기본 수칙. 휴대전화를 꺼내놓고 문자를 보내거나 게임, 음악을 듣는 일은 예외다. 예전에는 지하철에서 열심히 독서하는 사람이 많았다고 하는데, 요즘에는 휴대전화를 꺼내 든 사람들이 거의 대부분이다.

좀더 알뜰하게, 좀더 편리하게

도쿄 콤비네이션 티켓 : 하루 동안 도쿄 메트로와 도에이 지하철, 버스, JR선까지 모두 자유롭게 이용할 수 있다. 여기저기 많이 돌아다닌다면 이 티켓은 필수다. 무엇보다 JR선까지 동시에 이용할 수 있다는 게 장점이다. 1,580엔. 이외에 도쿄 메트로선만 또는 도쿄 메트로와 도에이 지하철만 이용할 수 있는 티켓도 있다. 각각 710엔, 1,000엔

패스넷 : 일종의 정액권이다. 구입한 금액 이내에서 몇 번이고 지하철 이용이 가능하며 잔액이 부족해도 새로

구입한 다른 카드와 함께 개찰구에 동시 투입하면 사용할 수 있다. 1,000엔, 3,000엔, 5,000엔 권이 있다. 2박 3일 코스에 조금 적게 움직이면 1,000엔 권, 여러 곳을 다닌다면 3,000엔 권이 적당하다. 단 JR 야마노테선을 비롯한 JR 노선에서는 이용하지 못한다.

※찬과 훈이 이용한 지하철 노선과 요금
1일 신주쿠–에비스 JR 야마노테선 150엔
2일 신주쿠–아사쿠사 JR 야마노테선을 타고 우에노역까지 190엔+긴자선 환승 후 아사쿠사까지 160엔
아사쿠사–우에노 긴자선 160엔
우에노–롯폰기 히비야선 190엔
롯폰기–신주쿠 오에도선 210엔

도쿄 지하철은 간혹 다국적 인종의 장이 된다. 훈이 우스꽝스럽게 생긴 가면을 뒤집어쓰자 곁에 앉은 외국인들이 흥미롭게 쳐다본다. "웨어 아유 프롬(Where are you from)?" "코리아"라고 답하자 코스타리카에서 왔단다. 코스타리카?! 갸우뚱 갸웃. 그래도 예의바르게 "아하!" 하며 아는 척했다. 과연 인터내셔널 시티란 수식어가 전혀 부담스럽지 않은 도시다.

도쿄, 남들은 이렇게 논다

도쿄는 팔색조처럼 무척이나 다양한 매력이 있는 도시이다. 하라주쿠, 시부야, 오모테산도 등 패션, 문화 거리들을 무작정 도보 투어로 다녀도 좋고, 관심 있는 분야별로 테마여행을 짜는 것도 괜찮다. 특히 애니메이션에 관심이 많다면 지브리박물관이나 최근 문을 연 애니메이션박물관을 추천한다. 비즈니스 출장자라면 도요타나 소니 등 유명 기업들이 운영하는 쇼룸을 둘러봐야 한다.

가족 여행객에게도 도쿄는 무척 만족스러운 곳이다. 어른 아이 할 것 없이 누구나 가보고 싶어 하는 세계적인 테마파크 '디즈니랜드'가 도쿄 시내에서 한 시간 거리에 있는 데다, 바로 곁에 있는 '디즈니씨'는 도쿄에서만 즐길 수 있는 특별한 보너스이다. 헬로 키티 등 산리오 캐릭터를 한자리에서 만날 수 있는 '산리오 퓨로 랜드'도 아이들이 무척이나 좋아한다.

커플이라면 '오다이바'는 꼭 가봐야 한다. 바다 위를 떠가는 모노레일을 타는 재미도 쏠쏠하지만, 로맨틱하게 빛나는 '레인보 브리지'의 야경을 놓친다면 두고두고 아쉽다. 도쿄에서도 인기 높은 데이트 코스로 통한다고. 한 바퀴 도는 데만 10여 분이 걸리는 대관람차는 사랑의 밀어를 속삭이기에 좋다. 여자친구를 위해서는 '비너스 포트'를 관람하고 남자친구를 위해서는 '메가 웹'을 관람하는 센스를 잊지 말자.

여유가 있으면 도쿄 부근 여행에도 나서보자. 요코하마가 젊은이들 취향이라면 하코네는 자연과 온천을 만끽하려는 이들에게 제격이다. 도쿄 시내에서 요코하마는 한 시간 이내, 하코네는 1시간 30분쯤 걸린다.

내일여행의 추천 일정

1일	오후	신주쿠관광→도쿄도 청사, 가부키쵸, 신주쿠쿄엔, 신주쿠오오도리, 신주쿠사잔테라스
2일	하루	시부야→타워레코드, 도큐핸즈, 파르코와 마르큐(109)빌딩, NHK스튜디오
		하라주쿠→메이지신궁, 다케시타도오리, Cat Street, 프라다빌딩
		이 밖에 모리미술관, 지브리미술관 투어
		오다이바→오에도온천모노가타리, 비너스포트, 파나소닉센터, Ferris Wheel, Big Sight, Decks Tokyo Beach
3일	오전	아사쿠사→카미나리몬, 센소지절, 나카미세 쇼핑거리, 릭셔우(진리키샤)타보기우에노, 도쇼구신궁, 아키하바라

여행 정보 (2008년 6월 기준)

항공
인천~나리타 노선과 김포~하네다 노선을 이용하면 된다. 도쿄 시내까지는 나리타보다 하네다 공항이 더 가깝고 편리하다. 서울과 도쿄 사이에는 하루 22편의 항공편이 운항되고 있다(김포~하네다 8편 포함). 부산~도쿄 비행시간은 약 2시간. 직항편도 있다.

위치
네 개의 주요 섬(홋카이도, 혼슈, 시코쿠, 규슈)과 7,000여 개의 섬으로 구성되어 있다. 국토의 68%가 산간지대이며, 이 가운데 약 14%만이 경작 가능한 지역이다.

날씨
온대 지역에 속한 도쿄는 1년 중 비교적 온화한 기후이다. 여름은 고온다습하며 태풍 영향을 많이 받으며, 겨울은 건조하고 청명하며 깨끗한 날씨가 특징이다. 3~5월 봄과 9~11월 가을 시즌이 여행하기에 좋다. 9~10월은 태풍이 올 때도 있으니 피하는 게 좋다.

화폐 및 환율
일본의 통화 단위는 엔화(¥)이다. 동전은 1, 5, 10, 50, 100, 500¥의 코인 단위가 있으며, 지폐는 1,000, 2,500, 5,000, 10,000¥ 단위로 구분된다. 1¥ ≒ 9.74원

언어 일본어

비자
2005년 10월 1일 이후 2009년 2월 28일까지 90일 이내의 단기체재 목적으로 일본에 입국하기를 희망하는 관광객에 한하여 비자를 취득하지 않고 단기 입국이 가능하다.

전압 한국과 동일하다.

여행 컨셉트
이번에 처음 만난 두 사람인지라 하루는 함께, 하루는 따로 싱가포르를 여행했다. 첫날은 서로 계획한 여정 가운데 겹치는 코스를 함께 여행하고, 둘째 날에는 각자 취향에 따른 여행을 했다.

여행 파트너
김은하(26세) | 2년째로 접어드는 사회생활에서 작은 돌파구를 마련하고 싶었다. 대학생 때 배낭여행한 유럽, 포상휴가 때 다녀온 보라카이 여행 후 여행이 주는 '충전'과 '설렘'에 매료돼 트렁크 바퀴 구르는 소리에도 마음이 떨린다.

홍태경(24세) | 말투와 행동에서 어른스러움이 배어나는 그녀는 수학능력시험을 다시 치렀다. 건축학을 공부하려고 다니던 회사를 과감하게 그만두고 수험생이 된 것이다.

은하와 태경의 여행 가계부
총 예산 | 310SGD

호텔 2박(조식 포함)과 유류할증료 등 각종 세금을 제외하고 사용한 총 금액은 교통비(MRT, 버스, 택시) 50SGD쯤, 하루 두 끼 식사와 유흥비 등으로 지출한 액수는 약 100SGD. 은하는 나머지 금액을 크리스마스 선물과 기념품 구입에 사용했고, 태경은 주롱새공원과 박물관, 미술관 입장료와 기념품 구입에 사용했다. 실제로 지출한 금액은 은하 250SGD, 태경 225SGD. '싱가포르 금까기' 상품을 37만 4,000원부터 판매한다. 내일여행에서는 항공과 호텔 숙박을 모두 합한 '싱가포르 금까기'

※ 싱가포르 실제 여행 시기 : 2005년 11월

1st day
낯설고 흥미로운 공기에 취하다

과묵한 태경과 낯을 가리는 은하의 첫 만남은 '어색함' 그 자체였다. 빠듯한 업무 때문에 첫 만남부터 지각한 은하와 수능을 마치고 이미 싱가포르를 한 번 여행한 태경 사이에 이번 여행을 대하는 열정에는 묘한 기류가 흘렀다. '이 여행을 과연 무사히 끝낼 수 있을까' 하는 걱정도 잠시 기내에서 와인잔을 기울이며 이런저런 이야기를 나누면서 둘 사이의 어색함은 점점 사라졌다.

Tour Point
성요셉 성당→에스플러네이드→클락키 점보식당→리틀인디아→래플즈 호텔 슬링바

싱가포르에 도착하자 두꺼운 외투부터 훌훌 벗고 싱가포르의 후텁지근한 공기를 느낀다. "설레서 과연 잘 수 있을까요?"라고 했지만 호텔까지 가는 길부터 만만치 않다. MRT를 타고 택시를 기다리다 싱가포르 대학생들의 도움으로 숙소인 올슨호텔에 도착한 참가자들은 누가 먼저랄 것도 없이 곯아떨어졌다.

첫날은 두 참가자가 세운 계획에서 같은 코스를 함께 여행하는 날이다. 호텔 앞에 성요셉 성당(Church of St. Joseph)이 있어 두 참가자는 엄숙하고 경건하게 '무언가를 위해' 기도하고 성당도 구경하면서 일정을 시작했다. 성당을 나오니 아파트마다 기다란 막대기를 내놓고 빨래를 걸어놓은 모습이 이색적이라 셔터를 연방 눌러댄다. 처음 만나는 싱가포르 거리, 상점, 국적이 서로 다른 사람들 모두 새롭고 흥미롭다.

오늘 비 오면 내가 싱가포르 슬링 쏜다!

마이크 모양을 본뜬 공연장이자 컨벤션 센터이며 쇼핑몰이기도 한 에스플러네이드에서 작은 전시회도 보고 쇼핑몰 곳곳을 누빈다. 특히 수제 악기 상점인 프랭크 브라더스(Frank Brothers)를 구경하며 한국에서 왔다고 하자 매니저 키띠삭 풀 사왓은 그녀들이 맘에 들어 하는 악기들을 꼼꼼하게 설명하고 만드는 법까지도 보여준다.

에스플러네이드 꼭대기에 올라가 저 멀리 싱가포르의 상징이라는 머라이언 상을 바라본다. 머라이언과 싱가포르 중심가를 배경으로 기념사진도 찍고 에스플러네이드에서 웨딩 촬영하는 예비 신랑·신부들의 행복한 모습도 본다. "와~ 싱가포르 여자들 정말 날씬하다. 웨딩드레스 정말 예쁜데!" 하고 은하가 말하자 "김원희도 싱가포르에서 웨딩 촬영했대요" 하며 태경이 거든다.

싱가포르는 11~1월이 우기다. 주야장천 비가 주룩주룩 내리는 장마와 다르지만, 갑작스레 스콜이 내릴 수도 있으니 우산을 가지고 다니는 게 좋다. 먹구름이 조금 낀 날씨를 보고, 싱가포르를 다녀간 적이 있는 태경이 한마디 한다. "걱정 마세요. 오늘 비 안 와요. 비 오면 제가 싱가포르 슬링 쏠게요." 태경의 말이 끝나기 무섭게 쏟아지는 비를 피해 머라이언 공원 근처 선착장으로 한달음에 달려가 범보트의 편도 티켓을 끊는다. 은하가 "비를 좀 맞긴 했지만 비 올 때 배를 타니까 스릴 있다"며 재미어 한다.

> **Tour Point**
> 에스플러네이드 투어는 매일 45분간 11시, 오후 2시 (주말은 11시)에 진행된다. 인포메이션 센터에서 신청하면 된다. 어른 8SGD, 어린이는 5SGD.
> www.esplanade.com

이리저리 튀는 칠리크랩 껍데기 "맛있는 걸 어떡해"

시끄러운 소리를 내며 싱가포르 강을 달리는 범보트를 타고 클락키에 도착한다. 두 사람이 입 모아 말하기를 식도락 천국인 싱가포르의 대표 음식 '칠리크랩'을 맛보아야 한단다. 클락키 건너편에 매콤달콤한 칠리크랩으로 유명한 '점보식당'에 들어갔지만 주문부터 쉽지 않았다. 칠리크랩은 그램 단위로 계산하며 100그램에 3.30SGD다. 1킬로그램쯤 되는 작은 칠리크랩을 주문했다. 도구를 사용해 서툰 솜씨로 껍데기를 부수니 껍데기가 이리저리 튀고 사람들의 눈길이 몰리는 것 같다. 금강산도 식후경. 구더기 무서워 장 못 담그랴. 주위 시선은 아랑곳하지 않고 '게살'을 맛있게 먹는다. 게 껍질 곳곳에 숨은 살을 기다란 꼬챙이로 쏙쏙 빼먹고, 칠리크랩을 요리한 소스에 구운 빵인 번(bun)을 찍어 먹고, 볶음밥까지 따로 시켜 쓱쓱 비벼 먹었다. 다 먹고 난 뒤 은하가 한마디 했다. "눈물 나게 맛있어."
여기서 한 가지 주의할 점은 식탁에 세팅된 땅콩과 물수건은 사용하면 각각 1SGD 정도 더 받으니까 필요 없으면 처음부터 치워 달라고 부탁한다. 정신없이 칠리크랩에 몰두하고 나서 발품을 팔며 열량을 소비하고 싶다며 오차드 로드로 향한다. 쇼핑을 별로 좋아하지 않는 태경은 어머니가 부탁한 호랑이크림 세 개들이 세트만 샀고, 여행 계획 때부터 쇼핑일정을 틈틈이 끼워넣은 은하는 쇼핑몰 이곳저곳에 들어가 쇼핑을 즐긴다.

Tour Point
점보식당에서 둘이 칠리크랩을 먹은 비용은 약 35SGD(2만 원쯤). 클락키의 점보식당 위치는 리버사이드 포인트 1층
www.jumboseafood.com.sg

리틀 인디아, 그 몽환적 분위기에 빠져~ 빠져~

지도는 여행자에게 힘을 준다. 어딜 가든 항상 몸에 지녀야 할 지도를 호텔에서 쉬는 사이 두고 온 둘은 어설픈 기억력에 의존해 "여행자의 생명은 얼굴에 철판 깔기야"라며, 싱가포르 사람들에

게 물어물어 리틀 인디아로 향한다. "야~ 진짜 인도 분위기 난다." 깨끗한 싱가포르 거리와 달리 이곳은 완전히 다른 세계였다. 여기저기에서 나는 향냄새, 강한 향기를 뿜는 꽃레이스, 화려한 원색부터 다채로운 파스텔 색까지 형형색색의 인도풍 장식품과 인테리어 소품이 즐비하다.

은하가 "우리도 이거 하자"며 어느 상점으로 들어간다. 인도 여인들이 이마 중심에 붙이는 일종의 스티커인 빈디(bindi)를 보고 호들갑을 떤다. 부산떠는 한국 아가씨들이 신기했는지 한 인도 청년이 "빈디는 결혼한 사람들이 붙이는 거예요"라고 말해준다. "졸지에 유부녀 될 뻔했네. 그래도 뭐 어때, 재미로 하는 거지" 하며 빈디를 열심히 골라 사이좋게 나누어 붙인다.

싱가포르 안내 책자에 있는 카레 레스토랑 '바나나리프 아폴로(The Banana Leaf Apolo)'를 끝내 찾지 못하고 간판의 'Banana Leaf'만 보고 들어간 '가야트리 레스토랑(Gayatri Restaurant)'에서 두리번거리며 어떻게 주문해야 할지 난감해하는 그녀들에게 '홍반장' 처럼 나타난 매니저 브루노는 친절하게 메뉴를 하나하나 설명해준다. 게다가 먹는 방법이 낯선 그녀들을 위해 피시헤드 커리의 살을 살뜰하게 발라주기까지 한다.

"앗, 이럴 필요까지는 없는데…." 너무나 친절한 매니저의 극진한 서비스에 무료 메뉴까지 대접받은 참가자들은 배가 불렀지만 끝없이 엄지손가락을 치켜세우며 '열심히', '최선을 다해' 먹었다. "이름을 잘 못 보고 들어갔지만 정말 최고의 대접을 받으니 기분 좋네요. 정말 잘못 들어가길 잘했죠." 태경의 평가다.

Tour Point
가야트리 레스토랑은 매일 오전 11시 30분부터 저녁 10시 30분까지 영업한다.
www.gayatrirestaurant.com

래플즈 호텔의 도어맨과 친구 되다

드디어 올 것이 왔다. 오전에 비가 오면 태경이 사기로 했던 싱가포르 슬링을 맛보러 그 유명한 래플즈 호텔의 롱바로 향한다. 땅콩껍질을 터프하게 부숴 바닥에 그냥 버린다. 칼처럼 규칙과 법을 지키는 싱가포르에서 쓰레기를 아무데나 획획 버리는 것은 색다른 재미다. 싱가포르 슬링에 마가리타에 기분 좋을 정도로 취기가 오르고 밴드 음악 속에 도란도란 이야기를 나누다 보니 어느새 밤 12시다.

래플즈 호텔을 빠져나오다가 싱가포르 안내 책자에 '래플즈 호텔의 명물 도어맨' 이라고 소개된 『아라비안나이트』 주인공 같은 도어맨과도 어느새 친구가 된다. 도어맨은 유독 태경을 귀여워하며 가까운 호커센터에서 오렌지주스라도 함께 마시자고 호의를 표한다. "내가 싱가포르에서는 먹히는 스타일이라니까~"라며 태경이 우쭐해한다. 호텔로 가는 길에 싱가포르의 타이거 맥주를 사들고 마지막 밤을 흥겹게 보낼 채비를 마친다. 만난 지 이틀밖에 되지 않았는데 어쩜 그리도 할 말이 많은지 밤새 이야기꽃을 피우느라 새벽 3시가 돼서야 잠자리에 든다.

Tour Point
래플즈 호텔의 롱바는 일요일부터 목요일까지는 밤 12시 30분까지 운영한다(금, 토는 새벽 1시 30분까지). 싱가포르 슬링 가격은 16.8SGD

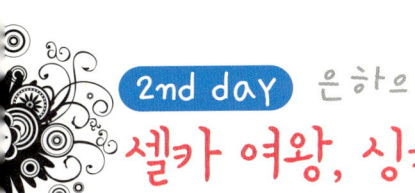

2nd day 은하의 하루
셀카 여왕, 싱가포르에서 '버벅' 대다?

틈만 나면 셀프카메라를 찍어대던 은하가 "분수랑 정원이 정말 좋아요~"라며 센토사와 보타닉 가든은 반드시 가겠다는 계획을 세웠다. 은하의 계획은 과연 성공할까?

Tour Course
위스마아트리아, 타카시마야, 오차르 로드→보타닉가든

AM 10:00 크리스마스와 새해 선물을 싱가포르에서 구입할 계획이다. 위스마아트리아와 타카시마야, 그 밖에 오차드 로드의 이름 모를 소규모 쇼핑몰까지 샅샅이 습격한다.

AM 11:00 타카시마야 쇼핑몰에 대형 키노쿠니야 서점이 있다는 정보를 입수하고 서점을 구석구석 둘러본다. 한국어 서적과 권상우, 세븐, 정우성으로 표지가 장식된 잡지가 한류열풍을 실감나게 해준다. 타카시마야 쇼핑몰에서 우연히 발견한 '싱가포르 국립도서관'은 외국인도 들어갈 수 있을까 걱정했는데 의외로 입장이 쉽다. 싱가포르 사람들은 어떤 책을 읽을지 궁금해서 이곳저곳 둘러보고 음악도 듣는다. 도심 한복판에서 만나는 서점과 도서관은 무척 이색적이다.

AM 01:00 분명 제대로 탄 것 같은데 언제 내려야 할지 몰라 옆자리에 앉은 친절해 보이는 여고생에게 보타닉가든에서 내릴 때 알려달라고 부탁한다. 여고생이 난처해하는 사이 버스에 탄 사람 모두 잘못 탔다며 다른 버스를 타라고 알려준다. 맙소사!

Tour Point
보타닉가든은 무료다. 새벽 5시부터 밤 12시까지 개장하고, MRT(Mass Transit Railway)로 오차드역에서 내려 버스나 택시를 이용한다. 오키드가든 입장료는 5SGD. www.nparks.gov.sg

PM 02:30 맨발로 천천히 풀도 밟아보고 작은 인공폭포랑 예쁜 아기 사진도 찍는다. 이게 얼마만의 여유인가. 싱가포르를 들른 각국의 유명 인사들의 이름을 딴 난을 전시한 VIP 오키드가든에 들어갔다. 마거릿 대처, 엘리자베스 여왕, 부시 대통령 부인 로라 부시와 권양숙 여사의 난까지 난의 예쁜 빛깔과 은은한 향에 취해 떠나기가 싫었다.

PM 03:30   보타닉가든에 입장했지만 센토사는 무리다. 늦은 점심을 먹기 위해 핫도그와 커피를 샀다. 그늘이 드리워진 벤치에 자리 잡고 핫도그를 베어 무니 '꿀맛' 이 따로 없다!

PM 04:30   호텔로 돌아오던 MRT 안에서 발견한, 우리나라에서는 아직 개봉하지 않은 〈무극〉 포스터에 장동건이 있다!

PM 06:00   호커 센터에서 태경과 마지막 저녁을 먹고 공항으로 향한다!

3rd day 태경의 하루
'후카시 홍'의 걷고 또 걷기

카메라를 들이대건 그렇지 않건 간에 항상 무게 잡던 태경의 별명은 잠시 동안이었지만 '후카시 홍' 이었다. 미술에 관심이 많고 건축학과에 진학하려는 수험생이라서 그런지 미술관, 박물관에 유독 관심이 컸다. 걷고 또 걷다 아랍거리에 이르러서는 거의 탈진했다는 태경의 하루를 들여다보자.

Tour Course
아트 뮤지엄→아시아 문명박물관→차이나타운→아랍거리→주롱새공원

AM 10:00 싱가포르 아트 뮤지엄에서 가오싱젠(Gao Xingjian) 전시회가 있다는 소식을 듣고 둘째 날 일정에 넣었는데, 기대가 너무 컸고 사전에 작가 정보를 많이 수집하지 못해서인지 작품이 난해하다. 솔직히 한 작품도 와 닿는 게 없다.

Tour Point
싱가포르 아트 뮤지엄은 9시부터 오후 5시 30분까지 개장하며(수요일은 오후 9시까지) 화요일은 휴무다. 어른 3SGD, 어린이 1.5SGD. MRT 도비갓 역에서 하차

AM 11:30 차이나타운을 지나다 금불상을 만났다. 할머니들이 불상의 배를 더듬는 것을 보고 호기심 많은 나도 따라서 배를 쓰다듬었다. 뒤에 들어보니 불상의 배를 쓰다듬으면 아들을 점지받을 수 있다나!

PM 12:00   아랍거리에서는 정통 이슬람 복식을 차려입은 사람을 많이 볼 수 있다. 싱가포르에서는 가장 크고 오래됐다는 술탄모스크(Sultan Mosque)는 멀리서 봤을 때는 웅장하다는 생각이 먼저 들었는데 가까이에서 보니 '와! 아름답다!' 라는 말이 절로 나온다.

PM 12:30   싱가포르에서는 가장 좋은 시설이나 등급에 '래플즈' 라는 이름을 붙인단다. 래플즈 병원 앞 호커 센터에서 볶음국수와 꼬치구이인 사테 두 꼬치로 점심을 간단히 해결한다.

PM 02:30   지난번에 못 본 싱가포르 명소를 가보고 싶다. 그래서 간 곳이 주롱새 공원이다. 정말 많은 새를 볼 수 있었다. 앵무새한테 말도 시켜 보고, 양팔 가득 새를 올린 채 사진도 찍었다. 내 팔 위에 올라온 앵무새 녀석은 싱가포르에서 산 팔찌를 물어뜯어 조련사에게 꿀밤을 먹었다.

Tour Point
주롱새공원 MRT로 분레이역에서 내려 버스나 택시를 이용한다.
개장 시간 : 09:00~18:00
요금 : 어른 14SGD, 어린이 7SGD
www.birdpark.com.sg

PM 05:00   아시아 문명박물관에서는 싱가포르 발전에 혁혁한 공을 세웠다는 중국계와 말레이계의 혼혈인 페러나칸들의 역사와 문화를 통해 중국의 열정과 화려함과 동시에 뉴 아시아인 싱가포르의 새로운 매력까지도 느낄 수 있었다.

PM 06:00   역시 여행은 밥 힘으로 한다. 돌아다녔더니 허기져서 은하 언니와 호텔에서 만나 정말 많은 음식을 시켜 먹었다.

Tour Point
아시아 문명박물관 입장료 : 어른 8SGD, 어린이 4SGD
개장 시간 : 월 13:00~18:00, 화~일 09:00~18:00, 금 09:00~21:00
www.nhb.gov.sg/acm

내일여행의 추천 일정

1일	오후	차이나타운→리버사이드→보트키
2일	하루	싱가포르박물관→머라이언공원→빅토리아극장→콘서트홀→보트키와 클라키(저녁)→모하메드 술탄로드→래플즈 호텔의 롱바에서 '슬링'을 마시거나 스위쏘텔 스템포드의 에퀴녹스 바에서 칵테일
3일	하루	보타닉가든→오차드로드(쇼핑 및 점심)→싱가포르동물원→나이트 사파리 입구(저녁)→나이트 사파리
4일	오전	리틀인디아 스리 비라마칼리암마 사원→아랍거리→차이나타운→싱가포르 최대 테마파크인 센토사 섬

여행 정보 (2008년 6월 기준)

항공
대한항공과 싱가포르항공, 아시아나항공에서 인천~싱가포르 직항편을 매일 운항한다. 비행시간은 6시간 15분 정도. 시차는 한국보다 1시간 느리다.

날씨
열대성몬순기후, 연중 고온다습, 최고 31도, 최저 29도. 1년 내내 우리나라 여름과 비슷하다. 하지만 실내에 에어컨 시설이 잘되어 있으니 반소매 차림만 하다가는 감기에 걸리기 쉽다. 긴소매나 카디건을 준비해야 한다.

화폐
싱가포르 달러(SGD) 통용. 환율은 1SGD≒750.82원

언어
공용어 영어·중국어·말레이어·타밀어, 대부분 영어 가능

비자
비자 없음

전압
전압 220~240V, 플러그 3핀 방식, 멀티어댑터를 구입할 것

GATE	BOARDING AREA	좌석번호 SEAT
9	**칭다오**	

칭다오의 휴일

오드리 헵번과 그레고리 펙이 로마를 배경으로
〈로마의 휴일〉을 찍었다면
홍선정과 나용이는 〈칭다오의 휴일〉을 찍고 왔다.
영화 주인공 오드리 헵번처럼 잠시 동안 일상 탈출을 꿈꿨던
주인공 홍선정과 남편 나용이는
칭다오에서 로맨틱한 시간을 보냈다.
홍선정, 나용이 주연의
〈칭다오의 휴일〉 막이 오른다!

여행 컨셉트

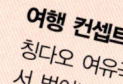

칭다오 여유국에서 제공하는 만찬 1회를 제외한 2박 3일간 모든 일정은 두 사람이 계획했다. 일상에서 벗어나고 싶었다는 두 사람은 로맨틱한 여행을 하고 싶어 여행 내내 데이트 하는 기분으로 즐겼다. 테마 또한 영화 속 연인 컨셉트로!

여행 파트너

홍선정, 나용이 | 홍선정과 나용이는 연인 같아 보이는 부부로 지난해 봄 결혼했다. 오랜 연애시절을 거쳐 결혼한 그들은 얼핏 보기엔 다른 점이 많다. 선정이 사람들과 어울리고 돌아다니는 것을 좋아하는 반면, 용이는 혼자 집에서 게임 등을 하며 시간을 보내길 좋아한다. 어릴 적부터 별명이 '자유부인' 이었던 선정은 지금 하는 일도 엔터테인먼트 마케팅이다. 용이의 직업은 사람들과 부딪치지 않고 작업하는 사이버 트레이더다.

선정과 용이의 여행 가계부

교통비 | 94위안
 버스비 : 60위안, 택시비 : 34위안

식비 | 298위안
 1일 점심 : 70위안, 간식(오징어구이) : 10위안
 2일 점심 : 57위안, 저녁 : 15위안, 간식(요구르트) : 6위안
 3일 점심 : 110위안, 간식 : 30위안

쇼핑비 | 540.7위안
 지포라이터 : 50위안, 라이터 기름 : 15위안, 까르푸 쇼핑 : 106.7위안, 쿠션 : 74위안, 목도리 : 19위안, 공항 면세점 쇼핑 : 276위안

기타비 | 145.2위안

총 여행경비 | 1,077.9위안

 칭다오헤세 상품은 219,000원(2008년 6월 기준)

 ※ 칭다오 실제 여행 시기 : 2006년 11월

1st day
홍선정·나용이 주연, 레디~ 액션!

야근 후 짐을 싸고 새벽같이 공항에 나오느라 거의 잠을 자지 못했다며 토끼눈으로 등장한 선정과 용이 부부. 업무 때문에 여행 준비를 별로 못해 왔다는 선정은 초소형 노트북에 칭다오 관련 각종 자료를 준비하는 성의를 보였다.

Tour Course
5·4광장, 음악광장→칭다오 시내 구경→발마사지→까르푸 쇼핑

기자들과 남편이 잠시 졸음에 빠진 사이, 비행기에서 열심히 노트북 속 자료를 뒤적거리며 여행 준비를 하는 선정. 한 시간이 조금 지났을까? 중국 땅 칭다오에 도착했다. "와, 칭다오 정말 가깝네!"

선정의 중국어 솜씨 덕분에 무사히 버스표를 사서 호텔이 있는 시내 도착. 선정은 "이제 정말 중국에 왔다는 게 실감나네요. 여기 있는 동안은 아무것도 생각지 않고 오로지 우리 둘만 생각하며 마음껏 즐길래요" 한다.

무슨 구경거리가 있기에

호텔에서 짐을 풀고 밖으로 나온 선정과 용이가 "칭다오에 왔으니 5·4광장과 해변을 먼저 가봐야겠지"라며 걸어서 5·4광장 쪽으로 향한다. 둘은 탁 트인 바다와 광장, 현대적

(왼쪽) 낚시광인 용이, 중국 아저씨의 배려로 낚싯대를 던져 본다. (가운데) 5·4광장 바로 옆 음악광장 조각상 옆에서 장난치는 선정과 그를 사랑스럽게 쳐다보는 용이. (오른쪽) "와, 이런 연이 다 있네! 나도 날려 보고 싶다!"

인 건물과 유럽풍 건물이 어우러진 풍경을 보며 "와~" 하고 탄성을 내뱉는다.

해변 산책로 한쪽에 사람들이 대거 몰린 것을 본 선정과 용이는 "저기 구경거리 있나 봐. 가보자"라며 그쪽으로 향한다. 사람들 틈으로 고개를 내밀고 아무리 쳐다봐도 보이는 거라곤 한 낚시꾼이 잡아 올린 물고기 몇 마리가 전부다. "겨우 이것 때문에 이렇게 많은 사람이 몰려 있는 거야? 진짜 희한하다."

얼마를 또 걸었을까? 또 한 무리 사람들이 모여 있다. 역시 무슨 볼거리가 있나 하고 달려간 선정과 용이. 이번에는 한 강사가 애들 2~3명에게 인라인스케이트를 가르치고 있다. "인라인스케이트가 중국에서 아직 보편화되지 않아서 그런 건가? 아니면 인구가 많아서 모이면 이 정도인 건가?"

이후 사람들이 웅성웅성 모인 곳으로 한두 차례 더 달려간 선정과 용이는 그때마다 특별한 구경거리가 아님을 알게 된다. "이제는 사람들이 모여 있어도 웬만해선 달려가지 않을 것 같아요. 그냥 지나가다 한번 슬쩍 쳐다볼 정도랄까? 어느새 중국에 적응한 거죠."

용이, 낚시와 연날리기에 마음을 빼앗기다

광장 해변 산책로 쪽으로는 낚시꾼들이 줄줄이 앉아 세월을 낚고 있고, 다른 한쪽에서는 오색빛깔 찬란한 갖가지 연들이 하늘을 장식하고 있다. 낚시광이라는 용이는 "이럴 줄 알았으면 낚싯대 갖고 올걸" 하며 강태공들 옆에서 부러움을 토로한다. "어, 이 낚싯대는 특이하네. 어떻게 되는 거지"라며 호기심 가득한 눈으로 쳐다보는 용이가 안쓰러웠는지 낚시하던 중국인 아저씨가 낚싯대를 건네주며 한번 던져보라고 한다. "정말요?" 하며 좋아하는 용이는 낚싯대를 바다로 던지고는 짧지만 낯선 칭다오에서의 새로운 경험을 즐긴다. 그리고 또 용이의 마음을 사로잡은 것이 있으니 바로 하늘을 수놓은 각양각색의 연이다. 한국 전통 연과는 사뭇 다른 연들은 '휘리릭~ 휘리릭~' 바람을 가르며 창공을 날고 있었다. 멋진 솜씨로 연을 날리는 사람들을 본 용이는 "우리도 연 하나 사서 날려볼까?" 한다.

연을 파는 장사꾼들과 한참 흥정을 벌인 뒤 선정과 용이는 "아무래도 나중에 다시 사용하기도 어려울 것 같고 가져가기도 힘들 것 같아. 차라리 다음에 제대로 된 연을 사자"는 결론에 도달한다.

마사지 가게 찾아 삼만리~

칭다오 시내를 둘러본 후 맛있는 식사까지 마친 선정이 "마사지 받으러 가자"며 남편을 조른다. "그동안 바쁜 나날을 보냈기 때문에 이번 여행에서는 맛있는 음식 많이 먹고 제가 좋아하는 중국 마사지도 받으며 여유롭게 보내고 싶어요"라며 말이다. 그때부터 마사지 가게 찾기 순례가 시작됐다. 번듯한 회사 건물들만 가득한 도심에서 마사지 가게 찾기는 생각만큼 쉽지 않았다.

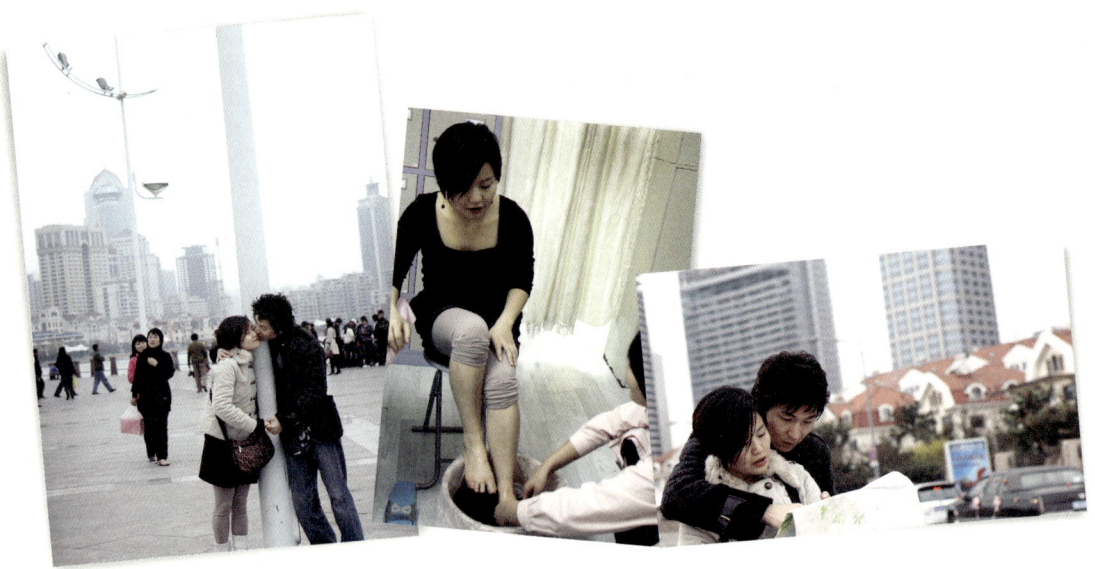

(왼쪽) 우리 영화 주인공 같지 않나요?
(가운데) 얼마나 기다렸던 순간인가? 오랜 방황(?) 끝에 발마사지 가게를 찾아낸 선정은 그저 행복하기만 하다.
(오른쪽) 길거리에서 산 칭다오 지도를 자세히 살펴보는 두 사람

그러다 떠오른 아이디어, '대형 쇼핑몰인 저스코(JUSCO)에는 마사지 가게 하나쯤 있을 것'이란 생각. 그렇게 선정, 용이 커플과 기자들은 당당하게 저스코로 찾아갔다. 하지만 의사소통이 쉽지 않은 그 안에서 발마사지 가게를 찾기는 말처럼 쉬운 일이 아니었다. 그나마 중국어가 가능한 선정이 가게 점원에게 발마사지 가게가 어디 있냐고 묻자 2층에 있단다. 점원의 설명대로 찾아간 선정과 용이. 하지만 그들을 맞이한 건 발마사지 가게가 아니라 발마사지 기계를 파는 코너였다.

발마사지를 받을 수 있다고 기대했다가 실망한 선정과 용이는 힘이 쭉 빠진 채 저스코를 나왔다. 하지만 '진정으로 원하면 이뤄진다'고 하지 않았던가. 저스코 정문을 돌아 나오는데 다른 입구 쪽으로 발마사지 간판이 보인다. 선정과 용이는 "아자!" 쾌재를 부르며 거의 달음박질하듯 계단을 뛰어오른다.

발마사지를 받고자 나선 지 한 시간 만에 찾아낸 가게 앞, 선정의 얼굴에는 환한 미소가 감돌고 그런 아내를 본 용이의 얼굴에도 즐거움이 가득하다. 좁은 가게를 점령한 한국인 4명. 선정의 통역으로 각자 원하는 부위를 얘기하고 자리를 잡는다. 한 시간은 순식간에 지나가고 모두 만족스런 표정으로 마사지 가게를 나선다.

선정은 "어렵게 찾았지만 관광객들이 아니라 칭다오 일반 시민들이 찾아오는 곳인 만큼 가격도 싸고 마사지 질도 좋아 만족스러워. 자기야~ 우리 또 오자"라며 좋아한다. 이에 용이는 "그동안 힘들었는데 내일은 와서 전신 마사지 받아"라며 아내를 챙긴다.

마사지도 받고 기분 좋게 하루 일과를 마친 선정과 용이의 마지막 코스는 호텔 앞에 자리한 까르푸. 칭다오 사람들은 어떤 물건을 쓰고 어떤 음식

루쉰공원에서 모처럼 둘만의 조용한 시간을 갖는 두 사람, 바라보기만 해도 그저 행복하다.

들을 먹으며 사는지 그들의 일상을 들여다보고 필요한 물건이 있으면 구입하려고 까르푸를 찾았다. 식품 코너를 돌던 선정은 "자료에서 봤던 대로 중국 까르푸에는 별별 식재료가 다 있네"라며 재미있다는 반응이다. 박물관 둘러보듯 까르푸를 둘러보던 선정과 용이의 장바구니에 물건이 하나 둘 쌓인다. 누구한테 선물할 이과두주, 누구한테 줄 철관음 차, 남편이 쓸 면도기…. 두 손 가득 물건을 들고 까르푸를 나선다.

2nd day
로맨틱 홀리데이

고기를 잡으러 루쉰공원으로 갈까요~

Tour Course
루쉰공원→중산로→잔교→태동거리→클럽 뉴욕

칭다오에서 눈뜨는 첫 번째 아침, 오늘의 첫 목적지는 문학자이자 사상가 루쉰의 이름을 딴 루쉰공원(魯迅公園, 루쉰 꽁위엔)이다. 입장료를 내고 공원으로 들어서던 선정과 용이는 입구에 있는 인상적인 루쉰의 동상을 보고는 발걸음을 멈춘다.

어제만 해도 카메라 앞에서 쑥스러워하던 용이는 동상의 재미난 표정을 따라하며 "여보, 어때? 나 똑같지? 얼른 사진 찍어 줘!"라며 선정을 재촉한다. 재미난 기념사진을 한 장 남긴 용이는 "우리 그동안 바빠서 제대로 산책도 못했는데 오늘 손잡고 여유롭게 산책이나 즐겨보자"라며 다정하게 아내 선정의 손을 잡는다.

하지만 그 순간 다시 용이의 눈을 사로잡은 게 있었으니 바로 간이매점 앞에 쭈르륵 놓인 작은 양동이와 뜰채. 어제 못다한 낚시에 미련이 있던 용이, "여보, 이거 빌려서 물고기 잡을 수 있는 거 아냐? 아줌마한테 얼마인지 한번 물어봐 주라" 한다. 아줌마와 대화를 나눈 선정이 "빌려주지는 않고 사야 한다는데…. 사고 싶어?" 하자 용이는 말 없이 고개만 끄덕인다. "하나만 사주라~" 남편의 애교 섞인 부탁에 선정은 지갑을 열고 분홍색 들통과 뜰채를 사준다.

들통과 뜰채를 손에 든 용이, 아이처럼 신나서 바닷가로 달려간다. 선정이 "바닷가라서 공원 분위기가 참 색다르네요. 공원 바로 앞에 이렇게 검붉은 암석들과 바다가 펼쳐져 있는 풍경이 참 인상적이에요"라며 기자들과 함께 얘기를 나누고 있는 순간 저 멀리서 "빨리 와봐! 나 고기 잡았어"라고 외치는 용이의 목소리가 들린다.

큰 소년, 어린 소년들을 만나다

(위) 뜰채와 들통을 들고 물고기 잡기에 신이 난 선정과 용이
(아래) 이 고기를 좀 보세요, 근데 제가 잡은 건 아니고 중국 꼬마아이들 솜씨랍니다.

뜰채에 송사리 같은 물고기를 잡아놓고 '좋아' 하는 용이의 모습이 영락없이 천진난만한 개구쟁이 소년 같다. 남편이 잡은 물고기를 본 선정도 "어, 진짜네!"라며 함께 좋아한다. 물고기 잡기에 재미가 붙은 선정과 용이는 분홍색 들통을 들고 여기저기 옮겨 다니며 본격적으로 낚시를 즐긴다.

선정과 용이 근처에서는 중국 소년들이 거의 선수급에 가까운 물고기 낚기 기술을 선보인다. 소년들이 있는 쪽으로 가만히 다가간 선정과 용이, 한 소년의 솜씨에 박수를 보낸다. 소년은 유치하다는 듯 뜰채 같은 것은 사용하지도 않은 채 직접 만든 작은 갈고리로 낚시 솜씨를 뽐낸다. 먼저 바위에 붙은 굴을 캐내 그걸 고리에 걸고 미끼로 이용하며 물고기를 낚아 올리는 소년의 모습에 "우와~" 탄성이 절로 터져나온다.

쑥스러운 듯 물고기 잡기에만 집중하던 소년에게 선정이 "이름이 뭐니?"라고 물어보니 고개도 들지 않은 채 이름을 얘기하는 소년. 이름을 따라하는 낯선 한국인들의 발음이 틀렸는지 몇 번이고 다시 본인의 이름을 천천히 가르쳐주더니 중국어로 "당신들 어디서 왔소?"라고 묻는다. 얼굴은 어린아이인데 말투나 목소리는 아저씨 같은 소년의 모습에 선정과 용이가 웃음을 짓는다.

한국에 갖고 가라며 물고기를 잡아 선정과 용이네 들통에 넣어주는 소년들과 즐거운 한때를 보낸 둘은 아쉬움을 뒤로하고 루쉰공원을 떠난다. 조금 전 샀던 뜰채와 들통을 선물하자 좋아하는 소년들, 몇 번씩이나 손을 흔들며 잘 가라고 인사한다.

큐티 부부, 중산로에 서다

루쉰공원을 다정하게 거닐며 산책을 즐긴 선정과 용이, "배가 좀 고픈데…"라며 다음 목적지로 꼽은 곳은 칭다오 번화가인 중산로(中山路, 중산루). 한적한 해안가 도로를 따라 걷던 선정은 "칭다오는 제가 전에 가봤던 중국 다른 곳들과는 정말 분위기가 달라요" 한다. "거리도 현대적이고 이국적이고 자전거도 거의 볼 수 없고…."

높은 건물과 상가가 줄지어 있는 중산로에 도착하자 또 다른 분위기가 펼쳐진다. 점심 먹을 장소를 물색 중이던 선정과 용이에게 먼저 눈에 띈 곳은 현대적인 느낌의 선물가게. 창가에 크게 진열돼 있던 마시마로 인형에 호기심을 느껴 들어간 그곳에서 부부는 각자 관심 분야를 향해 흩어진다. 용이는 라이터 진열장 앞에 멈춰 섰고 선정은 귀여운 인형들 앞에 선다. 10여 분이 흐른 후 커다란 봉지를 손에 들고 나온 그들. 선정은 남편과 함께 쓸 커플 쿠션을, 용이는 어제 산 라이터에 넣을 기름을 샀단다.

중산로에서 눈길을 사로잡는 것은 바로 거리에 가득한 간식거리. 중산로에 있는 노점들만 보더라도 중국인이 어떤 간식거리를 먹으며 사는지 알 수 있다. 노점 구경에 신난 선정과 용이. "근데 저 초록색은 뭐지?"라며 한 노점상 근처로 다가간다. "형태는 무인데 무를 그냥 과일 먹듯 간식으로 먹는 건가?" 호기심이 발동한 선정, 노점상이 맛보기로 내어준 조각을 입에 넣고 씹더니 "무 맛네!" 하며 신기해한다. 용이도 한 조각 베어 물더니 "정말 무네! 달다" 한다.

파인애플, 군고구마, 어묵 등 많은 노점 음식을 구경하던 용이, 갑자기 선정에게 "여보, 10위안(한화 1,294원)만~"을 외친다. "10위안만"이라고 조르는 용이의 모습이 엄마에게 '100원만' 이라고 조르는 아이처럼 귀엽다.

"10위안은 왜?"라고 묻자 "나도 직접 돈 쓰는 기분 좀 느껴보게" 하는 용이. 선정이 웃으며 10위안을 건네주자 용이는 10위안을 지갑에 고이 넣어두며 "먹고 싶은 거나 갖고 싶은 거 있으면 다 얘기해. 내가 다 사 줄게!" 한다. 선정이 웃으며 "돈 있으니깐 그렇게 좋아?"라고 묻자 용이는 활짝 웃으며 "당연하지!" 한다. 호시탐탐 지갑을 만지작거리며 돈 쓸 기회를 노리던 용이, 요구르트 아줌마를 발견하고는 뽀르르 달려가더니 큰 요구르트 네 개를 사 온다. "자, 당신도 하나, 기자님들도 하나씩! 제가 한 턱 내는 겁니다. 하하하!"

잔교를 배경으로 영화처럼~

중산로에서 배를 든든하게 채운 선정과 용이. 중산로를 죽 걸어 내려와 칭다오 상징으로 손꼽히는 잔교(棧橋, 잔치아오)로 향한다. 잔교를 가득 메운 인파를 본 선정, "사람들이 다 어디 있나 했더니 여기 모여 있네!" 한다.

나들이 나온 많은 중국인과 관광객, 그들을 상대로 물건을 파는 노점상이 어우러져 시끌벅적한 풍경을 만들어낸다. 아름다운 풍경을 자랑하는 명소인 만큼 곳곳에 기념사진을 찍어주는 가판대들이 줄지어 서 있다. "그럼, 우리도 여기서 멋진 기념사진 한 장 남겨야겠다"며 선정과 용이, 애처로운 눈빛으로 사진기자를 쳐다본다. "알았어요, 알았어. 대신 멋진 포즈나 취해보세요"라는 사진기자의 요청에 '사진 찍는 게 영 어색하다'고만 했던 우리의 선정, 용이 부부, 요렇게 조렇게 다양한 포즈를 취해본다.

커다란 카메라에 모델처럼 특별한 포즈를 취하는 한국인들의 모습이 재미나 보였는지 구경 좋아하는 중국 사람들이 하나 둘 몰려들기 시작한다. 얼굴이 빨갛게 달아오른 용이는 "빨리 찍어주세요. 사람들이 너무 쳐다봐서 쑥스럽네요" 하면서도 싫지 않은 내색이다.

불빛 번쩍, 볼거리 반짝 '태동거리'

우리 팀 가이드 역할을 하던 선정, 지도를 들여다보더니 "다음 목적지는 중국의 명동으로 불리는 태동(台, 타이둥)입니다" 한다. "자, 출발!" 이라는 씩씩한 선정의 외침에 모두 줄줄이 뒤따른다. 택시를 타고 이국적인 칭다오 풍경을 즐기며 마침내 번화가인 태동에 도착한다.

보행자 전용 거리에 들어선 선정과 용이 "정말 명동 같다"며 신기해한다. 화려한 조명이 불을 밝히며 불야성인 거리에서 선정과 용이는 구경하느라 신났다. "자기야, 이거 봐." 선정이 손으로 가리킨 곳에는 돈을 내고 몸무게와 키를 재는 기계가 있다. 마침 젊은 여성이 돈을 내고 몸무게와 키를 재고 있다. 수많은 인파로 가득한 번화가 한복판에서 커다란 글자로 몸무게와 키

(위) 잔교에서 둘만의 재미난 얘기에 빠져 있다.
(가운데) "택시~" 사람들이 많이 몰리는 태동에서는 택시 잡기도 만만치 않다.
(아래) 중국의 명동이라 불리는 태동거리

가 공개되는 모습을 보면서 선정은 "우리나라와 정말 다르네. 이런 대중적인 장소에서 여자들에게 '돈을 주면서' 몸무게와 키를 공개하라고 해도 안 할 텐데, 여기서는 '돈을 내고' 몸무게랑 키를 재네. 정말 특이하다"라며 재미있어 한다.

선정, 쇼핑에 눈이 멀어 남편을 잃어버리다

선정과 용이, 기자들은 함께 야시장처럼 다양한 물건을 파는 태동 거리를 정신없이 구경하며 돌아다녔다. 그러다 '15~20위안'이란 푯말과 함께 예쁜 목도리가 쌓인 노점을 발견한 일행은 인파를 헤치며 어느새 노점 앞에 자리를 잡고 누가 먼저라고 할 것도 없이 목도리를 고르기 시작한다. 여자 셋이서 서로 '어머, 정말 싸고 예쁘다', '참 잘 어울린다' 며 목도리 쇼핑 삼매경에 빠졌다. 사진기자는 떡하니 목도리를 두른 채 쇼핑에 매진했고 모두들 꽃이 달린 예쁜 목도리를 하나씩 손에 들었다.

가격도 깎고 예쁜 목도리를 싼값에 구입한 세 여자, 함박웃음을 지으며 노점을 빠져나오는데, 이런 선정의 남편이 없어졌다. 세 여자는 걱정과 함께 거리를 헤맨다. '인파로 가득한 거리에서 어떻게 사람을 찾지?' 라며 걱정하는 순간 계단 난간에 앉아 있는 한 남자를 발견한다. 선정이 "자기야!" 하자, 용이는 "목도리에 눈이 멀어 남편도 버리고 말이야"라며 장난 섞인 타박을 한다. "걸어 나오는데 같이 오던 사람들이 없어져 찾아보니 세 여자가 목도리 노점에서 정신없더군. '언제쯤 나를 찾나보자' 하고 있었는데 결국 셋 다 목도리 쇼핑을 끝내고 나서야 나를 찾더군. 에구, 목도리보다도 못한 내 팔자야!"라며 선정과 기자들을 놀려댄다. 그러더니 "근데, 기자들은 보니깐 두 개씩 사던데 우리 마누라는 왜 하나밖에 못 샀어? 기자들이 예쁜 거 먼저 다 뺏은 거 아냐?"라며 어느새 아내 편을 들고 나선다. 역시 그들은 대단한 커플이다.

칭다오 밤의 열기

저녁을 먹고 화사한 옷으로 갈아입은 선정과 용이가 칭다오의 나이트라이프를 느끼러 밤거리로 나선다. '어디로 갈까!' 헤매던 부부가 멋진 라이브 음악에 홀려 선택한 곳은 칭다오에서도 유명한 '클럽 뉴욕이다.' 다국적 밴드의 화려한 음악이 펼쳐지고 세계 각국 인종이 섞인 이곳은 칭다오 속 별천지다.

칭다오 맥주 한잔과 밴드의 신나는 음악에 몸이 절로 리듬을 탄다. 사실 선정은 최근 동호회에서 살사를 열심히 연습하는 중이라고 했다. 살사 솜씨를 보여 달라는 기자들의 요청에 "아직 무대에서 선보일 정도가 아니에요. 더 연습해서 다음 기회에 보여드릴게요" 한다. 선정은 춤을 열심히 연마한 후 외국을 여행할 기회가 있을 때 멋지게 춤 솜씨를 선보이고 싶다고 살짝 귀띔한다.

(위) '클럽 뉴욕'에서 쑥스러운 듯 리듬을 타는 두 사람
(아래) 중국인도, 외국인도 많이 찾는 '클럽 뉴욕' 분위기

선정과 기자들의 손에 이끌려 무대로 나온 용이 "난 진짜 춤 안 추는데…. 오늘은 아주 특별한 경우예요" 한다. 선정도 "우리 남편 춤추는 거 저도 거의 못 봤는데 오늘은 정말 특별한 거예요" 한다. 그렇게 칭다오 맥주에 취해, 음악에 취해, 분위기에 취해 칭다오 밤의 열기는 뜨겁게 달아오른다.

Tour Point

중산로는 번화가인 만큼 다양한 먹을거리를 만나볼 수 있다.

칭다오 명물 오징어 꼬치구이 : 바닷가와 인접한 칭다오에서 인기 간식거리는 물오징어를 긴 꼬챙이에 끼워 양념장을 발라가며 구워내는 오징어구이(카오요위). 중산로 외 여러 곳에서 만나볼 수 있지만 사람들이 많이 찾는 곳은 바로 '왕저소고' 중산로 지하상가 입구 근처에 있어 눈에 잘 띈다. 오징어 꼬치는 8~12위안. 그밖에 양고기 구이 등도 판다.

군고구마 : 호박고구마처럼 속이 노랗고 손에 끈적끈적 달라붙을 정도로 달다. 칭다오에서는 아직도 저울에 달아 판매하는 경우가 많은데 중간 크기 고구마가 2.50위안.

'무'를 사시오 : 거리에서 간식거리로 파는 무가 인상적이다. 우리 무와 달리 온통 초록빛이 감도는 녀석들의 정체는 무가 분명하다. 달고 상큼한 맛이 생각보다 간식거리로 괜찮다.

달달한 파인애플과 사탕수수 : 파인애플과 사탕수수도 거리에서 깎아서 간식거리로 판다.

3rd day
같은 듯 다른 느낌

같은 공간, 다른 시간

어느새 칭다오에서의 마지막 날. 선정도 용이도 아쉬운 표정이다. "칭다오에 정말 오래 있었던 것처럼 친근한 느낌인데 시간이 빨리 지나갔어요. 2박 3일이 아니라 오랫동안 칭다오에 있었던 것 같은데…. 벌써 떠나야 한다니 아쉽네요. 아직 보고 싶은 곳도, 하고 싶은 일도 많은데 말이에요."

Tour Course
5·4광장→평양관

얼마 남지 않은 짧은 시간에 다녀올 곳을 물색하던 그들은 처음과 마지막을 5·4광장에서 장식하기로 한다. 선정은 "여행 때 같은 곳을 두 번씩 가기도 해요. 같은 공간이지만 시간 차이에 따라 그 느낌이 참 다르거든요" 한다.

"사랑해." "나도~." 광장 '오월의 바람'을 배경으로 행복에 젖은 선정과 용이

첫날 낯설고 어색하던 5·4광장 공간이 이제는 두 사람에게 편안하고 친숙해졌다. 만 이틀도 안 되는 시간에 형성된 친숙함치고는 참으로 짙은 감정이다. 선정과 용이가 5·4광장을 찾은 첫날은 햇볕이 보이던 토요일 오후였고 오늘은 안개가 잔뜩 낀 월요일 낮이다. 그런 이유에서도 5·4광장의 전체적인 분위기가 참 다르다.

첫날의 설레고 방방 뜨는 기분 대신, 마지막 날은 차분함이 감돈다. 두 사람은 첫날과 마찬가지로 다정하게 거닐면서 여행을 정리하고 앞으로의 생활을 계획한다. "아쉬움이 남아야 다음에 다시 오고 싶다는 욕심이 생기죠. 그래서 어느 정도 아쉬움을 안고 가려고요."

여행 정말 즐거웠지? 다음에 꼭 다시 오자~

칭다오에서의 마지막 만찬

선정이 칭다오에서 꼭 가보고 싶은 식당으로 손꼽은 곳은 평양관. 호텔에서 멀지 않은 미식거리 운소로(云路, 윈시야오루)에 있어 쉽게 찾을 수 있다. "어서 오시라요"라는 북한 '접대원 동무'들의 환영을 받으며 들어선 평양관. 기분이 묘하다. 맛있는 요리를 추천해달라는 선정의 말에 접대원 동무가 "다 맛있지요. 하지만 그중에도 신선로가 맛있습니다"라고 한다.

신선로와 함께 선정이 그토록 먹고 싶어 하던 냉면과 만두를 추가한다. 곧이어 신선로에 백김치, 오징어볶음 등 갖가지 곁들이 음식이 나오자 모두 입이 떡 벌어진다. 맛 또한 일품이었으니 신선로는 물론 만두, 녹두전, 냉면까지 하나같이 맛깔스럽다. 냉면에 식초와 겨자 간을 해주던 접대원 동무가 "우리 북에서는 냉면 같은 긴 면은 장수를 의미하기 때문에

절대 잘라 먹지 않습니다" 한다. 그 말에 북한식으로 자르지 않고 냉면을 맛본 선정과 용이는 "면발이 질기지 않아 굳이 가위로 자를 필요가 없네" 한다. 냉면을 무척이나 좋아한다는 선정은 평양냉면은 먹어 본 적이 없는데 맛있다며 돌아가면 또 먹고 싶을 것 같다고 아쉬워한다.

"조심히 가시고 다음에 또 오시라요"라는 정감 섞인 접대원 동무들의 인사에 선정과 용이는 괜히 가슴이 찡하다.

평양관 냉면

(왼쪽) 평양관에서 북한접대원 동무가 맛깔스럽게 노래 한 자락을 하고 있다.
(가운데) 평양관 신선로
(오른쪽) 평양관 만두

선정과 용이의 '냠냠쩝쩝' 맛있는 여행

(★맛과 분위기는 별표가 많을수록 좋다는 뜻이며, 가격은 별표가 많을수록 가격이 높고 별표가 적을수록 가격이 낮다는 뜻임. 단, 이 평가는 선정과 용이의 100% 주관적 견해임)

깔끔한 분위기에 깔끔한 음식을 원할 때 – 벨라지오(BELLAGIO),

선정과 용이가 칭다오에서 처음으로 찾아간 음식점. 인터넷 자료나 가이드북에서 확인한 곳이 아니라 5·4광장에서 만난 한국인 아저씨가 추천한 곳이다. 깔끔한 인테리어가 돋보이는 벨라지오는 여느 중국 음식점들과는 분위기가 많이 다르다. 내부를 둘러본 선정과 용이 "분위기나 가격대로 봤을 때 압구정동에 있는 카페 같은데…"라며 나름대로 평가를 내린다.

타이완 음식을 선보이는 벨라지오는 칭다오는 물론, 베이징, 상하이, 광저우 등 여러 곳에 체인점을 둔 유명한 곳이다. 음식이 깔끔하며 특히 디저트가 훌륭한데 타이완의 다양한 빙(氷, 빵–한국 빙수와 비슷) 요리들을 맛볼 수 있다. 선정과 용이가 주문한 요리는 멕시코 요리 화이타처럼 얇은 밀가루 빵에 싸 먹는 자장 고기볶음(33위안)과 파인애플 새우 요리(48위안), 망고 팬케이크(10위안) 등

맛 ★★★★☆ | 가격 ★★★☆☆ | 분위기 ★★★★☆

한마디! : "일반 중국 음식점과는 분위기가 사뭇 달랐어요. 분위기도, 음식도 깔끔하고 맛도 좋아 정말 만족스러웠어요. 특히 특이한 디저트가 많은데 다음에 오면 꼭 빵 요리를 먹고 싶어요."
위치 : 5·4광장 건너편으로 큰 음식점인 청도채관이 보이는데 그 건물 1층에 벨라지오가 있다.
문의 : 8387–0877, www.bellagiocafe.com.cn

간편하게 훠궈를 즐기고 싶을 때 – 회전화과, 후이주안훠궈

중산로에서 회전 초밥집을 떠올리게 하는 독특한 느낌의 화과(火鍋, 훠궈) 요리전문점을 발견한 선정과 용이 "한 번 들어가 볼까?"라며 과감히 발을 내딛는다. 중국 쓰촨식 샤브샤브인 훠궈를 전문으로 하는 이 가게에서는 먹는 동안 계속 따뜻하게 데우는 개인용 냄비에 육수를 담아주고 안에 들어갈 내용물은 회전초밥집처럼 접시 색깔별로 가격을 매겨 본인의 취향대로 골라 먹을 수 있다. 기본으로 육수(3위안)와 소스(2위안)가 놓이는데 소스는 원치 않으면 미리 얘기하면 된다. 상추, 배추 등 채소류가 담긴 노란색 접시는 2위안, 목이버섯, 메추리알, 선지 등이 담긴 빨간색 접시는 5위안, 조개류와 버섯류가 담긴 검정색 접시는 8위안, 각종 해산물이 담긴 흰색 접시는 10위안, 초록색과 파란색 접시는 15위안이다. 석쇠에 구워 나오는 양념된 빵은 개당 1위안, 새우구이는 2위안

맛 ★★★☆☆
가격 ★★★☆☆
분위기 ★★☆☆☆

한마디! : "가격도 비싸지 않고 본인이 원하는 것만 골라 먹을 수 있어 좋았어요. 특히 칭다오 주변에 바다가 있어 신선한 해산물을 저렴한 가격에 이용할 수 있어 좋았답니다. 살아 있는 신선한 가리비의 탱탱한 맛은 잊을 수 없답니다. 육수는 매운맛과 맵지 않은 맛이 있으므로 둘이 함께 간다면 하나씩 시켜 나눠 먹는 것도 좋죠. 단, 한국인들은 소스를 혼자 다 먹지 못하는 경우가 많으므로 둘이서 하나만 시켜도 된답니다."

위치 : 잔교를 등지고 중산로를 걷다가 왼쪽으로 첫 번째 나타나는 맥도널드를 끼고 돌면 비성로(肥城路)가 나오는데 길 오른쪽에 회전화과가 있다.

문의 : 8296-5346

제대로 중국 음식을 맛보고 싶을 때 – 회천왕조호텔(Huiquan Dynasty Hotel)

칭다오여유국의 초대를 받아 간 회천왕조호텔 중식당. 칭다오여유국에서 선정과 용이, 기자들을 저녁식사에 초대했다. 한 상 가득 차려진 음식에 놀라고 그 맛에 또 놀랐다. 생선요리와 전복, 새우 등 각종 해산물은 물론 대추로 만든 디저트까지, 모두 중국 음식에 감동할 수밖에 없었다. 특히 이곳에서 맛본 오이주스와 독주인 랑야타이 맛에 흠뻑 빠져들었다. 전망 좋은 별도 객실에서 여유롭게 식사를 즐기며 담소를 나눌 수 있어 좋다.

맛 ★★★★★
가격 ★★★★★
분위기 ★★★★★

한마디! : "그냥 우리 둘이 여행왔더라면 이런 곳에서 이런 식사를 해보지 못했을 거예요. 가격도 비싸겠지만 우리끼리였다면 어떤 음식을 주문해야 할지 몰랐겠죠. 중국 음식은 기름지다 생각했는데 이곳에서 먹은 음식은 하나같이 우리 입맛에 딱 맞아서 놀랐답니다. 양이 많아 음식을 남기고 나올 때 어찌나 아깝던지…. 한번쯤 분위기 내며 맛난 음식을 먹고 싶을 때 추천할 만한 곳입니다."

위치 : 제1해수욕장 맞은편에 있다.
문의 : 8287-1122, www.hqdynastyhotel.com(사이트 내 한국어 서비스 제공)

싸고 간편한 음식을 원할 때 – 황성육협막, 황청로우지아모

중산로에 있는 중국 일반 음식점. 칭다오 일반 시민들이 가볍게 많이 이용하는 곳이다. 간단한 면요리 등 한 끼 식사로 충분한 다양한 메뉴가 준비돼 있다. 중산로를 둘러보다 저렴하고 간편하게 식사를 즐길 수 있어 좋다. 바로 옆에 위치한 '왕저소고(王姐燒, 왕제샤오카오)' 에서 꼬치구이를 사다 같이 먹어도 된다. 간단한 면요리는 5~8위안. 이 가게 바로 옆 만두가게에서 파는 포자(包子, 빠오즈) 역시 저렴하고 맛있다. 가격은 1판에 3위안

맛 ★★★☆☆
가격 ★☆☆☆☆
분위기 ★★☆☆☆

한마디! : "여행 중 간편하게 식사를 즐길 수 있는 곳이에요. 칭다오 시민들과 어울려 그들의 분위기를 느껴볼 수 있어 좋습니다. 여행 중 시간적 여유가 별로 없을 때 저렴한 가격에 맛있게 배를 채울 수 있는 곳입니다. 가격 부담이 없어 다양한 종류의 음식을 함께 주문해 먹을 수 있어 좋답니다."
위치 : 중산로 지하상가 옆에 있다.

한국 맛이 그리울 때 - 평양관

제대로 된 북한 음식을 맛볼 수 있는 평양관은 칭다오 이촌(李村)에 본점이 있고 운소로에 분점이 있다. 2~3인용 평양종합요리에는 전복, 해물전, 낙지볶음, 소꼬리찜 등 열 가지 주 메뉴가 나오며 가격은 300위안이다. 단품 요리로는 평양신선로가 150위안인데, 오징어볶음과 평양통김치 등이 함께 나온다. 녹두전은 10위안, 만두 20위안. 특히 평양통김치와 백김치 맛이 일품이다. 점심(1시)과 저녁(7시 30분) 때는 접대원 동무들의 신나는 공연이 펼쳐진다.

맛 ★★★★☆
가격 ★★★☆☆
분위기 ★★★★☆

한마디! : "북한 사람들과 바로 앞에서 얘기를 나누고 그 음식을 맛본다는 게 정말 특별한 경험이었어요. 특히 중국 음식에 지쳐 김치가 그리워질 때 이곳을 찾으면 김치 맛에 감동합니다. 냉면이나 만두를 좋아하면 꼭 한 번 들러 보라고 권하고 싶네요. 지금도 그 냉면 맛을 잊을 수 없답니다."
위치 : 선정과 용이가 방문한 분점은 미식거리인 운소로에 있다.
문의 : 이촌 본점 8789-5597/5785, 운소로 분점 8575-6498

내일여행의 추천 일정

1일	하루	잔교→중산로→천주교회당→독일총독부 옛터
2일	하루	5·4 광장(우쓰꽝창)→소청도→루쉰공원→제1해수욕장→소어산공원→타이둥 보행거리→맥주거리→칭다오맥주박물관
3일	하루	중산공원→팔대관별장구→까르푸→JUSCO→출국

여행 정보 (2008년 6월 기준)

항공
대한항공, 아시아나항공, 중국국제항공, 중국동방항공을 이용할 수 있다. 이 노선은 매일 운항되며, 소요시간은 1시간 30분 정도이다. 한국보다 1시간 느리다.

날씨
해양성 기후로 겨울에는 따뜻하고 여름에는 시원하다. 칭다오의 여름바다는 더위에 지친 피로를 씻어내는 데 좋다.

화폐 및 환율
위안 1위안≒148.59원, 인민폐(RMB) 단위는 원(元, 위안=塊), 각(角, 쟈오=毛), 분(分, 편)으로 구성되어 있다.

언어 중국어

비자 본인신청 : 관광단수(L) (3박 4일: 50,000원, 1박 2일: 65,000원, 당일: 85,000원)
　　　　　구비서류: 여권(유효기간 6개월 이상), 사진 1장, 명함·신분증사본, 항공여정표, 중국투숙지
　　　　　　　　　 기재사항
　　　　　비자조건: 3개월 유효, 30일 체류
　　　　대행신청 : 여행사 등에서 추가비용을 지불하고 발급수속 대행 서비스를 이용할 수 있다.

전기 220V 사용, 같은 220V라도 플러그 모양이 달라 멀티어댑터를 가져가는 것이 좋다(호텔에서 빌려주기도 함).

GATE	BOARDING AREA	좌석번호 SEAT
10	마닐라	

우리는 바닐라처럼 달콤한 마닐라로 간다!

바닐라처럼 달콤한 도시 마닐라.
마닐라보다 더 달콤하고 상큼 발랄한 두 여인이 여행을 떠났다.
그녀들의 쫀득한 우정만큼이나
다정한 여행 속으로 들어가보자.

여행 컨셉트

자연과 기후가 한국과 너무나 다른 필리핀이라 되도록 경치를 마음껏 느낄 수 있게 일정을 짰다. 다른 나라에 비해 물가가 싼 편이라 스파나 쇼핑 등을 할 수 있어 조금은 럭셔리한 일정이 되었다.

여행 파트너

전은정, 오은정 | 이름이 같아서일까. 둘은 초등학교부터 지금까지 한 번도 틀어짐 없이 예쁜 우정을 쌓아가는 둘도 없는 친구다. '친구' 라는 이름으로 묶인 지 16년째인 두 은정은 어린 시절 약속한 '세계여행의 꿈'을 위해 이번 마닐라 여행을 계획했다.

동화 그림작가인 전은정과 스포츠신문 기자인 오은정은 닮은 듯 다른 듯 여행 내내 오랜 '우정'을 과시하며 기자들의 부러움을 사기도 했다. 연예계 동향에 밝은 오 기자 입담에 모두 귀를 쫑긋 세우고 다녔다는 후문도 있다.

두 은정의 여행 가계부

내일여행 마닐라 금까지 상품은 2박 3일 기준 29만 9,000원부터 이용할 수 있다.

식사비 | 필리핀에서 1끼 식사비용은 평균 3,000~5,000원이면 충분하다. 어디서 먹느냐에 따라 다르겠지만 일반 식당, 패스트푸드점 등에선 평균 비용이 들며 고급 레스토랑과 한식당 등에선 1인당 7,000원 이상은 생각해야 한다. 물이나 음료수 비용 등을 포함해 1끼 5,000원 기준 2박 3일간 1인당 총 2만 원 정도(조식은 상품가에 포함)

교통비 | 시내에서는 여러 명이 움직이느라 주로 택시 이용. 일정 중 총 택시비는 1인당 약 2만 5,000원, 스파 2만 원

투어비 | 따가이따이 데이 투어 9만 원, 팍상한 폭포 보트 투어 6만 원

총 여행경비 | 항공 및 호텔 숙박비 제외하고 1인당 약 21만 5,000원

※ 마닐라 실제 여행 시기 : 2006년 8월

1st day
필리핀 자연의 멋과 맛에 푹 빠지다

전날 밤 도착해 몹시 피곤할 텐데도 두 은정은 아침나절부터 부지런히 길을 나선다. 마닐라에 오면 한번쯤은 가봐야 한다는 '팍상한 폭포' 투어를 위해서이다. 마닐라에서 한 시간 좀 넘는 외곽에 있지만 서울만큼이나 심하다는 마닐라 교통 체증에 걸리면 2~3시간은 훌쩍 넘겨버리기 때문에 부지런히 움직여야 한다.

Tour Course
팍상한 투어 → 시푸드 레스토랑 → 말라떼 카페 거리 → 아드리아티코

차에 오르자마자 수다가 시작된다. "전, 저것 좀 봐. 저게 지프니라는 건가 봐. 신기하게도 생겼네?" "어머, 이 거리는 옛 시골길 같다. 시내에서 벗어나니까 분위기가 확 다르네." 조잘조잘 수다가 끊이지 않는 사이 어느덧 차는 팍상한 투어가 시작되는 리조트 입구에 닿았다.

팍상한 투어

팍상한 투어는 필리핀 전통 배인 작은 방카를 이용한다. 좁고 기다랗게 생긴 배에 아무 생각 없이 올라탔다가는 심하게 '기우뚱' 거리는 통에 깜짝 놀라고 만다. 보통 사공 2명에 손님 2명하여 4명이 한 배에 타는데 서로 균형을 잘 잡기만 하면 그렇게 위태롭지 않다.

팍상한 폭포를 보려고 배는 연

어처럼 강물을 거슬러 올라간다. 처음에는 동력 보트가 앞에서 끌어주더니 이내 보트가 다닐 수 없는 여울목들이 나타나기 시작한다. '보트맨'이라 불리는 사공 아저씨들의 괴력(?)이 발휘되는 순간. 바위 틈새며 높게 턱이 진 곳들이 가로막으면 날다람쥐처럼 여기저기 바위틈을 디뎌 가며 배를 끌어올린다. 신들린 솜씨에 오와 전은 그저 혀를 내두를 뿐이다. "아저씨 힘드시겠다. 근데 정말 대단해. 그치?" "왠지 편히 앉아 있는 게 미안해지기도 하는데…" 이런저런 이야기를 나누는 사이에도 배는 상류로 거슬러 올라간다.

상류에 가까워질수록 주변 풍경도 원시림으로 변해간다. 가파르게 솟아오른 절벽과 흩뿌려지듯 떨어지는 물방울, 잔뜩 이끼 낀 나무 사이로 나비와 잠자리들이 날아다닌다.

몽롱함에 잠길 무렵, 어디선가 우레 같은 소리가 들려온다. 배도 종착지에 다다랐다. 오지 탐험이라도 하듯 한 발 한 발 바위 계단을 따라 오르던 오와 전은 "와!" 하며 탄성을 내지른다. 바닐라 빛 폭포수가 세차게 쏟아져내린다. 물에 석회질이 함유되었기 때문인지 물빛이 맑으면서도 뿌옇다. 태곳적 원시림 한가운데 있다는 느낌에 기분조차 묘하다. 좀더 모험심을 발휘한다면 폭포수 안까지 뗏목을 타고 들어가 볼 수 있다.

오와 전은 망설이는 듯하더니, "여기까지 왔는데 그냥 간다면 아쉽잖아!" 하며 의견 일치를 한다. 물에 젖을 각오를 하고 뗏목에 올라탄 오와 전은 오지 탐험가 저리 가라다. 점점 멀어지는 오와 전. 몇 분 뒤에 돌아왔을 땐 온몸이 쫄딱 젖어 이전의 그녀들이 아니었다. 하지만 표정만큼은 한없이 즐거워 보였다. "뭐, 젖었지만 진짜 재미있다고요!"

혹여 물세례가 두려워 폭포 탐험을 포기한다면 안타까운 일이다. 올라오는 길이 거칠었던 만큼 내려가는 길목은 거의 래프팅 수준이다. 이리저리 물이 튀니 또한 흠뻑 젖기 마련. 이래저래 젖는 건 마찬가지니 차라리 폭포 탐험으로 추억거리라도

하나 더 만드는 것이 남는 장사다. 현명한 그녀들에게 박수갈채를!

시푸드 레스토랑, 푸짐하게 혹은 내 맘대로 골라 먹기

마닐라에서의 첫날 저녁, 섬나라에 온 만큼 신선한 시푸드 한 접시 맛봐야 하지 않겠는가. 오와 전이 찾아간 곳은 우리의 수산물 시장 같은 곳이다. 이곳에서 재료를 골라 근처 레스토랑에 맡기면 원하는 대로 음식을 조리해준다.

시장에는 없는 게 없다. 새우, 꽃게, 오징어, 각종 생선…. 전은 커다란 바다 가재를 들고 즐거워한다. "음, 알록달록한 게 맛있어 보이는걸." "이것 좀 봐, 진짜 크지 않아?" 활기찬 시장 분위기와 더불어 오와 전은 마음부터 들뜬다.

시장에서 산 푸짐한 재료를 요리사에게 맡긴 지 얼마 되지 않아 하나 둘 요리가 나온다. 매콤달콤하게 버무린 게 요리와 한 접시 가득 나온 삶은 새우, 새큼한 맛이 일품인 조개수프, 야들야들한 오징어 구이까지 여기저기 젓가락질하기 바쁘다. 게 요리는 우리 입맛에 딱 맞는다. "아니, 이거 왜 이렇게 맛있는 거야. 소스에 밥 비벼 먹어도 되겠는걸." 전은 맛있다며 벌써 몇 번째 소스만 덜어다 쓱쓱 밥을 비벼 먹는다. "어머, 한국에서 이렇게 먹으

Tour Point

팍상한 폭포까지는 마닐라에서 1시간 30분 걸린다. 대부분 강변에 자리한 리조트들이 팍상한 방카 투어를 겸한다. 투어는 2시간 정도 걸리며 1인당 15달러. 투어가 끝난 뒤 보트맨들에게 1달러쯤 팁을 주는 센스! 기념품을 싣고 다니는 수상 가게들은 바가지를 쓸 위험이 있으니 흥정은 필수다.

면 한 사람당 몇 만 원씩 나올 텐데, 진짜 싸다. 엄마랑 꼭 와야지." 오는 다음번 마닐라 여행에는 엄마와 함께 와야겠다며 매니저에게 연락처까지 받아놓는다.

밤바람 솔솔 불어오고 눈앞엔 푸짐하게 차려진 맛깔스런 음식들이 있으니 어느 왕이 부러울까. "맛있다!" "행복해!"를 되뇌며 시푸드 먹기에 몰두하는 두 은정이 진짜 행복해 보이는 저녁이다.

Tour Point

깔라만시 : 필리핀 양념 재료로 많이 쓰는 열매. 새콤한 맛이 일품이다. 주로 간장과 섞어 해산물이나 고기 등을 찍어 먹는다. 음식점에서 꼭 맛보길!

산미구엘 맥주 한 잔에 추억이 깃들고

첫날이긴 하지만 이 좋은 기분에 그냥 숙소로 돌아가기가 아쉽다. 카페와 클럽이 많다는 말라떼 거리로 발걸음을 옮겨 본다. 낯설고, 조금은 어두워 보이는 거리라서 이국적인 냄새가 더한가 보다. 말라떼 거리 자락에 오롯이 자리한 '아드리아티코 카페'는 마닐라에서 꽤 오래된, 유명한 카페란다. 조심스럽게 문을 열었지만 들어서니 처음 간 곳답지 않게 포근하고 편안한 분위기가 참 마음에 든다. "은근히 분위기 있는데." "마닐라, 어떨까 했는데 괜찮은 것 같아."

필리핀 특산품 산미구엘 맥주 한잔씩 따라놓고 두 은정은 두런두런 이야기를 나눈다. 하루 종일 이야기해도 끊이지 않는 둘의 대화. 밤이라 더 낭만적이 된 탓일까, 맥주 기운이 도는 탓일까. 대화 주제는 어느새 이상형, 연애, 결혼으로 넘어가고, 기자들도 대화에 끼어든다. "이상형? 친구처럼 취미 생활도 같이하고, 문화도 좀 즐기고, 대화도 많이 나누는 그런 사람이 좋은데." "결혼은 꼭 해야 하는 것인가 하는 생각도 들고, 꼭 고집할 필요는 없을 것 같아." "예전에 소개팅 한 번 했는데…"

등등. 그 낯선 카페에서 여자 셋과 남자 하나가 끊어질 듯 이어질 듯 끝없이 대화를 이어간다. 맥주에 취해, 분위기에 취해, 마닐라의 밤에 취해 오늘 하루도 추억의 책갈피에 아름답게 담기겠지.

Tour Point
말라떼 거리 : 마카티와 함께 마닐라 대표 거리로, 필리핀의 밤 풍경을 제대로 즐길 수 있는 곳이다. 마카티에 비해 숙소가 저렴하고 한국 식당이 제법 많아 음식 때문에 고생하는 사람에게 안성맞춤이다.

2nd day
건강식에 쇼핑, 스파까지 럭셔리하게!

따가이따이 안개에 푹 파묻힌 타알 호수와 활화산

첫째 날 밤 무리(?)했음에도 아침 일찍 길을 나선 두 은정이 오늘은 따가이따이 투어를 하기로 한 날이다. 팍상한과 마찬가지로 시 외곽에 있는 따가이따이는 한나절 투어 코스로 마닐라에 오는 이들이라면 둘 중 하나는 꼭 보고 간다고 한다.

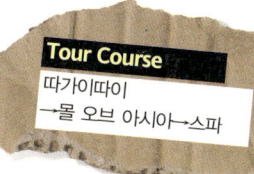

Tour Course
따가이따이
→몰 오브 아시아→스파

하지만 그날따라 날씨가 도와주지 않았다. 한두 방울 내리던 비는 마닐라 시를 벗어나면서부터 더 굵어지고, 급기야 따가이따이에 도착해서는 우산이 필요할 정도로 쏟아졌다. "어쩌나, 비가 내리는데. 안개가 너무 짙어 아무것도 안 보이네." 오가 안타까워한다. 따가이따이에서 꼭 봐야 할 것이 타알 호수에 살아 숨 쉬는 활화산이 떠 있는 광경인데, 안개 때

문에 호수가 흐릿하게 보인다. 날씨가 맑았다면 어떤 비경을 보여줬을까. 궁금증만 안고 돌아서는 게 아쉽기만 하다.

Tour Point
마닐라에서 따가이따이까지 보통 두 시간 걸린다. 교통 체증만 피한다면 한 시간쯤. 호숫가 주변 승마 체험은 1시간에 1인당 200페소(4,000원쯤)다.

그리고 숨겨진 비밀의 화원

돌아오는 길, 식사도 할 겸 허브 화원에 들렀다. 작고 아담한 허브 정원은 은은하게 퍼지는 허브 향과 아름답게 핀 꽃들이 어우러져 비밀의 화원에라도 온 분위기다. 허브에 취해, 꽃향기에 취해 이리저리 돌아다니다 예쁘게 꾸며진 간이 쉼터에 앉는다. 돌아보니 오와 전의 손에 베개가 하나씩 들려 있다. "우리 말이야, 어릴 적 생각하면서 베개 싸움이나 해볼까?" "감히 나에게 도전한단 말이야. 어디 한번 맞아 보시지!" 어린애처럼 오와 전이 베개 싸움을 시작한다. 서로 웃고 떠들며 베개 싸움을 하는 그녀들에게서 어린 시절의 추억이 진하게 느껴진다.

이곳은 오로지 채식으로만 짠 건강 식단을 선보이기로 유명하다. 먼저 신선한 샐러드, 갓 따온 듯 신선한 채소와 과일, 드레싱을 곁들여 놓으니 무척 먹음직스럽

다. 막 구워 낸 따끈한 빵까지 곁들이면 이것만으로도 행복한 만찬이 된다. 여기에 메인 코스로 연어를 곁들인 버섯 스파게티가 따라 나온다. "음, 소스가 두 개인데 하나는 우리 짜장 소스 맛이야. 토마토맛 소스도 괜찮고." 나름대로 품평을 해본 오와 전, 푸짐하고 맛있는 점심이라는 데 의견 일치. 게다가 다이어트에 도움이 되는 건강식이라니 일석이조 아닌가. 여자들이라면 꿈꿀 만한 근사한 점심 상차림이라는 말이다.

Tour Point

점심 세트 메뉴 1인당 500페소(1만 원), 부가세, 봉사료 별도. 치킨(450페소, 9,000원)이나 연어(250페소, 5,000원) 요리를 추가로 주문할 수 있다. 오전 8시부터 10시까지는 아침 메뉴도 있다. 350페소(7,000원)
63-917-533-5140, www.sonysagarden.com

디스커버리 스위트 따가이따이 : 타알 호수가 내려다보이는 전망 좋은 'Discovery Country Suites'의 야외 정원에서 식사나 차를 즐겨보는 건 어떨까. 스페인, 태국, 일본 등 각기 다른 컨셉트로 꾸민 객실 일곱 개에서 나만의 룸을 찾아보는 재미도 쏠쏠하다. 따가이따이에서 하룻밤을 훨씬

로맨틱하게 만들어주는 팁이다. 숙박은 1~1만 5,000페소(20만~21만 원), 부가세와 봉사료 별도
6346-413-4567,
www.discoveycountry suite.com

두 은정의 쇼핑 이야기

몰 오브 아시아, 아시아 최대의 쇼핑몰을 가다

여자들만의 여행에서 '쇼핑'은 빼놓을 수 없는 코스이다. 더구나 마닐라는 '쇼핑 천국'이란 표현이 꼭 들어맞는다. 쇼핑몰의 규모와 내용에서 오히려 우리를 압도한다. 이 중에서도 최근 문을 연 '몰 오브 아시아(Mall of Asia)'는 가히 아시아 최고라고 할 만한 규모이다. 필리핀 유명 체인쇼핑몰인 SM 계열로 백화점 몇 개를 이어 붙인 듯하다. 물론 없는 게 없고, 이리저리 둘러만 봐도 하루 해가 다 갈 정도로 쇼핑 메뉴로 가득 차 있다. 넓고도 넓어 까딱하다간 동행과 헤어지기 십상이다. 오와 전, 손을 꼭 붙잡고 몰 탐험에 도전했다.

'아기다리고리다리던' 스파

아침부터 저녁까지 쉬지 않고 돌아다니느라 몸이 축 늘어진 오와 전을 위해 특별 코스를 마련했다. 스파 타임! 고된 여행길에서도 진정 나를 위한 시간이 아닐 수 없다. 오와 전이 찾은 곳은 마닐라 번화가인 말라떼 거리에 있는 스파 전문점 '쌍뚜와리우'이다. 건물 입구에서부터 은은한 아로마 향기가 풍긴다.

가운으로 갈아입고 나오니 직원이 야외 자쿠지로 안내한다. 먼저 스파를 받기 전 준비 단계로 자쿠지에서 여기저기 돌아다니느라 쌓였던 피로를 푼다. 따뜻한 물에 몸을 담그고 있자니 피로가 사르르 풀리는 기분이다. 여기에 차 한 잔 마시면 마음까지 편안해진다. 밤인데다 자쿠지가 야외에 있어 그 운치가 더 그윽하다. 오와 전은 벌써 분위기에 젖어든 모습이다. 몸을 좀 이완시킨 후에, 사우나를 차례로 돌고 나오면 마사지 받을 준비는 끝난다. 다음은 전문 마사지사의 손길에 몸을 맡기고 그저 부드러운 손놀림을 따라 편안히 쉬면 된다.

오와 전이 받은 스파 프로그램은 '아로마 테라피.' 아로마 오일로 온몸 구석구석 마사지해주는 프로그램이다. 한 시간 넘게 온몸을 맡겨놓았더니, 마사지가 끝나고 나서는 내 몸이 아닌 듯 더 노곤해진다. 비싼 아로마 오일을 어찌나 듬뿍듬뿍 발라줬는지 피부도 실크처럼 매끄럽다. "피곤이 싹 풀리는 게 기분 좋다." "이런 데 매일 와서 받을 수는 없을까?" 오와 전은 어느새 스파 예찬론자로 변신했다. 오는 마사지사 손길이 조금 약했다며 '타이 마사지'가 더 맞는 것 같다고. 물론 쌍뚜와리오에서도 타이 마사지를 받을 수 있다. 마닐라 두 번째 밤을 럭셔리하게 마무리한 두 은정이 말한다. "아무래도 오늘 밤엔 환상적인 꿈을 꿀 것 같단 말이야."

Tour Point

영업시간 : 일~목요일 오후 4시부터 밤 12시까지, 금~토요일 새벽 3시까지. 스파 가격은 코스마다 다르다. 한 시간짜리 스웨덴식 아로마 테라피는 1,020페소(2만 원), 타이 마사지는 900페소(1만 8,000원)이다. 부가세 12%가 붙는다.
632-450-1127, www.sanctuario.com.ph

여자들을 위한 마닐라 추천 코스

2박 3일 코스
1일 마닐라 시내 투어(인트라무로스, 리잘 공원, 코코넛 팰리스 등)→마닐라 베이 워크 노을 감상→시푸드 레스토랑→필리핀 어메이징 쇼 관람→클럽 탐험
2일 따상한 폭포, 따가이따이, 빌라 에스꾸데로 등 외곽 투어→스파나 마사지→분위기 좋은 카페에서 하루 마무리
3일 마카티 쇼핑센터 혹은 SM 몰 등 쇼핑

3박 4일 코스
1일 마닐라 시내 투어(인트라무로스, 리잘 공원)→말라떼 거리 탐험→마닐라 베이 워크 나이트 투어
2일 따상한 폭포→시푸드 레스토랑→클럽 탐험
3일 따가이따이나 빌라 에스꾸데로 등 외곽 투어→스파나 마사지→필리핀 어메이징 쇼 관람
4일 마카티 쇼핑센터 혹은 SM 몰 등 쇼핑

3rd day
마닐라에서 찾은 한낮의 여유

마닐라에서 보내는 마지막 하루. 그것도 오전나절밖에 주어지지 않았다. 어디를 갈까 고민하던 두 은정은 기자의 권유로 코코넛 팰리스를 가보기로 한다. 필리핀 문화센터 복합단지에 있는 코코넛 팰리스는 코코넛 나무를 주제로 한 독특한 공간이다. 택시를 타고 내릴 때까지는 마음이 부풀었는데, 가는 날이 장날이라고 하필이면 문을 닫는 일요일인 것을 몰랐다. 굳게 닫힌 철문 너머로 얼핏 보이는 건물만 바라보다 돌아설 수밖에 없었다.

Tour Course
마카티 지역→야외 카페 거리

그래서 다음 코스로 선택한 곳이 마닐라 비즈니스 및 쇼핑 밀집 단지인 마카티 지역이다. 글로리에타나 그린벨트, 랜드마크, 러스틴 백화점 등이 모여 있는데다 아얄라박물관, 그린벨트 공원 등 웬만한 시설이 다 있다. 그린벨트 공원은 도시 속 녹지대라고나 할까. 푸른 녹지와 분수가 어우러져 기분까지 상쾌하게 만들어준다.

사진 찍기를 좋아하는 전은 시간이 가는 게 아쉬운지 여기저기 다니며 사진을 남기기 바쁘다. 초콜릿 퐁듀 전문점도 기웃거려 보고, 아얄라박물관 앞에서 기념사진도 남긴다.

한참을 돌아다니던 오와 전은 카페 노천 테이블에 자리를 잡는다. 살짝 허기진 기운을 달래려 샌드위치와 피자를 주문한 오와 전. 커피 한 잔씩 시켜놓고 한낮

Tour Point
마카티 : 마닐라의 경제 중심지로 필리핀에서 제법 고급스런 지역. 쇼핑몰이 많이 밀집되어 있어 쇼핑하기가 좋다.

의 여유로움을 만끽한다. 한국에 있을 때는 전혀 느끼지 못했던 기분이다. 2박 3일이 너무도 빨리 지나간 느낌이다. "시간이 너무 짧은 것 같아. 아직 못 가본 곳이 많은데 말이야." "나도 그래. 처음엔 잘 몰랐는데 다니다보니 마닐라도 참 멋진 곳 같아. 다음에 꼭 다시 오자." 떠나는 발걸음이 아쉬운지 자꾸만 뒤를 돌아본다. 마닐라를 거쳐 또 다른 여행지로 떠난다는 두 은정. 16년을 쌓아온 '우정'에는 마닐라의 추억 또한 한 자리를 차지하겠지.

필리핀의 명물, 지프니와 트라이시클

필리핀의 상징이자 명물이 된 교통수단이 있으니 바로 지프니(Jeepney)다. '바퀴달린 민속예술'이라 불리는 지프니는 필리핀에만 있는 이색 교통수단이다. 미군이 쓰던 지프를 개조해 최대 15명까지 탈 수 있게 만든 단거리 버스로, 목적지를 차 앞머리에 크게 써놓았다. 지프니가 더욱 유명해진 것은 화려한 외관과 그에 어울리는 요란한 소리 때문이다. '빠라빠라빠라빵' 경적을 외치며 신나는 음악을 틀어놓고, 정원보다도 훨씬 많은 사람을 태우고 아슬아슬하게 차 사이를 누비며 달리는 지프니를 보며 필리핀에 와 있음을 실감한다. 요금은 기본 1km당 2.5페소. 이후 1km마다 1페소다. 지프니와 함께 필리핀의 명물로 꼽히는 트라이시클(Tricycle)은 오토바이 오른쪽에 사이드카를 단 삼륜 자동차로 소형 택시 같은 교통수단이다. 마을과 마을, 타운에서 짧은 거리를 이동할 때 주로 이용한다. 요금은 흥정하여 정하는데 1인당 최저 2.5페소. 좁은 골목길을 누비며 원하는 곳에 내려준다.

보라카이에서 꼭 해야 할 세 가지

오후 3시, 보라카이 행 국내선 비행기에 오르며 또 다른 여행이 시작된다. 우리는 보라카이에서 꼭 해야 할 세 가지를 정해 놓았다. 첫째는 정말 맛있다는 망고 주스 한잔을 들고 바닷가를 바라보며 나는 책을 읽고 젼은 그림 그리기다. 둘째는 각종 해산물을 비롯해 맛있는 걸 많이 먹으며 몸 보신을 하고, 더불어 필리핀 친구들도 사귀기다. 마지막으로 호핑투어, 스킨스쿠버 등 수상스포츠 즐기기다.

보라카이 체류 중 두 번째 미션이 가장 성공적으로 진행된 것 같다. 우리는 매끼 과하다 싶을 만큼 해산물과 스테이크, 중국 요리 등을 먹었고 저녁식사 후에는 맥주 한잔 마시려고 바를 찾았다. 그 덕에 필리핀 친구들도 많이 만날 수 있었다. 필리핀 여성들은 우리에게 많은 호기심을 보이며 말을 걸어왔고 우리 또한 적극적인(?) 모습으로 그들과 금세 친해졌다. 필리핀 친구들은 한국에 대해 다양한 관심사를 드러냈고, 우리는 자랑스러운 마음으로 그들의 호기심을 풀어줬다. 그들과 만남은 보라카이에 있는 동안 계속되었다. 역시 여행의 묘미는 새로운 친구를 사귀는 것이다. 생김새와 언어, 문화가 다르지만 우리는 결혼과 일과 사랑에 대해 고민하는 젊은 여성이라는 공통점이 있었고, 그것은 친구가 되기에 더없이 충분한 조건이었다.

세 번째 미션은 순탄치 않았다. 배 멀미가 심한 젼 때문에 바나나쫄짜리 호핑투어를 마친 후 다른 수상 스포츠를 하기가 힘들었던 것이다. 그 대신 모래사장 주변 바다에서 수영 하고 바다를 보며 마사지받는 것으로 세 번째 미션을 대신했다.

내일여행의 추천 일정

1일		마닐라 도착
2일	하루	마닐라→경비행기로 보라카이 이동→보라카이 휴식
3일	하루	보라카이 아일랜드 호핑투어(바다낚시, 스노클링, 시푸드 바비큐 중식, 스피드보트, 바나나보트, 제트스키)→해양스포츠→보라카이 야경 감상
4일	오전	간단한 시내관광(산티아고 요새, 리잘공원 등)

여행 정보 (2008년 6월 기준)

항공

대한항공, 아시아나항공, 필리핀항공, 세부퍼시픽이 운항한다. 필리핀 공항 이용료는 국제선 550페소(1만 1,000원), 국내선 100페소(2,000원)이며 반드시 필리핀 페소로 계산해야 한다. 항공은 필리핀항공과 대한항공, 아시아나항공을 이용하며 필리핀항공은 오전 8시 25분과 오후 8시 20분, 대한항공은 오전 8시 45분과 오후 8시 5분, 아시아나항공은 오전 8시 50분과 오후 7시 45분 각각 인천공항을 출발한다. 세부퍼시픽도 매일 오후 9시 35분 인천~마닐라행 직항편을 띄운다.

위치

필리핀은 7,000여 섬으로 이루어졌으며 주요 섬은 루손, 비자야, 민다나오이다.

날씨

3~5월까지는 매우 덥고 건조하며 6~10월까지는 비가 많이 오는 우기가 계속된다. 11~2월까지가 선선한 날씨가 지속돼서 여행하기 가장 좋은 계절이다.

화폐

필리핀의 화폐단위는 페소(peso), 1페소≒25원

언어

국가 공식 언어는 필리핀어(Pilipino)이지만 미국과 영국에 이어 세 번째로 큰 영어권 국가로 영어로 소통할 수 있다.

비자

필리핀은 21일 동안 무비자 입국이 가능하기 때문에 여권(유효기간 6개월 이상)과 항공권만 있으면 된다.

시차 표준시차 +8로 우리나라보다 한 시간 느리다.

전압 220V

GATE	BOARDING AREA	좌석번호 SEAT
11	방콕	

시크한 그녀들의 화려한 방콕 외출기!
우리는 방콕을 사랑해~

이번에는 멋쟁이 두 여자와 함께 태국 방콕으로 떠났다.
방콕만 이미 서너 차례 여행한 그녀들에게 '방콕이 어디가 그렇게 좋으냐' 고 물었더니
그냥 무작정 방콕이 좋단다. 방콕이 좋아 자꾸만 방콕에 간다는 그녀들.
이번 여행의 목표는 분명했다. 쇼핑, 마사지, 나이트라이프, 태국 음식.
후회 없이 멋지게 즐긴 그녀들과 함께해서 더욱 빛난 방콕 외출기를 시작한다.

여행 컨셉트

목표가 확실한 그녀들의 이번 여행 컨셉트는 두말할 것 없이 쇼핑! 방콕 시내 여기저기, 구석구석 숨어 있는 멋진 아이템을 찾기 위해 일정을 짰다. 평소 패션과 쇼핑에 관심이 많은 여성들에게 권할 만한 일정이 아닐까 싶다. 센스 만점인 그녀들의 추천 아이템도 눈여겨보자.

여행 파트너

유경은(28세) | 의류업체 디자이너로 근무하는 그녀의 취미는 쇼핑이고 특기도 쇼핑이란다. 사진을 잘 찍고 낯선 사람과도 잘 어울린다는 멋진 그녀. 이번까지 포함해 방콕을 다섯 번이나 여행하는 거란다.

김창선(29세) | 의류업체 MD로 근무하는 그녀의 취미는 영화 보기, 방 꾸미기, 신발 모으기이고 특기는 말로 설득하기, 흐느적거리며 춤추기, 메이크업이다. 경은과 마찬가지로 방콕 여행은 이번이 네 번째이다.

경은과 창선의 여행 가계부

경은과 창선이 이용한 내일여행 '방콕 금까기' 상품 가격은 39만 9,000원부터이며, 여기에는 왕복항공권, 호텔 2박 및 조식, 여행자보험, 각종 자료 등이 포함돼 있다.

교통비 | 주로 택시와 BTS를 이용했다. 택시 기본요금은 35바트, BTS는 1구간 15바트를 기본으로 구간을 넘어설 때마다 5바트씩 올라가며 6구간부터 10구간까지는 40바트로 동일하다. 거리와 인원수를 고려해 때로는 택시가 더 쌀 수 있으므로 잘 계산해서 이용하자. 단, 출퇴근 시간에는 길이 상당히 막히므로 BTS를 이용하는 게 시간과 돈을 절약할 수 있다.

식비 | 어디를 가느냐에 따라 가격 차이가 크므로 한 끼에 얼마라고 딱 잘라 얘기하기는 힘들다. 시장에서 싸게 먹을 경우 20바트 정도면 되고, 고급 레스토랑에서는 100~350바트 정도를 생각하면 된다. 물론 더 싼 음식도, 더 비싼 음식도 많다.

기타비 | 쇼핑, 마사지, 나이트라이프 비용은 개인의 취향에 따라 달라질 수 있다.

※ 방콕 실제 여행 시기 : 2007년 3월

1st day
방콕이 좋아~ 쇼핑이 좋아~

시원한 야간 쇼핑이 좋더라 쑤언 룸 나이트 바자

방콕에 도착한 첫날, 호텔에 짐을 풀고 나니 해가 뉘엿뉘엿 저문다. 하지만 그냥 쉬고 있을 경은과 창선이 아니다. 방콕 마니아이자 쇼핑 마니아인 이들이 달려간 곳은 룸피니 공원 인근의 쑤언 룸 나이트 바자. "방콕에서 웬만한 쇼핑 명소는 다 가봤는데 이곳은 처음이에요"라며 표정이 상기된 두 여자.

Tour Course
쑤언 룸 나이트 바자→짐 톰슨 아울렛→시암 스퀘어 주변→카오산 로드

반듯하게 놓인 도로를 따라 가게들이 자리하고 밤하늘을 배경으로 조명을 밝힌 회전 전망차가 돌아가는 풍경이 여느 방콕의 시장들과는 느낌이 참 다르다는 게 경은과 창선의 평가. 두 여자는 쇼핑 마니아답게 옷 가게로, 액세서리 가게로, 소품 가게로 뛰어다니며 이내 쑤언 룸 나이트 바자를 주름잡는다.

Tour Point
2001년 문을 연 태국 공식 야시장. 상점은 대부분 오후 3시부터 자정까지 영업하며 자정 이후까지 문을 여는 곳도 있다. 현재 쑤언 룸 나이트 바자는 법적인 문제로 폐쇄가 논의되고 있으나 적어도 올 11월까지는 영업을 계속할 것으로 보인다. MRT 룸피니역과 인접해 있다.

경은과 창선이 말하는 쑤언 룸 나이트 바자

"쑤언 룸 나이트 바자의 장점은 날씨가 어느 정도 선선해지는 저녁이나 밤에 쇼핑을 즐길 수 있다는 것이에요. 짜뚜짝 시장처럼 다양한 물건을 판매하지만 짜뚜짝 시장 보다는 훨씬 여유롭게 쇼핑을 즐길 수 있다는 것도 장점이에요. 짜뚜짝 시장이 주말에만 문을 열기 때문에 시간을 맞추기 힘든 반면, 쑤언 룸 나이트 바자는 늘 문을 열어 언제든 갈 수 있어 편하죠.

쑤언 룸 나이트 바자에서는 옷, 장신구, 모자, 신발 등 다양한 아이템을 판매하지만 특히 눈에 띄는 것이 인테리어 소품이에요. 태국 전통 장식품부터 앤틱 소품, 모던함이 묻어나는 태국산 장식품, 각종 전등까지 다른 시장에 비해 인테리어 소품이 돋보이더라고요. 가져 올 수만 있다면 사고 싶은 물건이 무척 많았어요."

경은 추천 아이템

"미니어처 티포트 세트 어떠세요?"

"길을 지나다가 발견한 미니어처 티포트가 무척 마음에 들었어요. 엄마한테 드리려고 샀는데 질도 좋고 가격도 저렴해 더욱 마음에 들었어요. 2세트에 150바트. 정교하고 예쁘더라고요. 특히 미니어처 컵 하나, 접시 하나 깨지지 않게 따로따로 포장해주어서 감동했어요. 포장 값만도 장난이 아니겠더라고요."

창선 추천 아이템

"아기자기하고 환상적인 조명등 어떠세요?"

"예쁜 인테리어 조명등을 많이 팔아요. 쉽게 볼 수 없는 각양각색의 조명등이 많답니다. 작년에 방콕에 왔을 때 작은 볼로 이어진 조명등을 샀는데, 지금도 집에서 유용하게 사용해요. 가격도 100바트부터 다양한데, 가격 대비 무척 예뻐서 하나 사지 않을 수 없답니다. 짐만 많지 않다면 몇 개씩 사가고 싶어요."

짐 톰슨 제품을 저렴하게 내 품으로 짐 톰슨 아울렛

경은과 창선이 이번 여행에서 발굴한 최고의 쇼핑 장소로 꼽는 곳은 바로 짐 톰슨 아울렛이다. 태국 실크를 대표하는 짐 톰슨은 알 만한 사람들은 다 아는 브랜드로, 전 세계적으로 사랑받고 있다.

"작년에 엄마에게 드리려고 짐 톰슨에서 스카프랑 쿠션 커버를 샀는데 엄마가 무척 좋아하시더라고요. 참, 우리나라에도 짐 톰슨 매장이 들어온 것 아세요? 엄마와 같이 갔는데 어찌나 비싸던지. 엄마한테는 비싼 거라고 생색 좀 냈죠"라고 말하는 경은. 경은의 말처럼 짐 톰슨 제품은 태국 물건 중에는 어느 정도 고가에 해당한다. 그래서 짐 톰슨 아울렛을 만난 것이 그들에게는 큰 수확이다.

짐 톰슨 하우스를 찾았다가 안내 자료를 보고 무작정 찾아 나선 곳. BTS를 타고 땀 흘리며 찾아간 짐 톰슨 아울렛은 노고에 보상을 해준다. "아까 갔던 짐 톰슨 하우스보다 훨씬 싸요"라고 좋아하며 경은과 창선은 스카프를 둘러보고, 가방을 들어보고, 쿠션도 만져보느라 정신이 없었다.

Tour Point

짐 톰슨 매장은 방콕 공항, 주요 호텔, 쇼핑센터 등에서 쉽게 볼 수 있으나 아울렛은 많지 않다. 방콕에는 쑤라웡과 쑤쿰윗 쏘이 93에 있는데 경은과 창선이 찾은 곳은 후자. 짐 톰슨 매장 직원에게 확인한 결과, 쑤라웡 아울렛은 원단 위주로 판매하고 쑤쿰윗 쏘이 93에 있는 아울렛이 패션용품부터 다양한 제품을 판매한다는 것. 따라서 일반 제품을 사려면 쑤쿰윗 쏘이 93에 위치한 아울렛으로 가야 한다.
가는 길 : BTS 온눗(On-Nut)역에서 하차해 방나 쪽으로 쑤쿰윗 로드를 따라 80m 정도 내려간 후 수쿰윗 93에서 좌회전해서 조금 걸어가면 짐 톰슨 아울렛이 보인다.

경은과 창선이 말하는 짐 톰슨 아울렛

"예전에 푸껫에 있는 짐 톰슨 아울렛은 가봤는데 방콕에도 있는 줄은 몰랐어요. 진작 알았더라면 방콕에 올 때마다 와봤을 텐데…. 짐 톰슨 실크는 품질이 정말 좋은데 태국에서 사는 물건치고는 비싼 편이라 좀 망설였거든요. 그런데 이곳 아울렛에 오니 종류도 다양하고 가격도 저렴해서 좋아요. 건물 전체가 아울렛인데 뭐다, 패션용품, 가정용품 등을 층별로 팔기 때문에 쇼핑하기도 편리해요. 우리나라에는 아직 많이 알려지지 않아서인지 한국인 보다는 태국 현지인들과 일본인, 서양인이 많이 찾아 오더라고요."

경은 추천 아이템
"인테리어 소품과 짐 톰슨 원단 어때요?"
"패션용품 대신 휴지통이랑 쿠션 커버 등을 샀어요. 품질도 좋고 예쁘고 가격도 싸니까요. 어떻게 갖고 가

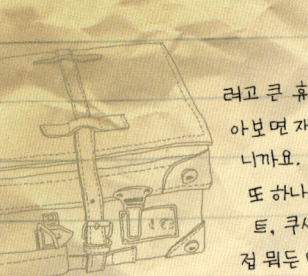

려고 큰 휴지통을 사냐며 모두 걱정했지만 예뻐서 안 살 수 없었어요. 아울렛에서 잘 찾아보면 재고 정리하느라 엄청 싸게파는 제품들이 있거든요. 잘 찾으면 정말 횡재한다니까요.

또 하나 추천하고 싶은 건 바로 원단이에요. 질 좋은 짐 톰슨 원단을 사다가 침대 시트, 쿠션 커버, 이불 등으로 만들어도 좋을 것 같아요. 저도 다음에는 천을 사다가 직접 뭐든 만들어 보려고요."

창선추천 아이템
"어린이용품이랑 가족 선물 어때요?"
"짐 톰슨의 대표적인 제품인 실크 스카프와 가방은 하나씩 사라고 말씀드리고 싶어요. 아울렛에서는 가격이 저렴해 같은 돈으로 좀더 많은 사람의 선물을 살 수 있어 좋아요. 특히 면 질감이 좋아서 아동용 옷이나 인형 등 어린이 제품도 인기가 많답니다. 가장 마음에 드는 제품은 실크로 된 안경집인데, 촉감도 좋고 모양도 예쁘고 독특해서 선물로 그만이에요."

세련되게 모던하게 시암 스퀘어 주변

BTS 국립경기장역과 BTS시암역 사이로는 마분콩, 시암 디스커버리, 시암 센터, 시암 파라곤 등 유명 쇼핑센터들이 운집해 있어 늘 사람들이 많이 모여든다. 시장이나 카오산 로드, 노점들과는 달리 세련되고 현대적인 방콕 스타일 쇼핑을 즐길 수 있는 곳이다. 이 지역은 방콕 젊은이들은 물론, 경은과 창선 같은 멋쟁이 젊은 여성도 좋아할 만한 쇼핑 장소이다.

시암 지역 쇼핑센터 한눈에 비교하기!

	마분콩	시암 디스커버리 센터	시암 센터	시암 파라곤
특징 비교	우리나라 동대문 쇼핑몰과 유사하다. 유명 브랜드숍보다는 저렴하고 다양한 제품을 판매하는 개인 매장이 주를 이룬다. www.mbkcenter.co.th	고급 브랜드 의류와 가구 등을 주로 취급하는 고급 쇼핑센터. www.siamdiscoverycenter.co.th	시암 디스커버리와 같은 계열로 건물이 연결돼 있으나 디스커버리보다는 젊고 캐주얼한 브랜드가 주를 이룬다. www.siamcenter.co.th	단순한 쇼핑센터의 개념을 넘어 수족관, 아이맥스 영화관 등 문화공간이 결합돼 있다. 세련되게 꾸며놓은 푸드 코트도 인기가 좋다. www.siamparagon.co.th
경은, 창선 품평	주변에 있는 다른 쇼핑센터보다 가격이 저렴하고 제품 종류도 다양해서 좋다. 저렴한 가격에 좋은 물건을 살 수 있어 알뜰 쇼핑족들에게 그만이다.	워낙 고급 브랜드가 많아서 젊은 여행자들이 쇼핑하기에는 부담스러울 것 같다.	태국 현지 패션 브랜드와 젊은 층이 선호하는 브랜드숍이 몰려 있어 스타일리시한 쇼핑을 즐기기에 안성맞춤이다.	쇼핑뿐만 아니라 휴식도 가능한 공간, 세련되고 현대적인 분위기로 사람들이 늘 붐빈다. 방콕에 가면 한 번쯤 들러볼 만하다.

마분콩 BMK

"여기는 우리 구역이죠. 호호호!" 마분콩에 들어선 경은과 창선, 기자들을 이끌고 이리로 조리로 잘도 다닌다. "워낙 커서 다 둘러보진 못했지만 이곳에 우리가 즐겨 쇼핑하는 곳들이 있거든요. 추천할 만한 몇몇 곳에 대한 정보를 확실히 드릴게요."

창선 추천 숍, 청바지 가게 'Camp Jeans' (1C-36)

"제가 방콕에 오면 꼭 사가는 물건 가운데 하나가 바로 청바지예요. 태국 사람들이 청바지를 즐겨 입고, 체형이 서양인 쪽에 가까워서 그런지 청바지 디자인이 정말 예뻐요. 더운 나라인 만큼 옷감도 그리 두껍지 않고요. 제가 어제 입었던 청바지도 여기서 산 것이랍니다. 이곳이 좋은 또 다른 이유는 청바지를 즉석에서 무료로 수선해준다는 점이지요. 전문가들답게 정확히 제 사이즈에 맞게 수선해주니깐 정말 좋아요."

경은 추천 숍, 안경점 'Eye Lab' (1B 30-31)

"방콕까지 와서 콘택트렌즈를 사는 것이 이해가 안 된다고요? 모르시는 말씀이에요. 유명 브랜드 제품들을 우리나라보다 많게는 50% 정도 저렴하게 구입할 수 있답니다. 시력 검사까지 해야 하는 복잡한 경우는 몰라도 규정 일회용 콘택트렌즈라면 저렴한 곳에서 사는 게 좋잖아요. 단, 자기 시력은 알고 가야 해요. 가격을 흥정할 수 있으니 많이 사게 되면 깎아달라는 말도 잊지 마세요."

Tour Point
MBK 내에는 워낙 많은 가게가 입점해 있어 상호 옆에 가게 번호가 붙어 있다. 상호만으로 찾기 힘들 경우를 대비해 가게 번호를 함께 표기한다.

창선 추천 숍, 태국 바디용품 매장 'Oriental Princess' (2A-29)

"가격이 저렴하고 품질도 좋아 태국에 올 때마다 여기 제품을 꼭 몇 개씩 사가곤 해요. 바디 클렌저는 향기가 무척 좋아서 집에 몇 개씩 두고 쓰거든요. 무겁지만 않다면 많이 사가서 선물도 하고 싶은데…. 늘 아쉬움이 남는다니까요."

경은 추천 숍, 지갑 가게 'COLORFUL' (2A-63/1)

"동전지갑, 여권지갑, 카드지갑부터 가방까지…. 뭔가 담을 때 사용할 수 있는 물건들이 가득한 곳이에요. 가격이 저렴하고 디자인도 독특해 정말 마음에 들어요. 분홍색 여권지갑이 눈에 쏙 들어와서 구입했는데, 보는 사람마다 예쁘다고 난리더라고요. 원래 190바트라고 했는데 깎아서 150바트에 구입했답니다. 흥정은 언제나 붙여야 맛이지요."

시암 파라곤

경은, 창선 추천 숍, 스페인 브랜드 'ZARA'

"방콕에 오면서 꼭 가야겠다고 생각한 곳이에요. 우리나라에도 론칭했지만 태국에 온 김에 들러보면 좋잖아요. 스페인 브랜드인데 가격 대비 디자인과 질이 훌륭해요. 자라는 2주마다 전 세계에 신상품을 선보이는 것으로 유명해요. 그러니깐 최근 패션 트렌드를 읽을 수 있어 좋죠. 쇼핑족들이 방콕을 좋아하는 또 하나의 이유가 바로 전 세계의 다양한 브랜드를 쉽게 접할 수 있다는 점이죠."

시암센터

경은, 창선 추천 숍, 태국 패션 브랜드 'CPS CHAPS'

"태국에는 수많은 외국 패션 브랜드가 들어와 있지만 눈에 띄는 현지 패션 브랜드도 상당수 있답니다. 특히 우리가 좋아하는 태국 브랜드 중 하나가 바로 CPS인데요. 디자인이 상당히 독특해요. 태국 물가로 따져봤을 때 가격이 비싼 편일 수도 있지만 다른 해외 브랜드와 비교해보면 상대적으로 가격이 괜찮은 편이에요. 우리나라에서 흔히 볼 수 없는 독특한 스타일의 옷들이 많아서 한 번쯤 들러볼 만해요."

여행자의 천국, 쇼핑의 천국 카오산 로드

"굳이 시장이나 쇼핑센터까지 가지 않더라도 카오산 로드에만 가면 웬만한 패션용품은 모두 살 수 있어요. 각종 의류, 장신구, 수영복, 슬리퍼, 가방 등을 저렴하게 살 수 있어서 정말 좋아요. 물론, 흥정은 필수죠!"

경은 추천 아이템

"값싸고 다양한 수영복 쇼핑 강추!"
"카오산 로드 길거리에 수영복 노점상이 있는데 종류도 다양하고 가격도 저렴해서 좋아요. 싼 만큼 내구성이 뛰어나지는 않지만 한 철이나마 예쁜 수영복으로 멋을 낼 수 있으니 좋겠죠?"

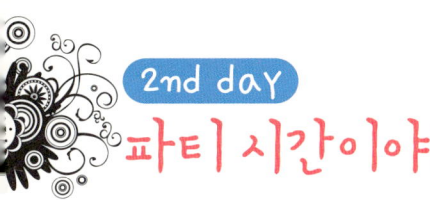

2nd day
파티 시간이야!

침대에서 노는 클럽 베드 서퍼클럽

방콕에 관심 있는 사람들이라면 이미 소문을 들어 알고 있을 그곳. 독특한 컨셉트로 인기를 얻고 있는 베드 서퍼클럽이 있다. 우리나라에도 클럽과 바가 많고 방콕에만 해도 각양각색의 클럽이 있지만 경은과 창선이 '가보고 싶은 클럽'으로 이곳을 꼭 집어 얘기한 이유는 베드 서퍼클럽이 다른 클럽들과는 확실히 차별화되는 컨셉트를 갖고 있기 때문이다. 이름처럼 침대를 컨셉트로 하여 침대에 누워 음악을 듣고, 식사를 하고, 얘기를 나누는 곳이다.

Tour Course
베드 서퍼클럽→색소폰→시로코→쑤언 룸 나이트 바자 비어 가든

이미 베드 서퍼클럽에 대한 얘기를 듣고 온 경은이 "유럽 등지에서 먼저 시작됐고 우리나라에도 최근에 들어왔다고 하던데…. 전 세계에서 수많은 사람이 방콕을 찾기 때문인지 어떤 트렌드는 서울보다 방콕이 앞서 가는 경우가 있는 것 같아요"라며 말문을 연다. 우주선처럼 생긴 건물 외관이 이미 이곳이 예사롭지 않은 곳임을 알려준다. 우주선에 탑승하는 기분으로 4차원적인 분위기를 풍기는 클럽에 들어선 경은과 창선. "정말 궁금했는데 이런 분위기네요. 진짜 우주선에 탄 기분이에요."

이미 먼저 침대에 자리 잡은 손님들이 식사 또는 술을 즐기고 있고 경은과 창선도 한쪽으로 자리를 잡는다. "하루 종일 돌아다니느라 피곤했는데 이렇게 편안하게 쉬면서 즐길 수 있어 좋네요"라는 창선의 말처럼 번잡하고 바쁜 클럽이 아니라서 이곳에서는 여유가 느껴진다.

춤추고 싶은 사람은 춤을 추고, 누워 있고 싶은 사람은 누워 있고, 먹고 싶은 사람은 먹고…. 이곳에서는 누구의 통제도, 제약도 받지 않고 '내 맘대로' 즐기면 그만이다.

Tour Point

클럽이라고 해서 술과 춤에만 초점을 맞추면 곤란하다. 서퍼클럽이라는 이름답게 이곳은 고품격 식사를 제공하며 식사를 즐기기 위해 찾는 사람들도 많다. 입장료를 따로 내야 하는데 1인당 600바트로 상당히 비싼 편이지만 음료나 칵테일, 맥주 등을 마실 수 있는 티켓을 두 장 준다. 하우스, 펑키, 힙합, 트랜스, 살사, 록 등의 다양한 음악을 즐길 수 있으며 태국 현지인 DJ뿐 아니라 해외 유명 DJ들도 출연해 멋진 음악을 들려준다. 서퍼클럽 룸 외에도 스탠딩으로 춤을 즐길 수 있는 공간이 따로 있다. 출입구에서 신분증을 검사하므로 여권을 소지하고 가야 한다.
www.bedsupperclub.com
가는 길 : 쑤쿰윗 쏘이 11에 위치. BTS 나나역에서 내려 걸어가면 된다.

라이브 음악에
빠져들고 싶은 날 색소폰

방콕의 밤을 더욱 열정적으로 만들어주는 곳이 바로 색소폰이다. 화려할 것도, 특별할 것도 없어 보이는 이곳이 각광받는 이유는 바로 뮤지션들의 라이브 음악을 들을 수 있기 때문이다. 재즈, 블루스, 레게, 소울, 어쿠스틱 기타 등 다양한 장르의 라이브 음악을 즐길 수 있다.

소문을 듣고 이곳을 찾아간 경은과 창선은 자리에 앉자마자 뮤지션들의 연주에 매료된다. 태국 현지인은 물론 세계 각지에서 온 외국인까지 음악을 좋아하는 사람이라면 누구나 찾아오는 이곳에서는 음악을 매개로 모두 하나가 되고 금세 친구가 된다.

Tour Point

월요일부터 수요일까지는 밤 9시에 라이브 공연(2회)이 시작되고, 목요일부터 일요일까지는 저녁 7시 30분에 공연(3회)이 시작된다. 공연이 끝나는 시간은 보통 새벽 1시 30분이다. 입장료는 따로 없으며 태국 현지 맥주 1병은 110바트 정도다. 치킨샐러드 같은 메뉴도 120바트 정도로 가격 부담 없이 음식을 먹으며 라이브 음악을 즐길 수 있다.
가는 길 : BTS 전승기념탑역에서 내려 걸어가면 된다.
www.saxophonepub.com

방콕 하늘 아래서 시로코

엘리베이터를 타면 순식간에 63층에 있는 시로코에 도착한다. 복도를 지나 야외 테라스로 나서자 하늘에 떠 있는 듯 자리하고 있는 둥근 바와 테이블들이 있고 그 뒤로 방콕 시내가 한눈에 펼쳐진다. 저 밑에서는 덥다며 땀을 뻘뻘 흘려댔건만 63층에는 방콕에서 한 번도 느껴보지 못한 시원한 강풍이 불어댄다. 이게 바로 시로코의 매력 중 하나다. 유리로 둘러싸인 고층 전망대야 새로울 게 없지만 시로코는 63층 높이에서 뻥 뚫린 세상을 만날 수 있다.

짧은 치마를 입은 경은이 화들짝 놀라며 치마를 움켜잡는다. 방콕에서 치마가 휙 날릴 정도로 강한 바람을 만나기가 어찌 쉽겠는가. 저 아래 세상에서는 만나기 힘든 시원한 바람과 상쾌한 공기와 조용한 세상이 시로코에는 존재한다.

한 층 더 높이 있는 무대에서 라이브 밴드의 연주와 여가수의 부드러운 노래가 울려 퍼지자 창선이 "저 위에서 세상을 내려다보며 노래하는 저 가수, 세상에서 가장 행복한 가수가

아닐까요?" 한다. 그 말을 받아 경은이 한 마디 던진다. "그리고 지금 이 순간 우리는 가장 행복한 방콕 여행자들이고. 그치?"

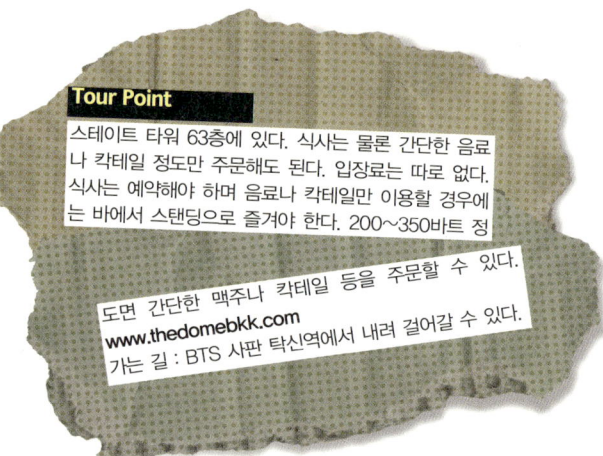

Tour Point

스테이트 타워 63층에 있다. 식사는 물론 간단한 음료나 칵테일 정도만 주문해도 된다. 입장료는 따로 없다. 식사는 예약해야 하며 음료나 칵테일만 이용할 경우에는 바에서 스탠딩으로 즐겨야 한다. 200~350바트 정도면 간단한 맥주나 칵테일 등을 주문할 수 있다.
www.thedomebkk.com
가는 길 : BTS 사판 탁신역에서 내려 걸어갈 수 있다.

시원한 맥주, 화끈한 음악 쑤언 룸 나이트 바자 비어 가든

쑤언 룸 나이트 바자 입구로 들어서다 보면 신나는 음악이 들려온다. 경은과 창선이 음악에 이끌려 간 넓은 광장에는 테이블이 빼곡하게 들어서 있고 콘서트장을 방불케 하는 대형 무대가 설치되어 있다. 밤바람을 쐬며 간단히 맥주와 라이브 음악을 즐길 수 있는 곳이다. 한쪽에서는 각종 음식을 팔고 한쪽에서는 각종 맥주 등을 판다. 맥주 한 잔 시원하게 마시며 쉬어가기 좋다.

경은과 창선이 드리는 보너스 정보!

클럽 밀집 지역인 RCA에서 클럽들을 둘러봤는데 '루트66(ROUTE66)'이 가장 나은 것 같더라고요. 규모도 제일 크고 다른 곳에 비해 태국 젊은이들이 많아서 좋았어요. 주로 스탠딩인데 테이블에 앉고 싶으면 술을 병으로 주문해야 한다더라고요. 입장료는 따로 없고 맥주도 별로 비싸지 않아요. 그 지역 모든 클럽이 새벽 2시면 문을 닫기 때문에 사람들이 한꺼번에 우르르 몰려 나와 택시 잡기가 쉽지 않답니다. 그러니 조금 일찍 나와서 택시를 잡든가, 아니면 길거리 노점상에서 간단히 식사한 후 그 시간을 피해 택시를 잡아도 좋을 것 같아요.

3rd day 경은과 창선의 방콕 맛! 맛! 맛!
이럴 땐 요기서 먹어요~

럭셔리하고 운치 있는 저녁식사를 하고 싶다
마노라 디너 크루즈

배를 타고 차오프라야 강을 유유히 흘러가며 방콕의 정취를 즐기는 디너 크루즈 코스는 경은과 창선에게는 '반드시 해야 하는' 아이템이다. 차오프라야 강을 오가는 수많은 크루즈 중 어떤 것을 탈까 고민하던 경은과 창선은 화려한 조명이 빛을 발하는 대형 크루즈 대신 어둠 속에 은은한 불빛이 흘러 운치가 느껴지는 마노라 디너 크루즈를 택한다.

Tour Course
마노라 디너 크루즈→조 루이스 인형극장
노천카페→마음푸리

방콕 메리어트 리조트 앞 마노라 크루즈 선착장에서 탑승을 기다리던 경은과 창선은 붉은색 지붕이 돋보이는 나무배를 가리키며 "우리가 타는 디너 크루즈가 저 배인가요. 와, 무척 운치 있어 보여요"라며 연방 행복한 표정을 짓는다. 그들의 말처럼 은은한 불빛을 머금은 나무배는 차오프라야 강의 밤 풍경을 거스르지 않고 그 안에 자연스럽게 녹아든다.

잔잔한 음악이 흐르는 크루즈에 탑승한 경은과 창선은 와인 잔에 와인도 따르기 전에 벌써 크루즈 분위기에, 저녁 강바람에, 음악에 취한다. 뒤이어 마노라 디너 크루즈를 더욱 값 있게 만드는 태국 진미들이 나오면서 경은과 창선의 감동은 더욱 커진다.

"남자친구 생기면 꼭 같이 타 보고 싶어요" 하던 경은과 창선은 "그래도 지금은 우리 둘이라서 더 좋아요"라며 와인 잔을 부딪친다.

Tour Point

마노라 디너 크루즈는 매일 운항되며 이용 시간은 오후 7시 30분부터 10시까지이다. 디너 크루즈 가격은 성인 기준 1인당 1,500바트. 크루즈를 타고 가는 동안 차오프라야 강 주변의 명소들에 대한 간단한 소개도 곁들여진다. 탁신 선착장이나 메리어트호텔 앞 마노라 크루즈 선착장에서 탑승할 수 있다. 탁신에서 마노라 선착장까지 15분 간격으로 보트가 운행되는데 이용하려면 예약해야 한다. www.manohracruise.com

여유로운 분위기에서 맛있는 태국 음식을 먹고 싶다
조 루이스 인형극장 노천카페

"방콕 같지 않아요." 쑤언 룸 나이트 바자 한편으로 노천카페들이 늘어선 모습을 본 경은과 창선의 첫마디였다. 푸르른 나무들이 있고 도로도 널찍널찍한 것이 방콕 여느 번화가와는 참 많이 다르다. 그곳의 노천카페들 중 유독 눈에 띄는 곳이 있으니 바로 태국 유명 인형극을 선보이는 '조 루이스 인형극장'과 공연장 건물 앞에 자리한 노천카페다.

이곳을 저녁식사 장소로 정한 경은과 창선은 공연장과 가까운 쪽에 자리를 잡는다. 마침 공연이 끝나고 인사 나온 인형들이 보이자 인형들과 인사하며 즐겁게 보내는 그녀들. "조종자 셋이 한 몸처럼 움직이며 인형 하나를 자유자재로 움직이는 모습이 무척 인상적이에요. 다음에는 공연도 보러 와야겠는데요."

Tour Point
쑤언 룸 나이트 바자 안쪽 사거리에 있다. 넷이서 캐슈너트가 들어간 볶음밥, 뿌팟퐁까리(카레 게 요리), 똠얌꿍 스프링롤, 물을 주문했을 경우 가격은 550바트 정도다.

나는 태국 음식, 너는 스테이크를 원한다
마윰푸리

저렴한 음식점들이 즐비한 카오산 로드에 인접한 마윰푸리. "번잡한 카오산 로드 한쪽으로 이런 곳이 있다니 정말 색다른 느낌인데요"라는 창선과 "고급 리조트 레스토랑 같아요"라는 경은. 둘의 말처럼 마윰푸리는 카오산 로드에는 어울리지 않는 화려한 외관을 하고 있다.

야외에 자리 잡자 경은은 고기가 먹고 싶다며 그릴 스테이크를, 창선은 태국에서 꼭 먹어봐야 하는 음식이라며 파인애플 볶음밥을 시킨다. 스테이크를 받은 경은은 "태국에서 스테이크를 먹어보기는 처음인데 좀 색다르지만 맛있어요. 특히 내가 고른 이 소스는 엄청 태국적인데요" 한다. "카오산 로드 치고 비싸다고 생각할 수도 있지만 이 가격에 이런 분위기에서 맛있는 저녁을 즐길 수 있다니 만족스러워요."

Tour Point

마음푸리는 각종 스테이크 등 서양 음식부터 태국 전통 음식까지 다양한 메뉴를 선보인다. 그릴 스테이크는 320바트, 파인애플 볶음밥은 135바트. 카오산 로드 끝 경찰서가 있는 모퉁이(카오산 로드와 차크라퐁 로드가 만나는 지점)에서 왼쪽으로 돌아 50m 정도 걸어가면 마음푸리가 보인다.
www.mayompuri.com

방콕의 간단한 먹을거리

쇼핑 중 간단하지만 맛있는 식사를 원한다-- 오이시 라멘

경은과 창선이 MBK 쇼핑 중 간단히 식사하고 싶을 때 들른 곳이 오이시 라멘이다. 이곳에서는 태국화된 독특한 일본 라멘 맛을 볼 수 있다. "이건 일본에서도 맛볼 수 없는 일본 라멘 맛이라니까요"라며 좋아하는 경은과 창선. "태국 젊은 이들도 많이 찾는 곳이니깐 태국에 오면 한 번 맛보아도 좋을 것 같아요. 달달한 오이시 녹차도 꼭 한 번 맛보세요!"

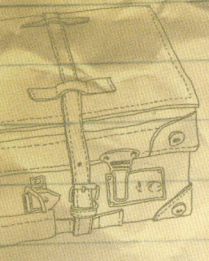

달콤, 시원한 디저트가 먹고 싶다 — 스웬센 아이스크림

방콕에 오면 꼭 한번 먹고 간다는 아이스크림이 스웬센이다. 해외 프랜차이즈인 만큼 태국 물가로 따질 때 가격이 비싼 편이지만 태국에서 큰 인기를 얻고 있는 아이스크림 가게다. 각종 쇼핑센터, 백화점 등에서 쉽게 찾아 볼 수 있으며 아이스크림 퐁듀, 요거트 아이스크림 등 종류도 다양하다.

저렴하고 맛있게 진정한 태국 음식을 맛보고 싶다 — 카오산 로드&시장

카오산 로드 : 카오산 로드에 서면 꼭 한번 맛보아야 하는 음식이 팟타이다. 카오산 로드를 지나다 보면 곳곳에서 즉석에서 팟타이를 만들어주는 노점상과 바닥에 앉아서 혹은 서서 팟타이를 먹는 여행객들을 쉽게 볼 수 있다. 경은과 창선도 솔솔 풍겨오는 팟타이 냄새에 발길을 멈추고 맛있게 냠냠. 팟타이를 먹고 난 후 코코넛, 수박 등 신선한 과일로 마무리하면 멋지게 한 끼 식사가 끝난다. 팟타이는 보통 20~25바트, 과일은 10~20바트 정도다.

시장 : 고급 식당만 고집하지 않는다. "태국에 왔으면 당연히 시장에서 값싸고 맛있는 음식도 먹어봐야죠"라는 경은과 창선. 낯선 시장에서 말도 통하지 않는 상인들을 대상으로 손가락, 발가락 다 써가며 음식을 고르고 주문한다. 그렇게 손에 들어온 음식이라 더 맛있게 느껴진다나. 태국 서민들이 한 끼 식사로 즐겨먹는 팟타이와 돼지고기 덮밥을 주문한다. 가격은 20~25바트. "가격도 저렴하고 맛도 있고, 최고예요!"

방콕을 돌아다니다 보면 '오이시' 간판을 종종 만나게 된다. 오이시 라멘뿐 아니라 오이시 뷔페도 큰 인기를 얻고 있다. 체인점이 곳곳에 자리하고 있으므로 오이시 라멘을 찾기는 어렵지 않다. MBK에는 1층에 있다. 똠얌 해산물 라멘이 눈에 띄는데 가격은 89바트. 라멘 외에 덮밥, 만두 등이 준비돼 있다.

4th day
방콕이 좋다! 마사지가 좋다!

경은, 창선 강추! 피말라이

"가격 만족! 분위기 확실! 마사지 좋아!"
경은과 창선은 마사지 숍 피말라이 발견을 일컬어 이번 방콕 여행의 쾌거 중 쾌거라고 한다. 방콕 여행 준비를 철저히 해온 그녀들의 리스트에는 이리저리 조사해온 마사지 숍만도 여러 개. 그중에 피말라이는 없었다.

피말라이를 발견한 것은 정말 우연이었다. 예상에 없던 짐 톰슨 아울렛으로 향하던 길에 우연히 발견한 피말라이. 어디에도 소개된 적이 없지만 그곳을 보는 순간 왠지 가봐야겠다는 느낌이 강하게 일었단다.

Tour Course
피말라이→찬윗 하이드어웨이

짐 톰슨 아울렛에서 쇼핑을 마치고 돌아오는 길에 경은과 창선은 BTS역까지 갔다가 다시 피말라이를 찾아 길을 되돌아오는 수고를 마다하지 않았다. 그리고 피말라이는 그들의 수고를 몇 배로 보상해줬다.

여행객들에게 알려지지 않아서 번잡하지도 분주하지도 않다. 현지인들이 주로 찾을 듯한 이곳은 깨끗한 인테리어와 저렴한 가격으로 지친 여행자들을 따뜻하게 맞아준다. 물론 마사지 후 만족도는 더욱 높아진다.

"저렴한 가격에 분위기 좋은 곳에서 이렇게 질 좋은 마사지를 받다니…. 정말 만족스러워요." 경은과 창선이 입에 침을 튀기며 피말라이 자랑에 열을 올린다. "이런 곳이 지금까지 알려지지 않았다니 안타까워요. 우리나라에 돌아가면 방콕 여행 가는 주변 사람들에게 피말라이를 많이 소개해야겠어요. 방콕에 있는 동안 매일매일 오고 싶어요!"

Tour Point

온눗역에서 짐 톰슨 아울렛 가는 방향으로 조금만 걸어오면 나무 건물로 된 피말라이가 보인다. 태국 전통 마사지부터 발마사지, 아로마 마사지, 스웨덴식 마사지, 허브 마사지 등 다양한 메뉴를 선보인다. 태국 전통 마사지 1시간에 250바트, 2시간에 450바트, 허브 마사지 1시간에 400바트 등으로 가격도 저렴한 편이다. 자체 제작한 자연주의 스파 제품도 판매한다.
www.pimmalai.com

저렴하고 시원하게~ 카오산 로드 찬윗 하이드어웨이

카오산 로드를 열심히 거닐며 시간을 보낸 경은과 창선이 "이제 마사지 타임이에요" 한다. "자, 제가 카오산 로드에서 입소문이 난 마사지 가게를 조사해왔습니다. 저를 따르세요!"라는 창선을 따라 도착한 곳이 '찬윗 하이드어웨이'. 건물은 허름했지만 직원 모두 마사지 아카데미 수료자들이라는 말에 믿음이 간다.

입소문만큼 마사지 솜씨도 만족스러웠다. 특히 경은과 창선을 감동시킨 것은 발마사지를 편안하게 누워서 받을 수 있다는 점이다. "발마사지를 누워서 받은 것은 처음이에요. 여기서는 발마사지도 전통 마사지를 받을 때처럼 방에서 편안하게 누워서 받을 수 있어 좋아요. 끝에 태국 마사지로 어깨랑 등 부분을 마무리해주는 것도 좋고요."

> **Tour Point**
> 오전 9시 30분부터 새벽 1시까지 영업한다. 태국 전통 마사지는 30분에 100바트, 1시간에 180바트, 2시간에 330바트이고 발마사지는 30분에 120바트, 1시간에 122바트이다.

> 가는 길 : 카오산 로드 경찰서에서 카오산 로드 방향으로 조금 내려오다 보면 오른쪽으로 찬윗 마사지 가게가 보인다. 1층은 상점들이고 3층에 마사지 가게가 있다. 창에 마사지 가게를 알리는 그림과 글자들이 잔뜩 붙어 있어 찾기 어렵지 않다.

'아시아허브 어소시에이션' 이용 후기

"분점이 세 곳이나 있을 정도로 인기가 많은 곳이고 원낙 유명하다기에 일부러 찾아갔는데 주위 평가와는 달리 별로였어요. 일본 회사라 그런지 일본인관광객도 너무 많고 마사지도 생각보다 그저 그렇더라고요. 저희 둘과 친구 한 명이 갔는데 세 명 모두 불만족스럽다는 평가를 내렸어요. 하지만 이건 순전히 개인적인 평가니깐 직접 경험해보고 판단해도 될 것 같아요."

5th day
호텔도 패션이다, 방콕을 꿈꾸다

시크한 그녀들은 호텔 선택 역시 남달랐다. 경은과 창선이 방콕에서 보금자리로 선택한 곳은 방콕에 새로 문을 연 부티크 호텔 '드림 방콕' 이다. 방콕의 여느 호텔과 달리 모던하고 패셔너블한 분위기가 경은과 창선의 마음을 단번에 사로잡는다.

Tour Course
드림 방콕

경은과 창선도 그러했지만 드림 호텔을 둘러본 사람이라면 누구나 그렇게 얘기한다. "태국 호텔 같지 않아요." 그도 그럴 것이 드림 방콕은 '드림 뉴욕' 의 스타일을 최대한 반영했기 때문이다. 2004년 가을 뉴욕에서 문을 열어 관심을 불러 일으켰던 패션 호텔 드림 뉴욕이 방콕에서 '드림 방콕' 으로 재탄생한 것이다.

파란 꿈을 드려요!

경은과 창선에게 드림 호텔은 '파란색' 이미지로 강하게 남아 있다. 호텔 복도를 비추던 은은한 파란색 조명의 영향도 있었겠지만, 무엇보다 객실을 감돌던 환상적인 파란빛 때문이다.

파란색 조명으로 은은하게 뒤덮인 몽환적인 호텔 객실은 드림 호텔이 아니라면 경험하기 힘들 것이다. 침대 밑에서 퍼져 나오는 파란색 불빛은 단순히 인테리어 효과를 위한 장치가 아니다. 차분한 분위기를 연출해 고객들이 숙면을 취하고 좋은 꿈을 꾸게 한다는 드림 호텔만의 특별한 철학을 담고 있다.

그래서일까? 드림 호텔에서 첫날 밤을 보낸 다음 날 경은과 창선이 입을 모아 칭찬한다. "파란 조명을 켜고 자니깐 진짜 더 숙면을 취한 것 같아요. 여기서 자면 꿈도 파란색으로 꿀 것 같다니까요."

강렬한 느낌 '플레이보 바 & 레스토랑'

드림 호텔 속 또 하나의 패션 공간은 플레이보다. 모던하고 깔끔한 분위기가 나는 레스토랑에서 아침식사와 함께 하루를 시작하고 세련되면서도 강렬한 분위기가 나는 바에서 하루를 마무리하면 방콕에서의 하루가 더욱 특별하게 느껴질 것이다.

"강렬한 색상의 스트라이프 문양 장식과 표범, 호랑이 등으로 와일드하게 장식한 바 분위기가 정말 독특해요. 다른 곳에서 쉽게 느껴볼 수 없는 특별한 분위기죠."

패션에 테크놀로지를 더했다

드림 호텔에서 돋보이는 것은 단지 패셔너블한 인테리어뿐만 아니다. 객실마다 벽걸이 TV가 걸려 있고 DVD 플레이어와 무선 인터넷 연결 서비스는 물론 개인용 아이팟 나노도 이용할 수 있게 돼 있다.

Tour Point

드림 방콕은 2006년 문을 열었으며 객실을 100개 보유하고 있다. 플레이보 레스토랑 외에 시가 바(cigar bar), 스파 등을 운영한다.

가는 길 : 쑤쿰윗 쏘이 15에 위치. BTS 아속역에 내려 걸어서 갈 수 있다.
www.dreambkk.com

내일여행의 **추천 일정**

1일	저녁	방콕 도착
2일	하루	국립박물관→탐마앙→열반사원→왓포 마사지→새벽사원→마블사원→위만멕궁전→무예타이 관람→(오전에 궁정 주변 관광을 마쳤다면) 차이나타운→카오산 로드
3일	하루	와트 트라이미트→왓 짜그라왓→센탄 월드프라자→시암 파라곤
4일	하루	방콕 주변 일일 투어(아유타야 일일투어, 깐짜나부리, 수상시장+콰이강의 다리+나콘빠톰 중 택 1) 후→마사지 및 휴식→밤에 출국

여행 정보 (2008년 6월 기준)

항공

인천~방콕 간 비행시간은 약 5시간 30분~6시간 정도, 매일 수차례 다양한 항공편이 운항된다. 수와나품국제공항을 이용하게 되며 출국장은 4층, 입국장은 2층이다. 한국보다 2시간 느리다.

화폐

바트화가 통용된다. 2008년 6월 기준으로 1바트(B)는 약 30.99원. 태국에서 원화 환전은 제한돼 있으므로 한국에서 미리 하는 게 조금 더 이익이다.

날씨

12~2월: 건기이며 강수량이 적어 여행하기 가장 좋은 시기
3~5월: 건기이며 일 년 중 가장 더운 시기
6~11월: 우기이며, 하루에도 여러 차례 비가 오므로 우산과 우비는 필수품

언어

태국어, 관광객 대상의 호텔·레스토랑·쇼핑센터 등은 영어 통용 가능

비자

90일 무비자협정

전압

전압 220V, 한국전자제품 사용 가능

GATE	BOARDING AREA	좌석번호 SEAT
12	**괌**	

알뜰하게 놀고
살뜰하게 여행하기

괌을 단순히 휴양지라고만 한다면
여기 괌을 제대로 즐기고 온 정선과 두희에게 실례되는 말이다.
괌에 대한 편견은 지금부터 싹 버려라.
박정선·박두희 자매가 플레저 아일랜드의 중심,
아웃리거 리조트에 머무르며 만끽한
'환상의 괌 여행기', 그 닷새 동안의 이야기가 펼쳐진다.

여행 컨셉트

괌 하면 너무 익숙한 관광지라서 그럴까? 사람들은 이제 괌을 휴양지로만 생각하고는 식상하다고까지 한다. 하지만 그냥 지나치기에 괌은 너무나 다양한 얼굴을 갖고 있다. 정선과 두희는 휴양지로서 괌보다는 버라이어티한 괌에서 놀이를 찾으며 여행했다.

여행 파트너

활발 정선 | 30대 초반이라는 나이가 믿어지지 않을 정도로 동안인 정선은 건설회사 홍보팀에 근무한다. 하루하루 바쁜 나날을 보내는 와중에도 주말 내내 다이어리가 빼곡히 찰 정도로 돌아다니는 것을 즐기는 활동파이다.

새침 두희 | 내년이면 서른을 앞둔 '꽃띠' 아가씨 두희는 활달해 보이는 외모와는 달리 철저한 '방콕교' 신자이다. 맛있는 음식이라면 십리길 왕림도 마다하지 않는 자칭 타칭 미식가이다.

정선, 두희의 여행 가계부

발렌타인 17년산 72달러, 조니워커B/L 25달러, 선물용 머플러 88달러, 바비브라운 화장품 60달러, 베네피트 틴트 22달러, 립글로스 40달러, 나인웨스트구두 50달러, 식사 75달러, 팁 10달러, 마카다미아 초콜릿 세트 21달러, 센트룸 12달러, 대나무 민속식기 12달러, 커피 11.49달러, 군것질 50달러, 내일여행의 괌 금까기 상품(1인당 3박 4일 기준 59만 9,000원부터)

※ 괌 실제 여행 시기 : 2007년 8월 말

1st day
투몬 만에 반하고, 아로마향에 중독되고

괌으로 가는 여행은 다소 '피곤하게' 시작되었다. 새벽 1시가 넘는 시간에 도착해 바로 당일부터 '강행군'에 나서야 했으니 그럴 법도 하다. 그러나 어디까지나 정선과 두희가 괌을 찾은 목적은 여행을 '즐기기' 위함이 아니었던가! 피곤에 '절은' 모습은 온 데 간 데 없이 괌에서의 첫날을 시작하는 그녀들의 얼굴은 원기가 넘치고 씩씩해 보인다.

Tour Course
아웃리거 리조트 100배 즐기기

아웃리거 리조트 워터슬라이드로 고고~

어두컴컴한 새벽에야 호텔에 도착한지라 방에 짐을 던져두기가 무섭게 잠을 자기 바빴던 정선과 두희는 밝은 아침이 되어서야 그녀들이 머무르게 된 아웃리거 리조트를 제대로 볼 수 있었다. 투몬은 괌 여행의 핵심 지역인 동시에 괌에서 좀 '산다' 하는 사람들이 모여 사는 부자 동네여서인지 유독 깔끔하고 정돈된 분위기가 인상적이다. 이곳에서도 '놀기 좋은' 위락시설이 집중되어 있는 플레저 아일랜드에 위치한 유일한 숙박시설이 바로 아웃리거 리조트이다.

야자수가 우거진 아웃리거의 야외로비

아웃리거 리조트에서 내려다본 투몬 만

아웃리거 리조트의 부대시설은 입지조건만큼이나 빼어나다. 첫손에 꼽을 수 있는 것이 괌에서도 최고의 바다를 자랑하는 투몬 만을 전용 해변으로 가지고 있다는 점이다! 백사장이 고스란히 드러나는 물빛 투명한 바닷가에서부터 수심이 급격히 깊어지는 수평선 인근의 짙푸른 바다까지 그야말로 괌에서 제일이라 손꼽히는 바다경치를 아웃리거에서는 한눈에 조망할 수 있다. "마치 바다 위에 앉아 있는 것 같지 않아?" "그러게. 경치 하나는 정말 최고인 거 같아." 탁 트인 전경이 일품인 발코니에서 그녀들의 '수다 삼매경'은 끝날 줄을 모른다.

아웃리거의 부대시설을 논할 때 리조트와 '코앞에' 있는 해변 사이에 위치한 전용수영장을 빼놓을 수 없다. "물이 좀 깊은 편인 것 같아" 하며 풀에 들어가는 것을 머뭇거리던 두희는 어느새 튜브 하나를 냉큼 꿰차고 환호성을 지르며 워터슬라이드를 타기에 바쁘다. "언니~ 그냥 타는 것보다 튜브를 갖고 타는 게 더 빨리 내려가! 어서 해봐~"

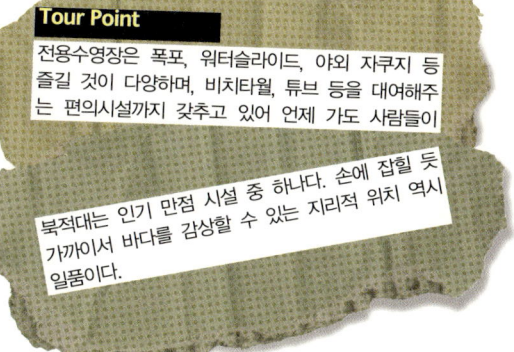

Tour Point
전용수영장은 폭포, 워터슬라이드, 야외 자쿠지 등 즐길 것이 다양하며, 비치타월, 튜브 등을 대여해주는 편의시설까지 갖추고 있어 언제 가도 사람들이 북적대는 인기 만점 시설 중 하나다. 손에 잡힐 듯 가까워서 바다를 감상할 수 있는 지리적 위치 역시 일품이다.

만다라 스파 마사지에 사로잡히다

아웃리거에서 놓치면 섭섭한 또 하나의 '초특급 럭셔리' 서비스가 있으니 바로 아웃리거 내에 입점해 있는 세계적인 스파 체인 '만다라 스파'이다. 열대섬인 괌의 기후와 토질을 충분히 반영해 코코넛·해조류·갑각류 등의 천연 재료를 사용한 마사지·스파 프로그램이 인상적이다.
"냄새 좋다!" 만다라 스파 안에 들어서자마자 정선의 감탄사가 터졌다. 그도 그럴 것이, 스파센터 전체에 은은히 배인 향은 달콤하면서도 나른해지는 것이 열대의 이국적인 꽃다발을 연상시킨다. "플루메리아향이에요." 정선과 두희의 마사지를 맡게 된 마사지 테라피스트 엘라가 웃으면서 설명한다. "마사지를 받기 전에 아로마향을 맡으면 심신이 이완되어

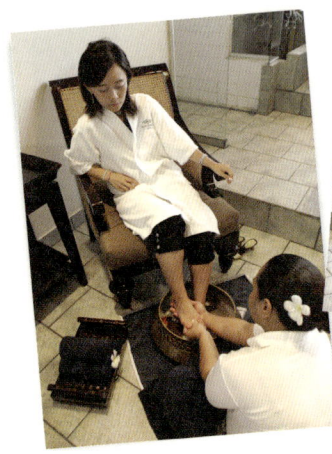
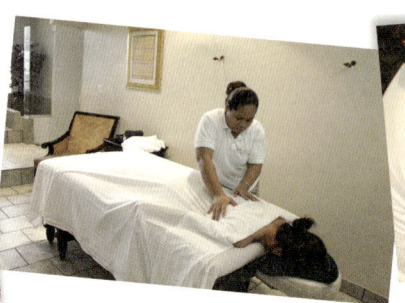

(왼쪽) 아로마테라피를 받는 정선 (가운데) 말라산 구안 사이판 마사지를 받는 두희
(오른쪽) 강약을 조절한 세심한 마사지가 인상적

더 좋은 효과를 기대할 수 있답니다."

스파와 마사지를 체험하게 될 방으로 들어가니 무척 편해 보이는 침대와 욕조가 수면욕(?)을 자극한다. 정선, 두희 자매가 체험할 수 있는 프로그램은 마사지와 아로마테라피 두 가지다. 호기심 많은 정선은 "나는 많이 돌아다니는 편이니 발마사지를 해주는 아로마테라피를 할게"라며 먼저 아로마테라피를 체험하겠다고 나선다.

편안해 보이는 흔들의자에 앉아 보글보글 거품이 일어나고 꽃잎이 흩뿌려진 청동 대야에 발을 담그자마자 엘라가 정성 어린 마사지를 시작한다. 발가락 하나하나를 세심히 어루만지는 손길이 일품이다. "발에 몰린 피로가 싹 풀리는 것 같아. 아로마향도 정말 좋고!"라며 정선은 감탄사를 연발한다.

두희가 체험하게 될 마사지는 '말라산 구안 사이'. 미크로네시아(괌이 있는 남태평양 지역)를 모티프로 딥티슈와 로미로미가 포함된 전통적인 방법을 이용한 마사지로 '추천' 리스트에 포함된 만다라 스파의 인기 프로그램 중 하나다. 엘라가 간편한 복장으로 엎드린 두희의 등부터 마사지를 시작한다. 스치듯 부드럽게 이어지는 그녀의 손길에 뻣뻣하게 굳어 있던 두희의 등이 부드럽게 풀어진다. "살짝살짝 만지는 것 같으면서도 은근히 힘이 센데? 뭉친 근육이 싸악 풀리는 느낌이야." 마사지 도중에 잘 뻔 했다는 두희 역시 '아주 만족'해 한다.

보이저스 클럽 라운지에서 해지는 수평선에 건배

특급 호텔인 아웃리거에서도 그녀들이 묵게 된 객실은 바로 21층. 20층, 21층 단 두 개의 최상위층에만 마련된 '보이저스 클럽 객실'은 호텔 꼭대기에서 내려다보는 바다 풍경도 일품이지만 뭐니 뭐니 해도 21층에 마련된 전용 라운지 서비스를 주목할 만하다. 20~21층에 머무르는 투숙객에게만 제공하는 전용 조식과 저녁 시간에는 일몰을 조망하며 로맨틱하게 만끽할 수 있는 칵테일, 와인과 간단한 안주까지 세심한 서비스가 자신을 좀더 특별하게 만들어준다.

Tour Point
만다라 스파의 스파·마사지 프로그램 이용 가격은 종류·시간에 따라 30달러부터 225달러까지 다양하다. 운영 시간은 오전 9시부터 오후 12시까지.
www.mandaraspa.com

Tour Point
보이저스 클럽에서는 인터넷도 무료로 이용할 수 있다. 무료로 제공되는 '칵테일 타임'은 오후 5시부터 7시까지이니 시간대를 잘 맞추어 가야 한다.

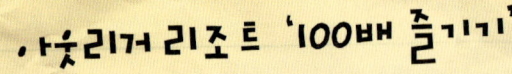

아웃리거 리조트의 가족 호텔인 오하나 베이 뷰, 오하나 오션뷰도 투몬 만 인근에 옹기종기 모여 있다. 이들 세 호텔 사이에는 무료 셔틀버스가 운영되며, 모든 부대시설을 공유한다.

2nd day
바다를 탐닉하다

투몬 만 앞바다 색깔을 '이렇다'라고 단번에 정의 내리기는 쉬운 일이 아니다. 때로는 투명하게, 때로는 짙푸르게…. 특유의 기기묘묘한 빛깔을 뿜어내는 바다 앞에 서면 한없이 빨려 들어갈 것 같은 선명한 바다색에 눈이 시리게 마련이다. 이 맑고 건강한 바다를 마음껏 탐닉하기 위해 정선·두희 자매가 '두 발 벗고' 나섰다. 강렬하게 쏟아지는 햇살과 이를 고스란히 반사하는 바다 표면에 선크림을 듬뿍 발랐는데도 어느덧 살이 빨갛게 익는다.

Tour Course
투몬 비치

투몬 비치, 이래서 만만하다
얕은 수심, 온화한 바다에 빠져봐~

'해변의 여인' 두희

우선 가볍게 '몸풀기' 하려고 해변 산책로로 나선다. 아웃리거 리조트의 전용 비치여서인지 드넓은 해안에는 생각만큼 사람들이 넘쳐나지 않아 여유로움마저 느껴진다. "아직 8월 말이라 관광객들이 많을 줄 알았는데, 붐비지 않아서 좋다"며 자매는 어느덧 앞서거니 뒤서거니 다정하게 백사장을 거닐며 한가로이 바다를 만끽한다.

구두가 바닷물에 젖을까 봐 모래밭으로만 발을 딛던 정선이 먼저 용감하게 신발을 벗어던진다. "바닷가에서는 역시 맨발이지~" 어느덧 발목에 찰랑찰랑 와 닿는 깊이까지 바다 쪽으로 성큼 들어갔다. 반면에 언니를 따라 신발을 벗고 모래밭에 발을 디뎠던 두희는 오래지 않아 다시 신발을 신었다.

"괌 해변은 산호가 부서져서 모래가 됐다더니 까칠까칠한 감촉이 강해서 맨발로는 걷기 힘들어." 눈으로 보이는 저 먼 바다까지 모래바닥이 고스란히 비치는 투명하고 따스한 바닷가를 거니는 일은 투몬 바다에서 반드시 누려야 할 특권이다.

투몬 비치, 이래서 짜릿하다
다양한 해양스포츠의 천국

두 사람은 여유로운 바닷가 산책을 마치고 나서 본격적으로 '투몬 바다 즐기기' 모드로 들어갔다. "내가 오늘을 위해서 무려 3일이나 다이어트했다는 거 아니겠어?" 옷을 벗고 수영복 차림으로 뭇 시선들 앞에 나서야 한다는 부담감 때문일까? 정선과 두희는 약

Tour Point
모래가 부드럽지 않으니 가벼운 샌들을 착용하고 바닷가를 걷는 것이 좋다.

속이나 한듯 괌에 오기 전에 '미니 다이어트'를 했단다. "몸매가 S라인까지는 아니더라도 O라인으로 보인다면 곤란하잖아." 눈물겨운 노력 덕분인지 옷을 갈아입고 나선 그녀들의 '라인'은 흠잡을 데 없이 훌륭했다.

바다 위에서 '휴,뻴' 바다 자전거 보트

물자전거에 이어 두 사람의 눈에 들어온 해양스포츠는 자전거보트다. 페달을 밟아가며 이동하는 점은 물자전거와 비슷하지만 여느 보트와 똑같은 외양에 그럴듯하게 차양까지 쳐져 있는 모습이 색다르다. 정선과 두희는 "같은 페달이라도 자전거보다 힘이 훨씬 덜 드네"라며 이번에는 쉽게 바다를 누빈다. "특히 차양이 맘에 들어. 해를 가려주니까 얼굴도 덜 타잖아"라며 두희는 꾹꾹 눌러쓰고 있던 모자를 벗어던지고 그늘 속에서 시원한 바닷바람을 실컷 맞는다.

요 녀석 '눈에 띄네' 물자전거

해양스포츠를 즐기기 위해 본격적으로 채비를 갖추고 나선 정선, 두희의 눈길을 단숨에 사로잡은 첫 번째 주인공은 바로 물자전거다. "바퀴 크기 좀 봐.", "바다에 둥둥 떠다니는 것 같지 않아?" 사실 그 거대한 크기 덕분인지 물자전거를 타고 페달을 밟는 사람들의 몸놀림이 다소 힘겨워 보인다는 의견도 있으나, 첫눈에 시선을 잡아끈 매력을 포기할 수는 없다. "일단 타보는 거야!"를 외치며 과감히 체험해보기로 한다. 샛노란 물자전거 한 대를 고른 그녀들은 거대한 자전거 사이즈에 '밀려' 올라타는 것부터 쉽지 않아 보였다. 워터스포츠 센터 직원들의 부축을 받으며 겨우겨우 높다란 자전거에 올라탄 두 사람은 이번에는 거대한 바퀴 세 개를 굴리느라 생고생을 단단히 했다. "페달 한 번 밟는 게 이렇게 힘들 줄이야"를 연방 외치는 두희 얼굴에는 어느덧 땀이 송골송골 맺힌다. 하지만 고생은 잠시뿐, 한번 '발동'이 걸리고 몸이 익숙해지니 탄탄대로가 펼쳐진 대 어느덧 '후진'하는 법까지 익힌 그녀들은 바다 위를 요리 조리 누비며 물자전거 타는 재미에 푹 빠졌다.

코앞에서 물고기 발견! 스노클링

얕은 앞바다에서도 스노클링으로 열대어를 감상할 수 있다. 사실 스노클링은 두 사람이 할까 말까 고민했던 액티비티 가운데 하나다. 바다 속을 눈앞에서 가까이 볼 수 있으니 꼭 한번은 해보자는 정선과 먼 바다까지 나가지도 않으면 해변과 인접한 바다 속에 눈볼 것이 별로 없을 거라는 두희의 의견이 엇갈렸던 것이다. 하지만 역시 이번에도 '한번 해보기나 하자'는 대세를 좇아 일단 장비를 챙겨 들고 조금 더 깊은 바다로 들어섰다. "저기, 잽싸게 움직이는 것들 좀 봐. 물고기 맞지!" 스노클링 장비를 착용하고 바다 속으로 머리를 담근 지 몇 초나 지났을까, 어느새 고개를 번쩍 든 정선이 의기양양하게 감탄사를 연발한다. 해변과 접해 있는 바다에서 떼 지어 몰려다니는 열대어를 발견했으니 신기할 법도 하다. 비록 깊은 바다 속 산호군을 본 것은 아니지만 눈앞에서 물고기를 손쉽게 볼 수 있으니 괌에서 꼭 체험해봐야 할 워터 액티비티 리스트에 스노클링이 당당히 이름을 올리는 것은 당연한 일이 아닐까?

3rd day
쇼핑의 천국 DFS 갤러리

괌이 쇼핑천국이라는 것을 체감할 수 있었던 시간이다. "생각보다는 물가가 비싼 편이래"라며 예리한 소비자의 안목을 번득이던(?) 정선과 두희는 DFS 갤러리아에 들어서자마자 앞서의 편견은 한 방에 날려버리고 무서운 집중력으로 매장을 섭렵해갔다.

엔터테인먼트 월드에서 정선, '잭팟'을 터뜨리다

"한국분이세요?" DFS 갤러리아 직원이 우리말을 건네며 한글로 씌어 있는 쇼핑안내 카드를 건넨다. 입구에서부터 기분 좋게 입장한 정선과 두희의 눈에 포착된 것은 난데없는 슬롯머신 기계. "잭팟이라니…. 여기에 카지노도 있는 거야?" 알고 보았더니 잭팟은 입구에서 받은 쇼핑카드의 바코드를 갖다 대면 슬롯머신처럼 기계가 작동해 다양한 할인혜택과 기념품을 받을 수 있는 서비스란다. 호기심에 얼른 바코드를 갖다 댄 정선이 기념품을 받을 수 있는 잭팟을 '터뜨렸다.' "이거 바꿔주세요." 냉큼 옆에 있는 안내데스크에 잭팟 영수증을 제출하고 핸드폰 클리너를 받아든 정선은 싱글벙글한다. "나 이런 이벤트 정말 좋아하는데…. 우리 여기 있는 동안 매일 와서 해보자!"

DFS 갤러리아 초입에 위치한 '엔터테인먼트 월드'는 장난감, 과자, 주류 등 괌의 다양한 기념품이 가득한 공간이다. 색색가지 특산품, 초콜릿 등 기념품이 눈을 어지럽게 한다. "여

기서 초콜릿을 시식할 수 있다!" 유독 초콜릿을 좋아하는 두희는 마카다미아 너트가 통째로 든 초콜릿을 시식대에서 냉큼 집어 들며 정선에게도 권한다. "음~ 달콤하고 고소해!" "5개들이 세트로 사면 더 저렴하네." 시식대의 초콜릿을 거의 동내다시피한 그녀들은 결국 선물을 빙자해(?) 마카다미아 초콜릿을 한 아름 사들고 만족스러운 표정을 지었다.

(위) 다양한 명품 브랜드가 늘어서 있다.
(아래) 정선의 '대박'

뷰티 월드, 이보다 더 다양하고 저렴할 순 없다

엔터테인먼트 월드가 끝나갈 즈음, 더욱 휘황찬란한 외양을 자랑하는 매장들이 속속 나타나며 눈을 현혹시킨다. '뷰티 월드(Beauty World)'에는 전 세계의 갖가지 화장품과 향수 브랜드가 입점해 있다. 물론 다양한 제품을 테스트해볼 수 있는 메이크업 시연대도 브랜드 매장별로 아기자기하게 마련되어 있어 가히 '여자들의 천국'이라 할 수 있다.

"우리나라에 들어오지 않은 브랜드가 꽤 많다." 화장품에 관심이 많아 거의 '박사'의 경지에 이르렀다는 두희의 한 마디. 정말 찬찬히 둘러보니 줄리크, 폴&조 등 아직 국내에서 정식으로 매장을 열지 않은 화장품 브랜드가 여럿 있다. 친구들에게 선물할 립스틱을 사려고

매장을 둘러보던 정선이 어느새 휴대용 파우더를 집어 들고 자기가 쓸 물건을 고르기에 바쁘다.

정선과 두희는 달콤한 향내가 진동하는 향수 매장으로 발걸음을 옮긴다. "이게~ 이 가격이 확실한 거야?" 평소에 즐겨 쓴다던 향수 하나를 집어든 두희는 가격표를 보더니 믿기지 않는다는 눈치다.

향수의 종류도 다양하거니와 가격도 여느 면세점에 비해 더욱 매력적이니, 이것도 사고 싶고 저것도 고르고 싶다. "실속 있게 쇼핑하는 거니까 확실히 기분은 좋은데, 어째 지갑이 점점 얇아지는 것 같지 않니?" 이것저것 바쁘게 사들이는 와중에도 잠깐 현실세계로 돌아온 정선이 한마디 하지만 이미 엎질러진 물이요, '강림' 해버린 지름신을 어찌 외면할 수 있으리.

부티크 갤러리, 패션 월드, 고급스럽고 멋지고 화려한 곳!

드디어 DFS 갤러리아의 하이라이트 지대로 들어섰다. 화려하면서도 튀지 않는 명품 매장들의 행렬에 눈이 먼저 즐겁다. 뷰티 월드에 이어지는 '부티크 갤러리(Boutique Gallery)'와 '패션 월드(Fashion World)'에는 전 세계에서 내로라하는 럭셔리 명품 브랜드 매장이 한자리에 집합해 있다. 그야말로 상상 가능한 브랜드가 거의 다 있다고 생각하면 맞는다. 시계 매장을 '윈도쇼핑'으로 잠깐 둘러보던 자매는 본격적으로 부티크 갤러리 탐사를 위한 발동을 걸었다.

정선 : 나는 남자친구 넥타이 사줘야지!
두희 : 챙겨 줄 애인 있어서 좋겠네. 난 아빠랑 엄마 선물 사드릴래.

곳곳에 마련되어 있는 휴식공간에 앉아서 한창 작전(?)을 짜던 정선과 두희는 '타깃별'로 다양한 매장을 차근차근 섭렵해 나간다. 아르마니, 버버리 매장에 이어 페라가모 매장에 들어선 두희의 눈이 하트표로 돌변한다. "이 블라우스, 나한테 어울리지 않아?", "저 구두 좀 봐~ 딱 내 스타일이야!" 반드시 사지는 않더라도 휘황찬란한 매장 안에서 정중한 서비스를 받으면서 이것저것 입어보고 거울을 비추어보며 느끼는 쇼핑의 쾌감은 그야말로 해본 사람만이 안다. 두희에 질세라 정선도 강렬한 원단이 한눈에 팍 꽂혔다는 뿌까(PUCA) 매장으로 들어가 오색찬란한 가방 고르기에 여념이 없다. 부티크 갤러리까지 돌고 나니 하나 둘씩 늘어만 가던 올망졸망한 쇼핑 보따리들의 부피는 자매의 양손을 압박하기에 이른다.

차마 헤어나고 싶지 않은 부티크 갤러리를 뒤로하니 마지막 코스인 패션 월드가 기다린다. 다르면서도 은근히 취향이 비슷한 두 사람의 '입맛'에 꼭 맞는 매장은 바로 랄프 로렌&폴로였다. 모자와 같은 소품에서 스웨터, 토드백까지…. 완전히 자기 취향이라고 부르

Tour Point

괌에서의 쇼핑, 이래서 실속 있다!
미국 본토에서는 보통 10% 내외의 소비세가 붙는데, 괌은 전 지역이 관세 면제 지역이어서 100% 면세 쇼핑이 가능하다. 그러면서도 미국령이라는 이점이 더해져 'Made in USA' 제품은 저렴한데다 세금도 붙지 않으니 일석이조다! 실제로 베네틴트, 바비브라운 등 미국산 브랜드의 화장품 가격은 여러 지역과 비교하면 훨씬 저렴하다.

짖던 그녀들의 눈길과 손놀림이 또다시 바빠지기 시작했다. DFS 갤러리아는 오전 10시부터 오후 11시까지 운영한다. www.dfsgalleria.com

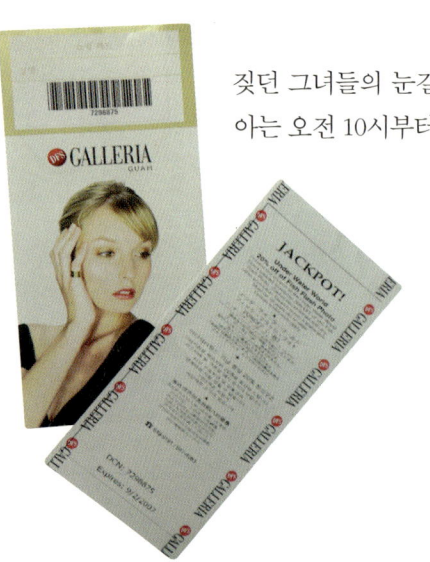

Tour Point

DFS에서 쇼핑해야 하는 다섯 가지 이유

1. DFS의 가장 큰 미덕은 뛰어난 접근성이다! 괌 전 지역으로 무료 셔틀버스가 다니기 때문에 편리하게 찾아갈 수 있다. 또 괌 어디에서나 택시를 타고 DFS 갤러리아에 내리면 택시비가 공짜다!

2. 'Made for DFS'? 몇몇 명품 브랜드에서는 DFS 갤러리아에서만 취급하는 전용 디자인 제품을 별도로 개발해 판매하고 있어 희소성이 높다.
3. 우리나라 방문객을 위한 서비스가 만점이다! 한국어 안내 서비스는 물론 결제도 원화로 가능하다.

4. DFS는 루이비통, 마크 제이콥스, 모엣샹동 등을 소유한 패션·명품그룹 'LVMH'의 계열사이다. 따라서 관련 브랜드 제품을 다양하게 접할 수 있고, 가격도 좀더 경쟁력이 있다.

5. 확실한 애프터서비스 역시 DFS가 매력적인 이유 가운데 하나다. 귀국한 뒤에도 100% 교환·환불이 가능하다. 서울에 애프터서비스 센터가 따로 있다.
02-732-0799

4th day
낮보다 밤이 더 아름다운 도시

밤을 맞이하는 투몬 시내는 낮보다 더 밝을 만큼 화려한 모습으로 탈바꿈한다. 휘황찬란한 네온사인을 배경으로 삼삼오오 거리로 쏟아져 나온 세계 각국의 젊은이들은 과연 어디로 향하는 걸까? 호기심 많은 정선과 두희는 낮에 돌아다니느라 피곤할 텐데도 다시 한 번 투몬 거리로 나선다.

Tour Course
하드록카페→샌드 캐슬→글로브

하드록카페, 가볍게 분위기에 취해 보니

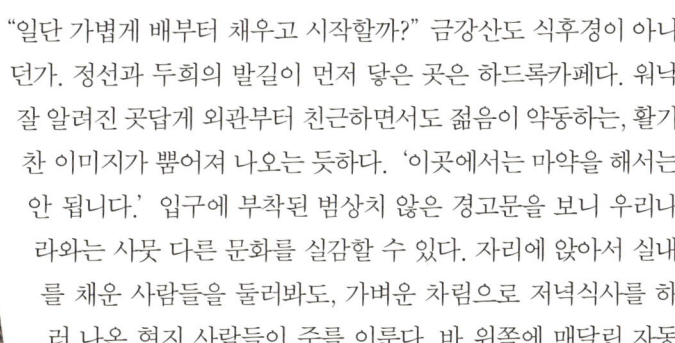

"일단 가볍게 배부터 채우고 시작할까?" 금강산도 식후경이 아니던가. 정선과 두희의 발길이 먼저 닿은 곳은 하드록카페. 워낙 잘 알려진 곳답게 외관부터 친근하면서도 젊음이 약동하는, 활기찬 이미지가 뿜어져 나오는 듯하다. '이곳에서는 마약을 해서는 안 됩니다.' 입구에 부착된 범상치 않은 경고문을 보니 우리나라와는 사뭇 다른 문화를 실감할 수 있다. 자리에 앉아서 실내를 채운 사람들을 둘러봐도, 가벼운 차림으로 저녁식사를 하러 나온 현지 사람들이 주를 이룬다. 바 위쪽에 매달린 자동차, 기타와 악보 등으로 가득 메워진 벽 등 독특한 인테리어가 하드록카페만의 독특한 아우라를 발산한다. "저 사람 괜찮게 생겼다!" 정선과 두희는 주문 받으러 온 직원의 외모를 관찰하며 즐거워한다. 메뉴판을 보면서 먹음직스러워 보이는 메뉴를 푸짐하게 주문한 두 사람은 샌드 캐슬의 화려한 무대를 꿈결처럼 뒤로하고 글로브로 가볍게 생맥주 한잔으로 건배하며 낮 동안의 피로를 잠깐이나마 털어버렸다.

샌드 캐슬, 라스베이거스 스타일의 쇼에 눈멀다

투몬 만의 화려한 밤을 더욱 완벽하게 만들어주는 것이 샌드 캐슬 쇼다. "공연 중에 호랑이가 나온다던데?" 정선은 쇼를 봤다는 주변 사람들의 말을 떠올리며 기대에 부푼다. 반면 젯밥(?)에 눈이 먼 두희는 "마술사가 엄청 잘생겼대" 하며 또 다른 기대에 부푼다.

드디어 불이 꺼지고 막이 올랐다. 세계 최고 수준의 아이스 스케이트 마술가라는 스티브 휠러는 두희의 기대에 어긋나지 않을 만큼 매력적이었다! 빙상에서 펼쳐지는 뜨거운 공연의 열기는 괌의 모습을 반영한 것일까. 아찔하면서도 위태로운 묘기가 하나 둘 펼쳐질 때마다 정선과 두희는 숨을 들이마셨다. "역시 백문이 불여일견이야. 정말 환상적이다!" 한 시간이라는 공연 시간이 어찌나 짧게 느껴졌는지 모른다.

글로브, 젊은이들의 '용광로' 그들만의 축제는 계속된다

샌드 캐슬의 화려한 무대를 꿈결처럼 뒤로하고 글로브로 발걸음을 옮긴다. 샌드 캐슬과 나란히 자리 잡고 있는 글로브는 괌에서도 물 좋기로 첫손가락에 꼽히는 나이트클럽이다. 괌 젊은이들은 물론 세계 각지에서 몰려드는 젊은 관광객이 밤문화를 즐기기 위해 필수 코스와도 같이 들른다고 한다. 평일 늦은 시간인데도 플로어는 이미 젊은 이들로 발 디딜 틈이 없다. 쉴 새 없이 움직이는 실루엣을 비춘 스크린에 무대로 쏟아지는 강렬한 전자음이 머릿속을 어지럽힌다. 각각 병맥주와 칵테일을 시킨 정선과 두희의 몸도 리듬에 따라 어느덧 가볍게 들썩인다. 무대에 나가 가볍게 몸을 풀던 자매는 어느새 친근하게 말을 걸어오는 사람들과 함께 춤을 추며 즐거운 시

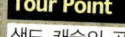

Tour Point

샌드 캐슬의 공연은 디너쇼 타임(오후 6시~8시 40분), 칵테일쇼 타임(오후 9시 30분~10시 40분)로 나누어 펼쳐진다. 입장료는 디너쇼 타임에 105달러, 135달러(왕복 차량 서비스 포함)이며, 칵테일쇼 타임에 65달러, 85달러(왕복 차량 서비스 및 음료수와 스낵 포함)이다.
www.sandcastleguam.co.kr

간을 만끽한다. 글로브 입장료는 3달러이고, 음료수 두 가지와 왕복 셔틀이 무료로 제공된다. 운영 시간은 평일에는 오전 2시까지, 주말에는 오전 4시까지다. 특히 샌드 캐슬 쇼를 관람하면 글로브 무료입장 쿠폰을 주므로 한번에 두 곳을 방문하면 좋다.

5th day
세계에서 가장 긴 터널 언더 워터 월드

Tour Course
언더 워터 월드

보석과도 같은 남태평양의 푸르른 바다로 둘러싸인 괌에서 수족관을 만난다는 것은 어쩌면 너무나 당연하면서도 자연스러운 일인지 모른다. DFS 갤러리아 맞은편, 플레저 아일랜드 중심부에 위치한 언더 워터 월드는 남태평양의 해저를 고스란히 옮겨놓은 듯하다. 2층 규모로 세계에서 가장 긴 터널 수족관이다. "솔직히 내가 물은 무서워하는 편이잖

아. 그런데 수족관은 몸에 물 한 방울 안 묻히고 바다를 구경할 수 있어서 좋더라." 수영을 못해서 물 공포증이 있다는 두희가 가장 손꼽아 기다리던 일정이 언더 워터 월드 관람이다.

100여 종에 달하는 다양한 해양생물군이 5,000여 마리나 모여 있는 언더 워터 월드는 규모면에서 압도적이다. 입구에서부터 어두컴컴한 나무들이 울창한 것이 열대우림에 들어온 것 같은 분위기를 물씬 풍긴다.

언더 워터 월드의 핵심 코스는 단연 해저 터널이다. 무려 100m 길이로 이어지는 터널은 마치 미로를 걷는 듯 아기자기하게 꾸며져 있으면서도 코스마다 다양한 생물군이 포진해 있어 지루할 틈이 없다. "진짜 색깔이 다양한 물고기가 많네!" 정선과 두희는 바닥에서 천장까지 두리번거리며 구석구석 물고기 찾기에 단단히 재미가 들렸다. 때마침 등장한 다이버를 놓치지 않고 기념사진까지 찍는다.

Tour Point
입장료 : 어른 20달러, 3~11세 어린이 12달러, 0~2세 유아는 무료
입장 시간 : 10:00~21:00
* 저녁 9시부터 11시 30분까지 오픈하는 해저 라운지 타임에는 해저 터널 내에서 칵테일을 마실 수 있으며, 입장료는 35달러이다(어른만 입장 가능). 다양한 해양생물에 대한 정보가 궁금하다면 한국어 음성가이드를 빌릴 수 있다(2달러).
www.cometeguam.com

"헉~ 터칭 풀에 상어도 있어!" 여러 가지 생물을 손으로 직접 만져볼 수 있는 체험관이 터칭 풀(Touching Pool)이다. 여느 수족관의 심심한 터칭 풀과는 달리 언더 워터 월드에서는 상어, 열대어, 가오리 등 다양한 물고기를 생생하게 접할 수 있어서 재미가 배가된다.

내일여행의 추천 일정

1일　　새벽　　괌 도착
2일　　　　　　타자 워크 파크→DFS 갤러리아 괌→샘초이스 레스토랑→언더 워터 월드
3일　　　　　　사랑의 절벽→이파오 비치→차모르 빌리지 관광→스페인 광장, 아가나 대성당, 초콜릿하우스, 라테스톤공원→플래닛 할리우드에서 저녁식사→클럽 글로브→밤에 괌 출국

여행 정보 (2008년 6월 기준)

대한항공에서 매일 인천~괌을 연결하는 직항편을 운항한다. 출발 비행 시간은 오후 8시 10분 인천을 출발해 다음 날 오전 1시 25분에 괌에 도착한다. 도착 비행 시각은 오전 3시 10분 괌을 출발해 오전 6시 40분에 인천에 도착한다.

시차
괌이 한국보다 1시간 빠르다.

화폐 및 환율
괌은 미국령이므로 달러가 통용된다. 1$ ≒ 1,014.80원

전압
120V가 표준이므로 국내 제품을 사용하기 위해서는 멀티어댑터가 필요하다.

팁
미국 본토에서처럼 팁이 일반화되어 있다. 호텔에서뿐만 아니라 레스토랑에 가거나 택시를 탈 때도 보통 10~15%의 팁을 얹어준다.

GATE	BOARDING AREA	좌석번호 SEAT
13	**오사카**	

4색 오사카를 만나다

가까워서 쉽게 갈 수 있을 뿐만 아니라 싸고 맛있는 먹을거리가 풍성하고, 일본 국내외의 패션 아이템을 총망라한 쇼핑 스트리트마저 빵빵해 요모조모 따져보아도 매력 만점인 도시가 오사카다.
그동안 바쁘게 생활하느라 만나기도 쉽지 않았던 단짝 친구 경아와 윤미가 오사카로 떠났다. 여행하면서 오랜만에 둘만의 돈독한 우정을 다질 수 있었다는 경아와 윤미의 여정을 따라가보자.

여행 컨셉트

일본 문화를 느끼는 것은 물론 일본 여행에서 빼놓을 수 없는 음식과 패션에도 소홀히 하지 않았다. 오사카 여기저기 정말 부지런히 다리품을 팔았다. 오사카의 새로운 매력을 찾은 여행이랄까?

여행 파트너

그녀 대 그녀 정경아, 서윤미 | 문화예술 분야에서 근무하는 경아와 PR회사에서 홍보업무를 맡고 있는 윤미. 둘은 문예창작과 동기동창생으로 예술적 감수성이 풍부하지만

이에 그치지 않고 대학시절 수많은 밤을 술로 지새우며(?) 우정을 다졌다. 이번에도 역시나 빡빡한 일정에도 밤이면 밤마다 오사카 밤거리를 순례하며 청순한 외모와는 사뭇 다른 뚝심 체력을 과시했다.

경아와 윤미의 여행 가계부(1인 기준)

1일 | 교통비, 식비, 쇼핑비 : 간사이공항→남바역 890엔, 남바역→히나미모리마차역 230엔, 히나미모리마차역→남바역 230엔, 점심식사 430엔, 저녁식사 600엔

2일 | 교통비, 식비, 쇼핑비 : 오사카 주유패스(한국에서 구입) 17,000원, 점심식사 800엔, 저녁식사 1,000엔, 맥주&안주 2,000엔

3일 | 교통비, 식비, 쇼핑비 : 남바역→닛폰바시 230엔, 닛폰바시→남바역 230엔, 남바역→간사이공항 (난카이특급 라피도알파) 1,390엔, 카페 음료와 케이크 1,000엔, 기념품 1,700엔

총 여행경비 | 12,430엔

내일여행 오사카 금까기는 41만 8,000원부터

※ 오사카 실제 여행 시기 : 2008년 3월

1st day
오사카 속 일본 엿보기

맑은 샘물이 솟아나는 고즈넉한 신사 풍경, 전통 복장을 갖춰 입고 섬세하게 한 올 한 올 머리칼을 틀어 올린 인형의 얼굴에서 우리는 자연스레 '일본스러움'을 느끼게 된다. 일본 여행 경험이 많지 않은 경아와 윤미가 가장 고대하던 관광지가 바로 전통 신사. 그녀들은 일본에서 가장 큰 텐만구신사인 오사카텐만구신사, 일본의 유일한 국립분라쿠극장인 오사카국립분라쿠극장에서 '오사카 속 일본'을 체감하는 기회가 되었다.

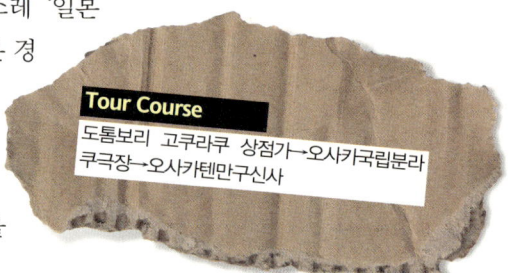

Tour Course
도톰보리 고쿠라쿠 상점가→오사카국립분라쿠극장→오사카텐만구신사

일본의 옛날 '먹자골목' 도톰보리 고쿠라쿠 상점가

오사카의 '먹자골목'이라 할 수 있는 도톰보리에 위치한 고쿠라쿠쇼텐카이(코쿠라쿠 상점가)는 건물 외관에 재물과 행운의 신인 에비스의 웃는 얼굴이 크게 그려져 있어 쉽게 찾을 수 있다. 다이쇼시대부터 쇼와시대 말기 당시의 오사카 골목과 가게들을 재현해놓은 일본 최대 규모의 푸드 테마파크로, 눈과 입이 궁금할 새가 없다. 테마파크에는 40여 개의 음식점이 입점해 있어 관광하다가 출출해지면 자연스럽게 한 끼를 해결할 수 있으니 일석이조다. 전통 일본요리부터 한식, 중식 등 전 세계의 다양한 요리를 맛볼 수 있다.

이 밖에 볼거리, 즐길 것이 많아 시간 가는 줄 모른다. 마쓰리(축제) 노점에서나 볼 법한 금붕어 건지기, 사격게임 등 길

거리 노점, 7층 광장에서 펼쳐지는 가극단 공연 등 볼거리가 쉴 새 없이 쏟아져 색다른 재미를 선사한다. 기념품 가게에는 오코노미야키, 타코야키, 오므라이스 등 오사카를 대표하는 먹을거리 모양의 열쇠고리, 휴대전화 줄 등이 다양하게 갖추어져 있어 '오사카표' 선물 고르기에 그만이다. 기념품 가게에서 선물 고르기에 여념이 없던 경아는 톱을 악기처럼 뎅~ 뎅 울려대며 노래를 부르는 길거리 공연단(?)을 보자마자 때를 놓칠세라 재빠르게 달려간다. 기념사진을 요청하자 역시 프로인 공연단원은 익숙하게 익살스런 표정을 지으며 멋진 포즈를 취해준다.

Tour Point
위치 : 지하철 난바역 14번 출구, 나니와 사미프라자 5~7층
운영 시간 : 11:00~23:00(연중무휴)
입장료 : 어른 315엔
06-6212-5515 www.doutonbori-gokuraku.com

일본 3대 고전예능극, 분라쿠 맛보기, 오사카국립분라쿠극장

일본을 대표하는 전통예능극의 하나인 '분라쿠'는 유네스코 세계무형문화유산으로 지정되기도 한 국제적인 예술 공연이다. 다유우(사설꾼), 샤미센(악기), 인형이 삼위일체가 되어 만들어지는 분라쿠는, 인형 하나에 1~3명의 조종수가 붙어 조종할 정도로 섬세함이 요구되는 일본 특유의 종합예술극이다.

분라쿠는 300여 년 전인 에도시대부터 오사카를 중심으로 발전했으며, 현재도 일본 유일

의 국립분라쿠극장이 오사카에 있어 분라쿠 공연에서 오사카의 위상을 짐작하게 한다. 경아와 윤미는 일본적인 색채가 물씬 풍긴다는 소문만 듣고 분라쿠 공연을 보겠다는 일념으로 씩씩하게 극장을 찾았지만 가는 날이 장날이라고 그날은 공연이 없었다. 극장을 방문하기 전에 공연 진행 여부를 확인하는 것이 필수라는 '깨달음'만 얻

고, 건물 바깥에 빼곡히 붙은 공연포스터만 감상하다 돌아서야 했다.

"아~ 분라쿠 공연이여…." 꿩 대신 닭이라고 경아는 공연 대신 분라쿠 소개 브로슈어만 챙겼다.

Tour Point
위치 : 지하철 니폰바시역 7번 출구
운영 시간 : 10:00~18:00
06-6212-2513   www.ntj.jac.go.jp

• 국립분라쿠극장 자료전시실 : 오사카국립분라쿠극장 1층에는 분라쿠 인형, 악기 사미센 등 분라쿠 공연에 쓰이는 자료들을 전시해놓고 분라쿠의 역사를 소개하는 자료전시실이 있다. 입장은 무료이지만 극장 공연 여부에 따라 휴관할 수 있으니 전화 등으로 문을 여는지 확인하는 것이 좋다.

'학문의 신'으로 유명한 오사카 텐만구신사

일본에서 '학문의 신'으로 받들어지는 스가와라미치자네를 모시는 곳이 텐만구신사다. 대학 입시철이 돌아올 때마다 합격을 바라는 수험생과 학부모들로 문전성시를 이룬다. 오사카텐만구신사가 유명한 또 다른 이유는 7월 24일에서 25일까지 열리는 '텐진마쓰리(축제)'가 있기 때문이다. 텐진마쓰리는 신사 앞의 강

가에서 배를 100척이나 띄워놓고 벌이는 선상축제로, 1,000여 년의 역사를 지닌 일본의 3대 마쓰리 가운데 하나이다.

경아와 윤미는 운 좋게도 '매화마쓰리'가 열리는 시기에 맞추어 오사카텐만구신사를 찾았다. 활짝 핀 진분홍 꽃무리에 둘러싸인 신사는 화사한 외모를 뽐낸다. 신사의 상징과도 같은 강렬한 주홍빛 도리(鳥居), 뜰 한구석을 가득 메운 에마(소원을 써 매달아두는 나무판자) 등 전형적인 일본신사의 풍경에 반한 경아와 윤미는 포즈를 취하며 서로 사진을 찍어주기에 바쁘다.

Tour Point
위치 : 지하철 미나미모리마치역, JR 오사카텐만구역 인근
입장료 : 무료, 06-6353-0025

2nd day
쇼핑 천국 오사카

'천하의 부엌' 오사카는 일본 전국에서 주방용품을 사기 위해 몰려드는 사람들로 1년 내내 북적댄다. 그뿐만 아니라 아메리카무라, 호리에 등 최신 유행을 주도하는 쇼핑 포인트가 많아 여심(女心)을 자극한다. 신체 건강한 20대 여성인 경아와 윤미 역시 그 유혹에 넘어가지 않을 수 없다.

Tour Course
텐진바시스지 상점가→아메리카무라+유로파무라→쿠로몬시장

일본에서 가장 긴 아케이드 텐진바시스지 상점가

오사카의 수많은 시장 중에서도 텐진바시스지가 주목받는 이유는 단연 '길이' 때문이다. 무려 2.6km에 달하는 죽 뻗은 길을 따라 크고 작은 상점들이 올망졸망 빼곡히 모여 있어 시장 전체를 가볍게 훑어보려고만 해도 적지 않은 시간을 투자

해야 한다. 취급하는 물건도 없는 것이 없는 것 같다. 각종 잡화에서부터 싱싱한 식재료, 여행자들을 유혹하는 각종 '길거리표' 군것질거리들은 수시로 발걸음을 멈추게 한다. 특히 먹을거리 천국 오사카답게 각양각색의 주방용품이 눈에 가장 많이 띈다.

엄마를 위한 예쁜 접시, 회사 동료들과 나누어 먹을 화과자 세트…. 상점을 하나씩 들를 때마다 경아와 윤미의 양손은 무거워져만 간다. "이러다가 가방 터지는 거 아닐까?" 경아가 한마디 하자 윤미가 거든다. "그러게, 벌써부터 이렇게 지르지 말고 이제 좀 자제하자고. 앗! 저기 노점에서 파는 음식 맛있겠다."

Tour Point
텐진바시스지2초메(번지) 입구. 텐진바시스지는 총 1~7초메까지의 구역으로 나뉜다.
위치 : 지하철 미나미모리마치역, JR 오사카텐만구역 인근

텐진바시스지 만보죠 '상장을 수여합니다'

이벤트 좋아하는 일본 사람들, 일본에서 가장 긴 시장이라는 텐진바시스지를 그냥 지나칠 리가 만무하다. 시장의 처음부터 끝까지 방문하는 사람에게는 일본에서 가장 긴 시장을 다녀왔다는 증명서, '만보죠(완보상장)'라는 재미있는 아이템을 증정한다. 어엿하게 본인의 이름 석 자까지 새겨져 있어 기념품으로 그만인 이 완보상장을 받기 위해서는 아케이드 초입인 오사카텐만구신사 혹은 끝자락에 위치한 카페 '알시온(Alcyon)'에서 일단 증명서를 받아들고, 역으로 카페 혹은 신사를 방문해 상장과 교환하면 된다. 경아와 윤미 역시 빼놓지 않고 완보상장을 받았다. 지하철역으로도 세 정거장에 달하는 만만치 않은 거리이므로 '뚜벅이 여행'에 자신 없거나 체력 약한 여행자라면 한 번 더 고민해 보아야 한다.

오사카 패션리더들의 '놀이터' 아메리카무라+유로파무라

오사카 젊은이들 사이에서는 '아메무라' 라는 애칭으로 더욱 친근한 아메리카무라는 오사카는 물론 간사이 지방에서 손꼽히는 패션 스트리트로, 미국을 비롯해 세계 각국의 수입물품을 판매한다. 길이 시작되는 초입에서 과감히 튀는 복장을 한 젊은이들을 쉽게 발견할 수 있다. 상점에 내걸린 상품을 보아도 펑크, 록과 같이 하드코어에 가까운 범상치 않은 구두와 의류가 주를 이룬다. 구석구석에 숨듯이 자리 잡은 중고 CD매장, 소형 액세서리 가게 등에서 숨겨 있는 보물을 찾아내는 즐거움이 만만치 않다.

(왼쪽) 아메리카무라의 개성적인 벽화
(오른쪽) 아메리카무라의 상징인 피에로 얼굴상 앞

우리나라에서 쉽게 접하기 힘든 패션제품들의 행진에 한창 눈이 즐거운 윈도쇼핑 삼매경에 빠져 있던 윤미가 "친구가 그러는데 아메리카무라 안에 삼각공원이라는 유명한 공원이 있대!" 하였다. 그녀의 꼬임에 빠져 일행은 그 유명하다는 삼각공원을 찾아나선다. 하지만 인근 상점 사람들에게 물어물어 찾은 삼각공원은 크기가 과장을 조금 보태 '손바닥' 만 하다.

또 '아메리카무라' 와 대등한 느낌을 주는 이름으로, 유럽적인 색채가 느껴진다고 해서 이름 붙여진 '유로파무라(유럽무라, 유로파도리)' 는 아메리카무라와 인접해 있어 간단하게 들러보기에 좋지만 거리가 비교적 짧고 의외로 유럽적이지 않으니 큰 기대는 하지 말자.

Tour Point
위치 : 지하철 신사이바시역, 요츠바시역 인근

'일본의 부엌' 속 재래시장 쿠로몬시장

170여 년 전에 형성된 쿠로몬시장은 가장 오사카다운 매력을 발산하는 재래시장이다. 무엇보다 시장에서 취급하는 물품들이 채소, 해산물, 고기 등 1차 식재료가 주를 이루기 때문에 인근에 사는 주민들과 식당에서 즐겨 찾는다. '미식도시'인 오사카 분위기를 가장 잘 반영하는 곳이기도 하다.

'현지 모습을 있는 그대로 보려면 재래시장을 꼭 가보아야 한다'며 경아와 윤미는 이른 시간에 쿠로몬시장을 찾는다. 여행자 신분(?)으로 차마 음식재료를 살 수는 없는 노릇이니 눈에 띄는 주방용품 전문점으로 발걸음을 돌린다. "와~ 내가 찾던 게 여기 다 있네!" 평소에 예쁜 그릇에 관심이 많은 경아와 전통 일본술병(돗쿠리) 세트를 사려고 벼르던 윤미는 물 만난 고기처럼 이것저것 장바구니에 골라 담기 바쁘다.

Tour Point
위치 : 지하철 닛폰바시역 인근
운영 시간 : 09:00~18:00(상점별 변동 가능)
www.kuromon.com

3rd day
'물의 도시' 오사카 100배 즐기기

예로부터 바다와 인접하고 강이 발달한 도시 오사카. 그중에서도 바다를 매립해 만든 공섬 '난코'를 비롯해 테마파크, 무역 센터 등이 빼곡한 베이 에리어는 '물의 도시'로 불리는 오사카의 분위기를 상징적으로 전해준다.

Tour Course
오사카 해양박물관→덴포잔 하버빌리지

해저터널을 따라가는 바다 속 탐험
오사카 해양박물관

해양박물관으로 향하는 길은 시작부터 남다르다. 무려 60여 미터에 달한다는 해저터널을 거쳐서야 비로소 바다 위에 떠 있는 유리돔의 해양박물관 안으로 입장할 수 있기 때문이다. "와~ 저 천장 위 좀 봐! 물고기가 지나가네." 경아와 윤미는 박물관에 입장하기 전부터 기대감에 부푼 모습이다.

그녀들의 기대에 어긋나지 않게 해양박물관에는 흥미진진한 볼거리, 체험거리가 많다. 모두 4층으로 구성된 전시관에는 옛날부터 일본 해상교통의 요지이자 물류의 중심지로 발전해온 오사카의 '바다 교류사'가 한눈에 알기 쉽게 일목요연하게 정리되어 있다. 이 밖에도 유리돔 내부의 1~3층을 관통하며 놓여 있는 에도시대의 수송선 '나니와마루', 에도시대 오사카의 치수공사 현장을 재현한 체험코너, 곳곳에 마련된 아기자기한 휴식공간까지 눈을 사로잡지 않는 것이 없을 정도다. 특히 나니와마루는 배 위에 직접 탑승하여 안내원이 간단한 영어로 설명해주는 배의 역사를 들을 수 있어 색다른 재미가 있다.

바다가 보인다, 바다가 들린다 덴포잔 하버빌리지

덴포잔 하버빌리지는 바다와 맞닿은 베이 에리어 안에서도 '꼭 방문해야 할 관광명소' 0순위로 꼽힌다. 세계 최대 규모의 덴포잔 대관람차, 1950~60년대 오사카 거리를 재현했다는 푸드 테마파크 나니와쿠이신보요코초와 다양한 숍이 밀집해 있는 덴포잔 마켓플레이스 외에도 동양 최대의 실내수족관인 가이유칸, 아이맥스 입체영화를 감상할 수 있는 산토리 뮤지엄, 오사카 항을 크루즈로 관광할 수 있는 범선 산타마리아호 탑승장이 덴포잔 하버빌리지에 빼곡히 있어 시간이 언제 가는 줄 모를 정도다.

덴포잔 마켓플레이스에 들러 의류, 액세서리, 팬시류 등을 쇼핑하던 경아와 윤미는 잠시 쉬기 위해 항만 쪽으로 탁 트인 발코니로 향한다. 덴포잔에서는 동양에서 가장 긴 다리라는 아카시해협대교가 있어 '물의 도시' 오사카의 위용을 상징적으로 드러낸다. 수평선이 한눈에 내다보이는 빼어난 전경 덕에 관광객은 물론 인근의 주민, 아이들까지 일상적으로 찾는 최고의 뷰포인트이다.

(왼쪽) "끝이 보이지 않아~", 세계 최대 대관람차인 덴포잔 대관참차 아래에서
(가운데) "앗, 토토로 고양이 버스다!" 덴포잔 마켓플레이스 내에 전시된 애니메이션 팬시용품점
(오른쪽) 수평선이 한눈에 잡힐 듯 펼쳐지는 덴포잔 하버 전경

Tour Point
위치 : 지하철 오사카코역 인근
여행정보 : 입구에 있는 종합 인포메이션 센터에서 덴포잔 가이드맵, 영어 또는 한국어로 된 브로슈어를 받을 수 있다.

길거리 공연, 주말이 즐거운 덴포잔 하버빌리지 광장

덴포잔 마켓플레이스와 가이유칸 사이에 널찍하게 펼쳐진 덴포잔 하버빌리지 광장은 토, 일요일이면 다채로운 이벤트가 펼쳐지는 공연장으로 변신한다. 우스꽝스러운 몸짓으로 웃음을 자아내는 개그공연, 신나는 라이브 무대가 펼쳐지는 음악공연 등이 사람들의 발걸음을 붙잡는다. 색다른 덴포잔 풍경을 감상하고 싶다면 주말을 노려보자.

4th day
'미식 투어'의 정석을 보여주마

오사카와 '음식'은 떼려야 뗄 수 없는 최고의 궁합을 자랑한다. '먹다가 망한다', '최고의 부엌'이라는 거창한 칭호가 붙을 만큼 오사카에는 원조 요리도 많고, 싸고 다양한 음식이 넘친다. 오사카에 와서 적어도 한 번은 맛보아야 한다는 음식을 놓칠세라 경아와 윤미는 리스트를 작성해왔다.

Tour Course
도톰보리 거리의 타코야키→신사이바시 거리의 그랜드 애프터눈 티→오코노미야키 체인점 타코다→도톰보리의 킨류라멘

두툼한 문어가 씹히는 맛이 '일품' 타코야키

역시 본고장의 맛은 다르다. 타코야키는 가쓰오부시 국물로 맛을 낸 걸쭉한 밀가루 반죽을 전용 틀에 흘려넣고 문어조각, 생강, 파 등을 넣은 다음 동글동글 구워 가쓰오부시, 파래가루, 마요네즈, 소스 등을 뿌려먹는데, 우리나라에서도 자주 접할 수 있을 만큼 일본의 대표적인 길거리음식이다. 오사카에서 두툼하게 썰어넣은 생문어와 살짝 흘러내릴 정도로 덜 익은 밀가루 반죽 맛을 보게 되면 "역시 본고장에서 먹는 맛이 최고야!"라고 외치게 된다.

오사카 시내 곳곳에서 편의점만큼이나 흔히 볼 수 있는 것이 타코야키 노점 가판대

Tour Point
혼케오타코 위치 : 도톰보리 킨류라멘 맞은편
운영 시간 : 11:00~22:00
가격 : 타코야키 6개 세트 300엔, 10개 세트 500엔, 20개 세트 1,000엔
06-211-5223

다. 어느 곳에서나 시험 삼아 먹어 보더라도 보통 이상의 맛은 보장한다. 정통 타코야키 외에도 넓적한 과자에 샌드위치처럼 타코야키를 끼워 먹는 '타코센' 등 다양한 응용메뉴가 있어 골라 먹는 재미를 더한다.

도톰보리 거리에 즐비한 타코야키집 사이에서 즐거운 고민을 거듭하던 경아와 윤미는 우리나라 관광객에게도 가장 잘 알려진 곳인 '혼케오타코'를 고른다. 명성에 걸맞게 길게 늘어선 줄에 합류해 10여 분 동안 '오래 기다림' 끝에 맛보게 된 타코야키 맛은 어땠을까?
"백문이 불여일식(食)! 먹어봐야 맛을 안다니까."

그랜드 애프터눈 티에서 '행복한 티타임'

오후에 달콤한 차 한 잔! 그랜드 애프터눈 티

밖에서부터 달콤한 케이크 냄새가 나는 로맨틱 카페 '그랜드 애프터눈 티'는 신사이바시 거리에서도 유명세를 톡톡히 치르는 가게다. 일단 카페의 기본이라 할 수 있는 차와 커피가 맛있고, 생과일을 듬뿍 얹어 매장 내에서 직접 굽는 롤케이크, 파이 등 다양한 빵들이 오사카의 젊은 여성들에게 절대적인 지지를 얻고 있기 때문이다.

이외에도 스파게티, 샌드위치 등 양식메뉴와 런치세트도 판매한다. 1층과 연결되는 2층에는 오밀조밀한 주방용품과 생활잡화를 판매하는 가게가 따로 마련되어 있어 역시 여성들에게 인기가 많다.

Tour Point
그랜드 애프터눈 티 위치 : 신사이바시 거리
영업시간 : 11:00~22:00(2층은 오후 8시 30분까지)
06-6120-4750

술이 술술 넘어가는 맞춤안주 오코노미야키+생맥주

오코노미야키

오사카가 원조인 음식을 꼽자면 또한 빼놓을 수 없는 것이 바로 오코노미야키. 크게 오사카식, 히로시마식 두 가지로 만들어 먹는 오코노미야키를 오사카에서 제대로 맛보려면 역시 본고장의 방식을 따르는 곳을 골라야 한다! 오사카식 오코노미야키는 양배추, 파 등 각종 채소와 밀가루, 참마 간 것, 돼지고기 등의 재료를 한데 섞어서 부쳐 우리나라의 전과 비슷하지만 여기에 가쓰오부시, 파래가루, 소스 등이 첨가되어 오코노미야키 특유의 맛이 완성된다. 내용물에 따라 부타(돼지고기), 에비(새우) 등 종류가 다양하다.

오코노미야키는 오사카 가정에서 가장 쉽고 간편하게 먹을 수 있는 요리인 동시에 술집에서도 사랑받는 대중적인 안주다. 오코노미야키 전문점은 물론 이자카야(선술집)에서 오코노미야키 하나에 생맥주 한 잔을 곁들이는 사람들을 어렵지 않게 볼 수 있다. 참새가 방앗간을 그냥 지나칠 수 있나. 경아와 윤미는 오코노미야키 체인점인 '타코다'에서 오사카의 또 다른 명물 '기린 생맥주'와 함께 오코노미야키를 맛본다. 부른 배를 움켜쥐고도 "아줌마, 오코노미야키 한 판이랑 맥주 추가요~!"를 외쳤다는 후문이 있다.

Tour Point
타코다 운영 시간 : 09:00~01:00
가격 - 오코노미야키 750엔부터/ 기린생맥주 소 300엔부터

(위) 생맥주 한 조끼, 어때요?
(아래) "이제 먹어도 되나요?" 식탁에 마련된 철판에서 오코노미야키를 굽는 경아와 윤미

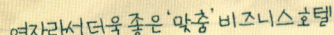

호텔 1-2-3 오사카 센바

여자라서 더욱 좋은 '맞춤' 비즈니스호텔

오사카 시내 중심가인 신사이바시역에 인접한 호텔 1-2-3 오사카 센바는 지난해 10월 재단장을 마치고 새롭게 오픈한 '따끈따끈한' 비즈니스호텔이다. 일반 비즈니스호텔의 객실에 비해 공간이 넓어 투숙객의 만족도가 높은 편이다. 인원수가 늘어날수록 할인폭이 커지는, 상대적으로 저렴한 객실가도 매력적이다. 지하철역에서 걸어서 5분 정도 걸리는 편리한 접근성도 강점이어서 젊은 자유여행객이 즐겨 찾는다. 여성 투숙객을 위해 마스크팩과 DHC 화장품 등이 들어있는 파우치를 선물로 준다. 한국어를 구사하는 직원이 있어 언어의 불편함 없이 호텔 내 다양한 부대시설을 이용할 수 있다. 세탁기에 동전을 넣고 이용하는 셀프 세탁실, 컴퓨터를 무료로 사용할 수 있는 비즈니스 센터 등이 있어 관광, 비즈니스 등 다양한 목적의 여행에 두루 부합한다. 랜선이 완비되어 모든 객실에서 인터넷을 무료로 사용할 수 있는 것 또한 장점이다.

위치 : 지하철 신사이바시역 도보 7분, 사카이스지혼마치역, 나카호리바시역 도보 5분
객실요금 : 1인 6,900엔, 2인 8,900엔, 3인 1만 900엔
객실수 : 130실
문의 : 06-6268-1230 www.hotel123.co.jp

일본 생라멘의 맛, 맛, 맛 킨류라멘

꼬들꼬들한 면을 기름에 튀겨내 인스턴트 스프를 곁들이는 일반 라면과 달리 포장마차 또는 라면전문점에서 접하게 되는 일본의 '라멘'은 기름에 튀기지 않은 생면을 돼지고기뼈를 푹 고아낸 국물에 말아 먹는 것이 보통이다. 일본요리는 담백한 맛이 주를 이루지만 라멘만큼은 다소 느끼하게 느껴질 만큼 진한 맛을 내기 때문에 우리나라 사람은 다소 부담스러울 수 있다.

GATE	BOARDING AREA	PAGE
13	오사카	275

도톰보리에 위치한 '킨류라멘'은 용 모양의 가게 간판이 인상적인 라면 전문점으로, 역시 우리나라 관광객들 사이에 가장 많이 소문난 맛집이다. 단무지 한 접시를 추가해도 돈을 따로 내야 하는 일본이지만, 킨류라멘은 김치와 짠지 등 반찬이 무한리필이어서 더욱 매력적이다. 우리나라에서도 일본식 라멘을 즐겨 먹는다는 윤미는 인터넷으로 검색한 자료를 참고로 어렵지 않게 킨류라멘을 찾았다. 두 가지 메뉴를 놓고 고민하던 두 사람은 보통 라멘을 골라 "맛있어!"를 연발하며 순식간에 국물까지 싹 비웠다.

Tour Point
위치 : 도톰보리 거리 쿠이다오레, 사쓰맛코라멘에서 센니치마에도리 상점가를 등지고 직진(두 체인점이 가까이 있음)
가격 : 라멘 600엔, 차슈면 900엔

가격 대비 만족도 최고 카이텐스시

경아와 윤미는 이번 오사카 여행의 목적 가운데 하나가 미식이었던 만큼 나름대로 사전조사를 철저히 한 뒤 꼭 가고 싶은 식당을 콕콕 찍어왔다. 그들의 레이더망에 포착된 또 다른 맛집은 바로 널리 알려진 회전초밥집 '류구테이'다. 바다와 인접해 해산물을 비롯한 스시가 유명한 오사카이니만큼 적어도 한 끼는 스시를 배부르게 맛보고 싶었다는 것이 그들이 내세우는 이유다. 컨베이어 벨트에서 원하는 메뉴를 골라 양과 시간에 제한 없이 실컷 먹을 수 있는 점심시간 메뉴 가격이 평일 점심시간 기준으로 890엔이다! 아무래도 파격적으로 저렴한 가격이어선지 맛이 월등히 뛰어나진 않지만 물가가 비싼 일본에서 주머니 부담 없이 이만큼의 성찬을 맛보기도 쉽지 않으므로 한 번쯤 와볼 만하다는 것이 경아와 윤미의 공통된 의견이다.

Tour Point
위치 : 신사이바시스지
가격 : 회전초밥 여자 1,260엔, 남자 1,575엔 (평일 점심 여자 890엔)
06-6212-9960

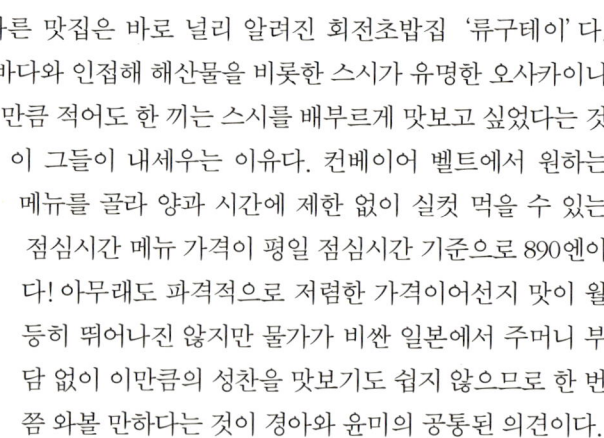

(위) 류구텐 회전스시 뷔페
(아래) "한입에 다 들어갈까?"
길거리의 스시 모형 앞에서 포즈를 취한 윤미

내일여행의 추천 일정

1일	오후	우메다 스카이빌딩 공중정원 전망대→신사이바시→도톤보리
2일	하루	청수사(키요미즈테라)→야사카 신사와 기온 거리→헤이안 신궁(헤이안진구)→금각사(긴카쿠지)
3일	오전	오사카 성(오사카죠)→시텐노지→린쿠 타운

여행 정보 (2008년 6월 기준)

공항
오사카에는 간사이국제공항과 이타미 국내전용 공항이 두 개 있으며 우리나라에서 오사카로 이동하게 되면 간사이국제공항으로 간다. 인천~오사카 구간엔 매일 9편의 항공기가 운항 중이다.

기후
사계절이 뚜렷하고 우리나라 남부지방과 비슷하다. 오사카는 특히 여름엔 덥고 습하며 겨울에도 눈이 많이 내리지 않는다.

화폐 및 환율
1¥ ≒ 9.74원

언어
영어가 잘 통하지 않으므로 간단한 일본어회화를 익히고 가는 편이 좋다.

전압
100V, 50~60Hz(도쿄 50Hz), 소켓 타입 A-Type
110~220V 겸용의 경우 코드 부분에 11자 코드를 끼어 사용하면 되고, 그 외에는 멀티어댑터를 사용한다.

GATE	BOARDING AREA	좌석번호 SEAT
14	**케이프타운**	

사랑해, 케이프타운

'아프리카' 하면 머릿속에 어떤 그림이 그려지나?
드넓은 평원의 동물들이 떠오르는가?
누군가는 김혜자 씨 같은 분들이 눈물을 글썽이며 돌봐주고
자선을 베풀어야 하는, 기아와 질병에 시달리는 불쌍한 사람들이 사는 대륙으로
여길지도 모르겠다. 막연한 '선망' 인 동시에 '두려움' 인 아프리카로
한 발 가까이 다가갈 수 있길 바라며 아프리카 이야기를 시작한다.

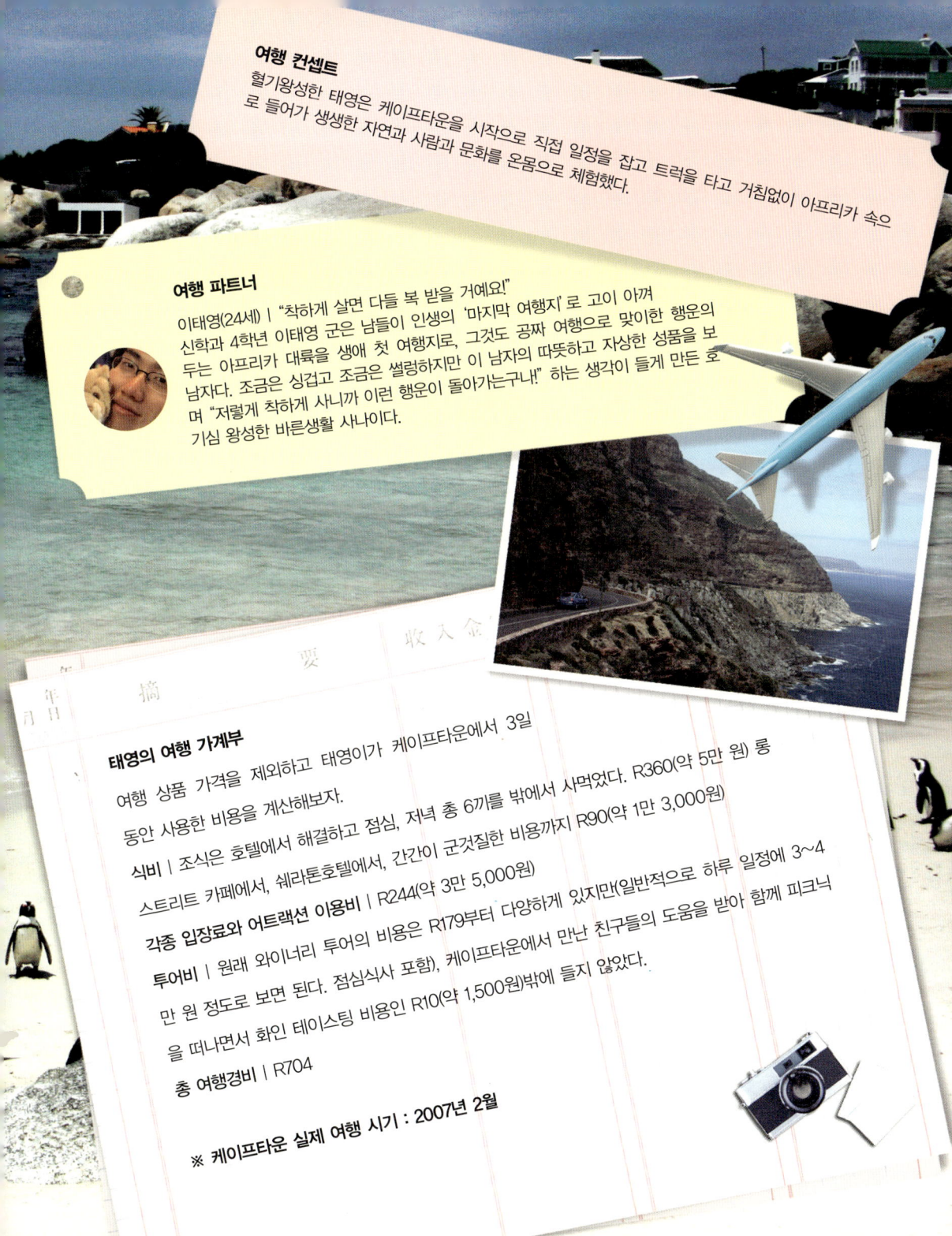

여행 컨셉트

혈기왕성한 태영은 케이프타운을 시작으로 직접 일정을 잡고 트럭을 타고 거침없이 아프리카 속으로 들어가 생생한 자연과 사람과 문화를 온몸으로 체험했다.

여행 파트너

이태영(24세) | "착하게 살면 다들 복 받을 거예요!" 신학과 4학년 이태영 군은 남들이 인생의 '마지막 여행지'로 고이 아껴두는 아프리카 대륙을 생애 첫 여행지로, 그것도 공짜 여행으로 맞이한 행운의 남자다. 조금은 싱겁고 조금은 썰렁하지만 이 남자의 따뜻하고 자상한 성품을 보며 "저렇게 착하게 사니까 이런 행운이 돌아가는구나!" 하는 생각이 들게 만든 호기심 왕성한 바른생활 사나이다.

태영의 여행 가계부

여행 상품 가격을 제외하고 태영이가 케이프타운에서 3일 동안 사용한 비용을 계산해보자.

식비 | 조식은 호텔에서 해결하고 점심, 저녁 총 6끼를 밖에서 사먹었다. R360(약 5만 원) 롱 스트리트 카페에서, 쉐라톤호텔에서, 간간이 군것질한 비용까지 R90(약 1만 3,000원)

각종 입장료와 어트랙션 이용비 | R244(약 3만 5,000원)

투어비 | 원래 와이너리 투어의 비용은 R179부터 다양하게 있지만(일반적으로 하루 일정에 3~4만 원 정도로 보면 된다. 점심식사 포함), 케이프타운에서 만난 친구들의 도움을 받아 함께 피크닉을 떠나면서 화인 테이스팅 비용인 R10(약 1,500원)밖에 들지 않았다.

총 여행경비 | R704

※ 케이프타운 실제 여행 시기 : 2007년 2월

1st day
구름 속 산책 테이블 마운틴

첫 여행, 첫 비행이다. 올려다만 봤던 하늘과 구름을 난생처음 내려다보며 손톱만 하게 발 아래에 펼쳐진 세상을 두리번거리느라 긴 비행 내내 눈을 붙일 수 없었다. 목덜미를 툭툭 두드리며 "목이 아파 죽겠어요" 하는 초보 여행자 태영의 머쓱한 한 마디에 '픽' 웃음이 절로 나온다. 동남아 기후를 '후텁지근하다'고 표현한다면 케이프타운에 내려 체감한 날씨는 '후끈하다'는 느낌이 먼저 든다. 온몸을 친친 감고 있던 두툼한 점퍼부터 벗는다. 태영을 안전하게 공항에서 숙소까지 데려다주고 일정 중 케이프타운 외곽 투어를 도와줄 내일여행 현지여행사 가이드를 만나 시내를 돌아다니며 조심할 점과 한국 유학생들, 케이프타운의 젊은이들이 좋아한다는 장소들을 추천받고 숙소로 돌아왔다.

Tour Course
그린마켓 스퀘어→워터프런트→희망의 성→롱스트리트→테이블 마운틴

아프리카산 토속 아이템 사세요
그린마켓 스퀘어

시내 중심부에는 그린마켓 스퀘어라고 일컬어지는 노천장터가 밀집돼 있다. 이곳에서는 강렬한 원색 액세서리는 물론, 아프리카 전통 스타일의 조각품과 그림, 각종 공예품을 다양하게 구경하고 구입할 수 있다. 이곳은 시장이라는 사실을 염두에 두어야 한다. 현금만 통용되며 적정 수준의 가격으로 흥정할 수 있다. 아프리카여서 우리보다 물가가 쌀 줄 알고 맘에 드는 아이템의 가격을 덜컥 물어보던 태영이 짐짓 당황한 눈빛이다. 작은 목각 조각품의 가격은 1만~1만 5,000원 선이고 수공예 목걸이는 6,000원 이상이다. 물론 흥정하기 나름이다. 하지만 배낭여행 첫날부터 배낭을 부풀리고 주머니를 가볍게 할 필요는 없다는 생각에 기념품 쇼핑은 일단 뒤로 미뤄두고 윈도쇼핑을 시작한다.

Tour Point
찾아가기 : Corner Shortmarket and Berg Streets, City Center
영업시간 : 월~토요일 09:00~16:00, 일요일은 휴무

즐거움은 멈출 수 없다!
워터프런트

워터프런트 지역은 고급 유람선이 정박해 있는 고풍스러운 항구와 영국 빅토리아 여왕과 그 아들의 이름을 붙였다는 '빅토리아&알프레도 워터프런트(Victoria & Alfred Waterfront)'라는 대형 위락 단지를 모두 일컫는 말이다. 우리나라로 치면 마치 코엑스처럼 워터프런트 지역 안에는 고급 브랜드 상점과 기념품가게, 극장, 은행, 우체국, 대형슈퍼마켓, 레스토랑 등 없는 게 없다.

활기찬 항구 여기저기에서 공연이 벌어진 떠들썩한 분위기에 태영의 마음이 들뜬다. '불쇼'를 펼치는 거리 공연단을 더 가까이 보기 위해 바삐 걸음을 재촉하기도 하고, 천천히 속도를 늦추며 아프리칸 아티스트들의 독특한 예술적 감각에 푹 빠져 소소한 기념품을 사기도 한다. 항구에서 뉘엿뉘엿 해가 지는 풍경을 바라보는 것은 참으로 낭만적인 경험

이다. 아프리카의 바다를 앞에, 그리고 케이프타운의 상징인 테이블 마운틴을 뒤에 두고 맞이하는 첫 일몰의 장관을 바라보고 있자니 머릿속에 수많은 사람의 얼굴이 그려진다.

워터프런트에서는 테이블 마운틴과 노을에 로맨틱한 분위기가 한층 고조되는 일몰 무렵 항구에 정박해 있는 선박과 여유롭게 떠 있는 요트와 갈매기들, 흥겨운 아프리카 음악을 배경 삼아 노천 레스토랑에 앉아 느긋하고 한가롭게 맥주를 들이키는 것도 좋다.

Tour Point

찾아가기 : 시내에서 테이블 베이 항구까지 차로 5~10분 거리, 기차역에서 쇼핑센터 앞까지 가는 골든 어로우 버스를 이용할 수 있다. 기차역에서 시포인트행 미니버스 택시를 타면 워터프런트에서 가장 가까운 메인로드(그린포인트에서 시포인트까지 뻗어 있는 대로)에 내려준다. 메인로드를 건너 일링구아랭귀지스쿨이 있는 소방도로를 따라 계속 내려가면 마치 공장처럼 보이는 빅토리아&알프레도 쇼핑센터가 나온다.
021-408-7600 www.waterfront.co.za

영화관 매표소에 문의한 뒤 간단한 개인정보를 기재하면 멤버십 카드를 발급받을 수 있다. 발급비는 R37인데, 이 카드로 R35인 영화 한 편을 무료로 볼 수 있다. 화요일은 50% 할인. 따라서 케이프타운 장기 체류자라면 멤버십 카드를 이용하는 것도 좋다.

워터프런트에서 '한잔' 어때?

'Den Anker'라는 벨기에 레스토랑에서 알코올도수 12도인 소주 같은 맥주를 맛볼 수 있다. 8도인 '콱(Kwak)'이라는 맥주를 마실 때는 왼쪽 신발을 가게에 맡겨야 한다. 비싼 맥주잔에 술이 제공되기 때문에 도난방지를 위해 신발을 맡긴 데서 유래한 전통이라고 한다.

찾아가기 : 피어헤드(Pierhead), V&A 워터프론트 가격대음료를 포함해 R100~R200 정도
문의 : 021-419-0249 www.denanker.co.za

우리네와도 닮은 아프리카의 역사 '희망의 성'

여행이란 예쁜 것, 좋은 것, 발전한 모습, 꾸며지고 포장된 모습만이 아니라 그 나라의 온전한 역사를 세계사 안에서 되돌아보고 우리와 비슷한 일면에 동질감을 느끼며 우리보다 뛰어난 점은 받아들이고 다른 문화와 내 문화 사이의 관계를 반성하면서 더욱 발전적이고 긍정적인 미래를 모색하는 것이 아닐까. 케이프타운 그리고 남아공의 역사를 반추하기 위해 찾은 곳은 '희망의 성(Castle of Good Hope)'이라는 이름의 '성곽'이자 역사박물관이다.

옛 영국 통치시대 총독 관저를 박물관으로 활용하는데 당시 사용하던 대포며 물품이 성 여기저기에 그대로 있다. 가장 먼저 남아공을 발견하여 정복한 네덜란드군이 훗날 영국군에게 항복한 일부터 1962년 넬슨 만델라를 체포하여 로빈 섬에 유배시킨 뒤 아파르트헤이트가 붕괴되고 현재 남아공의 세세한 역사까지 꼼꼼히 둘러볼 수 있다.

Tour Point
찾아가기 : Corner Buitenkant and Darling Streets
개장시간 : 09:00~16:00
입장료 : 성인 R20, 학생 및 12세 이하 R10
021-787-1249
www.castleofgoodhope.co.za

남아프리카공화국에 이르기까지 이 나라의 역사는 여러 열강의 침략으로 얼룩진 우리의 근대사를 보는 것 같아 마음이 무거워진다. 성에는 희한하게도 깃발 여섯 개가 바람에 휘날리고 있다. 이것은 네덜란드, 영국과 현재 정부의 깃발의 변천사인데, '아픈 기억일지라도 과거의 모든 역사를 이해하고 인정하는 화해의 정신'을 표현한다고 한다.

'길고 긴 밤' '길고 긴 이야기' 롱 스트리트

어느 여행지에나 여행자들이 모이는 거리가 있게 마련이다. 케이프타운에서는 롱스트리트(Long Street)가 바로 그런 곳이다. 롱스트리드는 전 세계 배낭여행자들과 케이프타운의 젊은이들이 밤낮 없이 여유와 낭만을 찾으며 서로 정보를 교환하는 곳이다.

예쁜 파스텔톤으로 단장한 케이프타운의 여느 곳과는 달리 조금 낡은 느낌의 고풍스러운 건물과 특색 있는 카페, 바, 펍 등이 늘어서 있어 특히 밤에 그 열기가 더욱 활활 타오르는 멋진 공간이다. 레게, 힙합, 재즈, 블루스 등 아프리카의 다양한 음악을 라이브로 신나게 즐기자! 저녁 8시 이후에는 바나 펍 등은 대부분 입구에서 R10~20의 입장료를 받는다.

롱스트리트 나이트라이프의 명소

롱스트리트 구역을 걸으며 분위기나 음악이 마음에 드는 곳을 선택하는 것도 좋은 방법이다. 롱스트리트는 밤에 혼자 돌아다니면 안 된다. 여러 명이 무리지어 돌아다니고 소지품을 조심해야 한다.

마마아프리카

마마 아프리카(Mama Africa)는 이미 여행자에게는 무척이나 유명한 곳이다. 저녁 8시부터 마림바 연주단의 공연이 시작되면 발 디딜 틈이 없을 정도로 사람들이 모여든다. 테이블에 앉기 위해서는 저녁식사를 주문해야 하고, 바에서는 간단한 음료나 맥주를 마실 수 있다. 맥주 한 병과 함께 아프리카 스타일의 춤과 노래를 즐겨보자. 저녁 8시 이후에는 입장료가 R10이다.

줄라

줄라(Zula)는 입장료 없이 들어갈 수 있는 곳이다. 저녁 8시부터 라이브로 모던 록밴드 공연이 있고 테이블 사이사이에서 춤을 즐길 수 있다. 현지 젊은이들에게도 인기가 많아 항상 사람들로 북적거린다.

테이블 마운틴에서 '근두운'을 타다

케이프타운을 찾는 여행자라면 누구나 찾는 테이블 마운틴(Table Mountain)은 실로 케이프타운 시내 관광의 백미로 손꼽힌다. 어디서든 비교적 눈에 잘 띄는 테이블 마운틴은 해저 지층의 융기로 형성된 '산'이다. 그러나 통념에 비춰보면 산이라고 하기에는 좀 그렇다. 윗부분이 싹둑 잘려 나간 듯한 모양새에 '우뚝 솟아 있다'거나 '하늘을 찌를 듯하다'는 등의 산을 수식하는 표현 따위는 절대 어울리지 않는 기묘한 '산'이기에 더욱 희소성이 있는가 보다.

케이프타운에서 만난 유학생 이재혁 군이 "이 산은 아래에서 올려다보는 것보다는 위에서 내려다볼 때 더 멋지다"는 귀띔을 하자 호기심 많은 태영이 한쪽 귀로 흘려버릴 턱이 없다. 커다란 산을 뱅그르르 돌며 오르내리는 케이블카 입장권을 구입하기 위해 기다리는 줄에 서서 태영이 무언가 열심히 찾는다. 그것은 바로 국제학생증. R120에 해당하는 만만찮은 케이블카 왕복 티켓이 국제학생증을 이용하니 R85로 할인된다.

"배낭여행의 핵심은 철저한 준비죠. 하하!"

그동안 이마에 '초보'라는 글자를 대문짝만 하게 붙이고 어리바리했던 이미지를 순식간에 날려버리는 순간이었다.

케이블카가 위로 점점 부양하면서 바다를 천천히 오르더니 시야에 케이프타운의 온 바다가 '확' 들어오는 순간 '헉' 하는 소리가 입에서 터져 나온다. 해안에서 1,087m 솟은 테이블 마운틴 정상에서는 케이프타운 시내와 주변 자연경관의 360도 파노라마가 펼쳐진다. 한쪽에서는 눈부신 태양을 온몸으로 받아내며 끝없는 수평선이 펼쳐진 대서양이 보인다.

나머지 절반에서는 희망봉을 향해 줄달음질 쳐 나간 산과 오밀조밀한 집들로 가득한 아기자기한 케이프타운 시가지가 두 눈 가득 들어와 어느 곳에 눈을 둬야 할지 순간 '멈칫' 하게 된다.

"남아공 역사에 관심이 많아서 로빈 아일랜드도 가보고 싶었는데 이렇게나마 보게 되니 참 좋다." 테이블 마운틴 정상에서는 새록새록 '보는 즐거움' 이 솟아난다. 산책로를 따라서 정상을 가는 길 저 멀리 바다 한가운데에는 남아공의 인종차별주의자 아파르트헤이트의 쇠사슬을 끊고 인권평등의 계기를 마련한 넬슨 만델라 전 대통령이 28년 수감생활 중 19년 동안 수감됐다는 로빈 섬이 유유히 떠 있다. 날이 좋을 때는 저 멀리 희망봉까지도 시야에 들어온다고 한다. 여행자들은 뷰포인트마다 마련된 전망대에 서서 아프리카 최남단에서 보이는 색다른 풍경이 주는 감동에 흠뻑 젖는다.

인도양에서 불어오는 따뜻한 바람이 테이블 마운틴에 부딪혀 만드는 구름도 이곳을 더욱 신비롭게 만든다. 특히 맑은 날 테이블 마운틴 정상에서는 마치 드라이아이스 같은 선명한 구름을 볼 수 있다.

이곳 날씨는 누구도 예측할 수 없고, 비교적 날이 좋아도 안개와 바람은 항시 테이블 마운틴에 머물기 때문에 이곳에 사는 사람들은 "케이프타운에 도착해 날씨가 좋으면 무조건 테이블 마운틴부터 올라가라" 는 조언을 하곤 한다.

"우린 지금 구름 속에 들어온 거야"라는 기자의 한 마디에 태영은 손오공처럼 근두운 타는 흉내를 낸다. 축축하고 시원한 구름 속의 산책, 테이블 마운틴 꼭대기에서 맡았던 구름 냄새는 평생 잊을 수 없을 것이다.

케이프타운 사람들은 그들의 자랑거리인 테이블 마운틴이 밤이 되면 행여나 어둠 속에 파묻혀 보이지 않을까 걱정됐는지 은은한 조명을 비춰 이 산에 더욱 신비로운 분위기를 입혔다.

밤의 케이프타운과 테이블 마운틴을 가장 잘 느낄 수 있는 곳은 시그널 힐(Signal Hill)이다. 혹자는 세계 3대 야경의 하나로 시그널 힐의 풍경을 꼽을 만큼 이곳 야경은 현지인들에게도 인기가 높다. 멍하니 붉은 바다를 바라보는 사람들, 캠핑카에서 간이 테이블을 펼치고 저녁식사를 즐기는 사람들, 그 사이에서 케이프타운의 멋진 밤풍경을 가슴속에, 두 눈 속에 담는다.

Tour Point
찾아가기 : 타운에서 캠프스 베이 방면으로 차로 15분 거리
케이블카 이용 시간 : 08:30~18:00(날씨에 따라 변경)
이용요금(왕복/편도) : 어른 R120.00, R60.00, 18세 이하
어린이 R65.00, R35.00, 학생 R85.00, R45.00
021-424-8181 www.tablemountain.net

2nd day
희망봉을 찾아서

Tour Course
호우트 베이 → 사이먼스 타운 → 케이프 포인트 → 희망봉

시내에는 다양한 볼거리와 즐길 것이 많아 여행자가 콜택시를 불러 타고 다니거나 대낮이라면 걸어서 여행하기 좋다. 하지만 실제 케이프타운은 우리나라처럼 버스나 지하철이 발달한 편이 아니기 때문에 케이프타운 외곽 지역을 여행하려면 여행사의 투어 프로그램을 이용하는 것이 가장 효과적이다. 태영이가 여행한 자유여행 상품은 케이프타운 외곽 1일 관광 일정이 포함돼 있어서 한국인 전문 가이드가 직접 차량을 운전해 희망봉과 케이프 포인트를 비롯한 진짜 대자연의 묘미를 충분히 느낄 수 있는 곳을 안내받을 수 있다.

아름다운 해안 드라이브 길

케이프타운 시내에서 케이프 반도를 따라가는 길은 한 마디로 희망봉을 찾아가는 길이라고 해도 틀린 말이 아니다. 보통 하루 일정이면 돌아볼 수 있는 희망봉 투어는 클립턴 비치(Clipton Beach)를 비롯해 케이프타운에서 가장 비싼 지역이라는 캠프스 베이(Camps Bay), 누드훅(Noordhoek)을 따라 달리는 상쾌한 드라이브 코스다. 차창 너머로만 감상하기에는 아쉬운 절경이 많아 중간 중간 가이드에게 차를 세워 달라고 부탁해 사진도 찍고 따사로운 햇볕과 기분 좋은 바람에 몸을 '살균' 한다.

드라이브를 좋아하거나

더 많은 것을 보고, 느끼고, 체험하고, 감상하고 싶다면 패러글라이딩 같은 해양스포츠도 즐기고 더 많은 해변과 식물원, 와이너리 등 관광 명소를 하나하나 찍으며 케이프타운 해안도로를 일주하는 '가든 루트(Garden Route)' 라는 드라이브 코스를 이용하면 된다.

"캠프스 베이와 클립턴 비치는 케이프타운에서도 부자들이 사는 동네예요. 마이클 잭슨의 별장도 있어요" 라는 가이드의 말에 "꼭 이온음료 광고에 나오는 마을 같아요" 라며 태영은 파랗고 하얀 바닷가 별장 마을을 넋을 놓고 바라본다.

'물개' 보다 '뱃놀이' 가 더 좋아!

케이프타운 시내에서 40분가량 해안 드라이브를 마치고 도착한 곳이 호우트 베이(Hout Bay)다. 기념품 숍 몇 곳과 조그마한 슈퍼마켓이 전부인 호우트 베이 선착장에서 배 시간을 확인한다. 이곳 선착장에서 배를 타고 15분가량 짭조름한 바닷바람을 맞으며 뱃놀이를 즐기다보면 넙적한 돌 섬 위에서 일광욕을 즐기는 수천 마리의 물개를 배의 위치를 바꿔가며 요런 각도, 저런 각도에서 만날 수 있다.

하지만 단순히 동물을 좋아한다고 호우트 베이를 아프리카의 동물의 왕국 정도로 생각해 기대를 한껏 부풀리지는 말자. 우리에게 익숙한 재주 많고 영리한 물개를 떠올리는 것은 더욱 금물이다. 수천 마리씩 떼 지어 살아가는 물개는 생각만큼 아름다운 광경을 만들어내지 못하지만 자연에서 느긋하게 게으름을 피우며 저희끼리 희희낙락 바다 속에서 유희를 즐기는 야생 그대로의 물개 떼를 만나볼 수 있다는 것만으로도 재미난 경험이 된다.

물개의 재주에 넋을 놓은 기자와는 달리 태영은 배에서 우연히 만난, 한국에서 여행 온 동갑내기 세 친구와 얘기하느라 바쁘다. 처음 만난 사이지만 '아프리카' 라는 낯선 공간에서 만났기에 반갑기 그지없다. 정작 주인공인 물개보다는 여행길에서 만난 친구들에, 운치 있는 '뱃놀이' 에 빠져 왕복 40분이라는 시간이 후딱 흘렀다.
물개 섬에서 더 먼 바다로 나가면 고래도 볼 수 있다. 45분마다 물개 섬으로 떠나는 배가

있고 뱃놀이 코스는 40분가량 소요된다. 배의 난간 쪽은 모두 물개를 보기 좋지만 뱃머리 쪽이 물개들을 더 가까이에서 보는 것은 물론이고 기념촬영할 때도 명당자리다. 다른 관광객을 위해 자리를 양보하는 매너쯤은 여행자가 반드시 갖춰야 하는 예의다.

Tour Point
입장료 : 어른 R35, 2~14세 R10, 현금 결제만 가능
운행시간 : 09:30부터 45분 간격으로 일몰 때까지
021-790-1040
www.circelaunches.co.za

건방지지만 무척 귀여운 펭귄!

호우트 베이에서 케이프반도의 최하단인 희망봉 쪽으로 내려가다 보면 사이먼스 타운을 지나게 된다. 이곳에는 일단 한번 케이프타운 드라이브를 시작했다면 기필코 들러야 하는 볼더스 비치(Boulders Beach)가 있다.

이곳을 '강추' 하는 이유는 간단하다. 일명 아프리칸 펭귄으로 불리는 자카드 펭귄이 있기 때문이다. 펭귄이 추운 지방에서만 산다는 편견을 가지고 있었다면 뙤약볕에 일광욕하고, 더위를 식히기 위해 주둥이를 쳐들고 입을 벌리고 우스꽝스럽게 모래밭에 서 있는 녀석들을 보면 놀라움을 금치 못할 것이다.

게다가 아프리카가 펭귄과 인연을 맺은 것은 너무도 순식간에 일어난 일이어서 어떤 자연 현상의 당위성이나 과학 원리 따위를 갖다 붙이지도 못할 지경이니 그 황당함은 여행자의 호기심을 부추겨 볼더스 비치 인근에는 아프리카에 사는 펭귄들을 알현하기 위해 몰려든 관광객들로 북적댄다.

굳이 옛날 옛적이라는 수식어를 붙일 필요 없이 해를 조금만 거슬러 올라가면 된다. 1982년 어느 날, 배 한 척이 난파됐는데 우연히 그 근처를 떠돌던 자카드 펭귄 네 마리가 배에서 유출된 기름을 피해 이곳까지 떠내려왔다. 그 후 번식을 거듭하고 동시에 사람들의 지극정성이 더해져 현재의 펭귄 떼가 됐다고 한다.

원래 펭귄을 보는 지정된 장소가 따로 있지만 일행은 갈림길을 잘못 들어가 해수욕객들이 몰려 있는 볼더스 비치에 발을 들여놓았다. 하지만 오히려 잘못 들어간 곳에서 더 진풍경이 벌어졌다. 바다 속에서 사람들과 펭귄이 함께 수영하고, 어린아이가 펭귄 뒤를 졸래졸래 쫓아다니며, 한가로이 책을 읽고 있는 할아버지의 파라솔 아래에서 햇볕을 피하는 펭귄이 있는가 하면 사람들을 쫓아내고 일광욕 명당자리를 차지하고 드러누워 태닝(?)을 즐기는 펭귄까지 있다. 한 번도 상상한 적이 없는 광경이 이곳 볼더스 비치에서 벌어졌다.

펭귄들의 영역을 침범한 낯선 이를 보고 강아지처럼 고개를 갸우뚱거리는 펭귄을 바라보며 태영이 "와~ 얘 지금 애교 떠는 거야?" 하며 손을 뻗어 만지려는 순간 펭귄이 '딱' 소리를 내며 태영을 물려고 달려들었다. 알고 보니 고개를 갸우뚱거리는 펭귄의 행동은 상대를 위협하는 경고 메시지다. 이곳에서 펭귄은 절대 '만지지 마세요!'다. 부리가 날카롭고 힘이 세기 때문에 손가락을 물리면 잘릴 수도 있다고 하니, 눈으로만 미소 지으며 펭귄을 예뻐하자. 하지만 펭귄에 대해 안 좋은 추억을 갖게 된 사나이
가 있었으니 바로 태영이다.
"건방진 펭귄 녀석, 하마터면 손
가락 잘릴 뻔했잖아!"

역시 지구는 둥글다!

두 개의 바다, 아프리카의 대륙을 모두 볼 수 있다는 아프리카 최남단 케이프 포인트 (Cape Point). 맑으나 흐리나 장관을 보는 감동에 별 차이가 있느냐고 주장하는 사람이 있다면 결단코 그렇지 않다고 강하게 반박하고 싶다. 정오까지만 해도 맑던 날이 오후 2시경에는 흐릿한 먹구름이 빼곡해지더니 태영이 케이프 포인트 정상에 다다를 무렵에는 굵은 빗줄기가 떨어지는 것이 아닌가. 아프리카까지 와서 케이프 포인트를 보지 않을 수 없다는 고집에 빗줄기를 뚫고 안개를 헤치며 올라가 전망대에 마련된 망원경도 들여다보았지만 한치 앞은 물론 망원경에 비친 세상도 온통 희뿌연 안개로 가득해 울상을 짓게 만든다.

"이 부근이 항상 이래요. '케이프 오브 스톰'이라고 할 정도로 날이 오락가락한데다 비도 자주 오거든요. 포기하지 말고 일단 내려가서 좀 기다려보죠?"

가이드의 반가운 제안을 받아들여 케이프 포인트 초입에 마련된 휴게소에 앉아 카푸치노를 마시며 날이 개기를 기다린다.

역시 태영이는 운이 좋다. 한 시간 정도 기다리니 언제 그랬냐는 듯 날이 화창하게 갠

Tour Point
입장료 : 어른 R25, 학생 R10
개장시간 : 12~1월 07:00~19:30,
2~3월 08:00~18:30, 10~11월 08:00~18:30,
4~9월 08:00~17:00
021-786-2329 www.tmnp.co.za

다. 케이프 포인트를 오르는 방법은 두 가지지만 이미 한 번 수많은 계단을 올랐던지라 트램을 타고 케이프 포인트에 오른다.

하늘색과 바다색의 경계를 알 수 없을 정도로 맑고 푸른 바다와 하늘의 색과 빛이 과연 명성대로 아름답고 감동적이다. 완만한 곡선을 그리며 끝없이 이어지는 수평선은 '역시 지구는 둥글구나' 라는 이제는 너무도 당연한 진리를 눈으로 보며 싱거운 농담밖에 할 수 없게 만든다.

더욱 놀라웠던 것은 시선의 끝에 겨우 초점을 맞출 수 있을 만큼 먼 거리에서 움직이던 육중한 동체(動體)가 바로 고래라는 사실이다. 이곳은 난류인 인도양과 한류인 대서양이 만나는 곳이어서 텔레비전에서나 보았던 고래, 돌고래, 바다표범을 비롯해 무수한 희귀 어종들이 관찰되기도 한다. 비록 고래를 사진으로 담을 수는 없었지만 흐린 날씨에 포기하지 않고 기다린 끝에 만난 케이프 포인트의 절경에 어찌 호들갑을 떨지 않을 수 있으리!

Tour Point
입장료 : 어른 R55, 15세 미만의 학생 R10
케이블카 이용요금(왕복/편도) : 어른 R34/R25, 15세 미만 학생 R10/R8
개장 시간 : 10~5월 06:00~18:00, 4~9월 07:00~17:00
021-780-9204 www.capepoint.co.za

희망봉에서 삶의 이유를 찾다

희망봉의 첫인상은 '실망' 그 자체였다. 방대한 세계사에서도 '희망' 이라는 단어만으로 스스로 발광(發光)하던, 마치 실존하지만 미지의 공간인 듯 신비롭던 그곳에 도착해 일행이 함께 느낀 감정은 '에게' 였으니 말이다. 실제로 '희망봉' 은 바다를 향해 불쑥 튀어나온 평범한 곶(Cape)에 지나지 않는다. 표지판에 'Cape of Good Hope' 라고 콕 집어 설명하니망정이지 그마저도 없었다면 그 누가 이 바위산이 전 세계 학생들이 세계사 시간에 공들여 배우는 역사적 장소라는 것을 알 수 있을까. 역사적 배경 지식을 갖춘 후에 희망봉을 제대로 느껴보기 바란다.

아프리카로서는 희망봉이 발견된 이래 500여 년에 걸쳐 유럽의 침략이 시작되었으니 '희망' 과는 요원한 뜻으로 여길지도 모르겠다.

하지만 유럽인의 역사는 이렇게 기록하고 있다. 희망봉은 1487년 포르투갈의 항해가 바르톨르뮤 디아스가 최초로 발견해 '폭풍의 곶(Cape of Storm)' 이라는 이름을 붙였다. 그 후 디아스는 금의환향했지만 선원들에게 '폭풍' 의 이미지는 '공포' 그 자체였다. 이후 1497년 바스코 다 가마가 이곳을 통과해 인도로 가는 항로를 개척한 것을 계기로 포르투갈의 국왕은 항해에 나서는 선원들의 공포를 덜어주기 위해 폭풍의 곶 대신 '희망봉' 이라는 새 이름을 붙였다.

'개념 찬' 의미를 부여하기 위해 이름을 바꾼 희망봉은 그 후부터는 이름 그대로 선원들의 '희망' 이 됐다. 희망봉은 인도와 유럽을 잇는 곳이었고, 선원들에게 삶과 죽음, 즉 희망과 절망이 교차하는 곳이었다. 인도에서 향신료를 싣고 수개월 동안 거센 파도와 사투를 벌이던 선원들에게 이곳만 지나면 고향 땅이 있는 대서양이 나온다.

아프리카 사람들과 유럽 사람들의 동상이몽이던 곳. 너무도 세찬 폭풍에 선원들에게는 여기만 지나면 살아서 돌아갈 수 있다는, 다시 가족을 만날 수 있다는 희망을 안겨주던 희망봉의 아이러니를 알고 이곳을 바라보니 사람으로 치면 어쩐지 사연이 많아 더욱 내공이 깊은 세속을 초탈한 도인(道人)을 바라보는 것만 같다. 태영에게 희망봉은 어떤 또 다른 의미가 있을까?

희망봉이 아프리카 최남단이 아니라면서요?

아프리카 대륙의 최남단 지점은 희망봉에서 남동쪽으로 160km가량 더 내려간 '케이프 아굴하스(Cape Agulhas)'이다. 그런데도 희망봉을 아프리카 최남단으로 알고 있거나, 그 지점이길 바라는 양 믿는 것은 희망봉의 역사적 의미에 지리적 가치를 보태고 싶어 하는 세상 사람들의 욕심의 발현이 아닐까?

케이프타운 자유여행을 즐기려면!

케이프타운의 대중 교통편은 아직 잘 갖춰지지 않은 상태다. 따라서 가이드 없이 자유 일정을 즐기는 방법은 크게 두 가지다. 투어 프로그램을 이용하거나 렌터카를 빌려 직접 지도를 보며 운전해 케이프타운 외곽을 여행하는 것이다. 도로망의 구획이 비교적 어렵지 않고 규칙적이기 때문에 국제운전면허증이 있다면 렌터카 여행도 좋은 방법이다. 투어 프로그램은 여행자의 거리 롱 스트리트나 시내 여행사에서도 예약이 가능하며 묵고 있는 호텔이나 유스호스텔 등의 숙소에서 예약하는 것이 가장 손쉬운 방법이다.

렌터카 여행에서는 우리나라와는 달리 자동차 핸들이 오른쪽에 있으며 주행할 때 좌측통행을 해야 한다는 점을 명심하자. 남아공의 차량은 그다지 과속하지 않으며, 웨스턴 케이프 지방은 도로에 차량도 많지 않다. 렌터카를 빌리기 위해서는 신용카드와 국제운전면허증이 필요하다.

현재 남아공 주요 도시에 있는 공항이나 시내 렌터카 오피스에서 렌터카를 쉽게 대여할 수 있다. 단, 오토매틱 기어 차량을 대여할 경우 수량이 많지 않기 때문에 예약하는 것이 좋다. 에이비스, 버짓, 유럽카, 허츠 등 세계적으로 유명한 렌터카 회사들이 이미 남아공에 진출해 있다. 한국에서 미리 남아공 렌터카를 예약하고 여행을 떠날 수 있어 편리하다. 참고로 남아공에서 휘발유 가격은 1리터당 약 6R(한화로 약 800원) 정도로 매우 저렴하다. www.alamorentcar.co.kr, www.hertz.co.kr, www.avis.co.kr

남아공의 주요 도시를 연결하는 3대 시외버스 회사는 그레이하운드, 트랜스럭스, 인터케이프 메인라이너이다. 이 시외버스들은 주로 도심의 기차역 주변에 있는 버스터미널을 이용한다. 배낭족을 비롯한 여행자들이 주로 이용하는 바즈버스는 작은 밴 형태의 미니버스로, 특히 웨스턴 케이프의 주요 도시를 효과적으로 연결하며, 각지의 유스호스텔이나 게스트하우스 등지에서 승객을 태운다. www.bazbus.com

"좋지 않다면 그냥 돌아가라!" 배낭여행자의 숙소와 야침숙사

다른 여행지와 마찬가지로 케이프타운 역시 특급호텔부터 배낭여행자들이 값싸고 편하게 이용할 수 있는 다양한 백패커스 호스텔까지 수도 없이 많다. 이곳에는 여행자들이 많이 머물다 가기 때문에 유용한 여행정보를 얻기가 쉽다. 로비에 칠판 등으로 여행정보 안내판을 마련해두고 여행할 때 주의사항이나 일주일의 행사 일정, 투어 프로그램 등을 공지하기도 하니 눈여겨보는 것도 좋다.

공동으로 사용하는 주방시설, 샤워실, 수영장도 있어 웬만한 호텔 못지않다.

6~10명이 한 방을 사용하는 도미토리는 1박에 R19(약 3,000원)부터 있지만, 위치와 시내와의 근접성, 보안과 안전 여부까지 고려해야 하므로 숙소 선택에서는 신중을 기해야 한다. 지친 몸을 뉘고 안락한 쉼을 제공할 도미토리에서는 다양한 나라에서 케이프타운을 여행 중인 많은 친구들과 끈끈하게 친해질 수도 있지만 명심할 점은 잠시라도 공동체 생활을 하므로 기본적인 매너는 지켜야 한다는 것이다. 주한남아공대사관 사이트(www.southafrica-embassy.or.kr)에 방문하면 현지 여행 사이트와 숙박 시설 등을 인터넷으로 예약할 수 있다.

Tour Point
케이프타운 백패커스 호스텔

각종 권위 있는 여행 매거진과 가이드북이 베스트 숙소로 선정한 케이프타운 백패커스 호스텔. 호스텔 인포메이션을 통해 공항 픽업, 투어 프로그램 등을 쉽게 예약할 수 있다.

일반 도미토리 룸은 6~10명이 한 방에서 생활할 수 있는데, 가격은 1박당 R95이다. 럭셔리 도미토리는 싱글 침대 네 개가 놓인 비교적 넓은 방으로 1박에 R130이다.
www.backpackers.co.za

케이프타운에서는 뭘 먹지?

끊임없이 발품을 팔아야 하는 여행자에게 '밥 힘' 만큼 중요한 것이 또 있으랴. 남아프리카공화국의 음식은 독일, 프랑스, 말레이 음식의 퓨전이라고 할 수 있다. 전통적인 음식으로는 양고기와 야채를 볶은 후 끓인 스튜 요리 브레디와 카레 가루로 요리한 고기 요리 보보티, 남아프리카공화국의 바비큐 요리인 브라이 등이 있다. 그 밖에 중국, 프랑스, 포르투갈, 인도 음식점도 찾을 수 있다. 한국인의 입맛에 조금 느끼하기는 하지만 그 나라에서는 그 나라만의 음식 문화를 반드시 체험해볼 필요가 있다. 좀더 이국적인 요리를 시도해보고 싶다면 악어 요리에 도전해보는 것은 어떨까.

아프리칸 스타일 식당을 찾아라!

케이프타운에서 아프리칸 스타일 식당을 찾기는 생각보다 어렵다. 롱 스트리트에서 그린마켓이라는 간판을 따라 들어가면 기념품 가게가 늘어서 있고 구석에 작은 식당이 하나 있는데 이곳이 바로 아프리칸 요리 전문점이다. 세 가지 선택 사항이 있는데 화이트 라이스/ 엘로우 라이스, 비프/ 치킨, 토마토소스/ 아프리칸소스 등 밥과 곁들여 먹을 고기의 종류와 소스를 선택하면 된다. 가격은 R18 정도(약 3,000원)다.

저렴하게 즐기는 티본스테이크

남아공은 한국에서는 맛있는 부위라서 귀하고 비싼 꽃등심이나 티본스테이크 같은 부위의 고기 값이 저렴한 편이다. 남아공의 일등급 소고기를 케이프타운의 레드와인과 함께 먹으면 더욱 좋다. 우리나라에서 아웃백 스테이크 하우스 격인 남아공의 스테이크 하우스 '스퍼(Spur)' 는 곳곳에서 쉽게 눈에 띈다. 티본스테이크 350g에 R59.95로 우리 돈 9,000원 정도다.

한국 유학생들이 가장 즐겨 먹는 메뉴는?

남아공에서 공부하는 한국 유학생들이 가장 즐겨 먹는 메뉴는 다름 아닌 피자다. 가격에 비해 양이 많고 신선한 해산물이 풍부하게 토핑된 피자는 거의 그들의 주식이라고 한다. 피자 한 판에 보통 R59~69 정도로 우리 돈으로 1만 원 안팎이다.

내일여행의 추천 일정

1일	하루	인천공항→요하네스버그로 출발
2일	오후	남아프리카 요하네스버그 도착
3일	하루	요하네스버그→음푸말랑가 지역→크루거국립공원으로 이동
4일	하루	크루거국립공원(남부지역의 넓은 호수와 빅5(코끼리, 사자, 코뿔소, 표범, 버펄로)를 구경)
5일	하루	크루거국립공원(사파리 관광 및 옵션 투어 자연보호지구)
6일	하루	크루거국립공원→야생재활센터→요하네스버그로 이동
7일	하루	요하네스버그→케이프타운으로 이동
8일	하루	케이프타운 전일 관광(희망봉→케이프 포인트→물개섬→펭귄 서식지 등)
9일	하루	케이프타운 전일 관광(와인랜드, 시티투어, 타운십투어, 상어투어)
10일	하루	요하네스버그로 이동해 출국
11일	인천공항	도착

여행 정보

항공
서울~홍콩(3시간 30분), 홍콩~요하네스버그(13시간), 요하네스버그~케이프타운(2시간)으로 비행시간은 19시간 정도 소요된다. 기내 엔터테인먼트 시설이 잘 돼 있고 좌석간 간격이 넓어 장기 비행을 즐길 수 있다. 시차는 한국보다 7시간 늦다.

날씨
한국과 계절이 정반대다. 자외선 차단제와 긴소매 옷을 같이 챙겨야 한다.

예방주사
남아공은 말라리아, 황열병 프리 지역이어서 황열병 예방접종을 하고 말라리아 약을 먹어야 한다.

화폐
란드(R)를 사용한다. 미국달러를 현지에서 란드로 바꿔야 한다. 2007년 기준 USD1+R7로 R1이 150~160원 정도다. 물가는 한국과 비슷하거나 조금 낮다.

전압
전압은 220V지만 남아공에서만 통용되는 3핀 콘센트를 사용한다. 호텔에서 220V용 2핀 어댑터를 빌리거나 슈퍼마켓에서 구입한다.

GATE 15 **BOARDING AREA 홍콩** **좌석번호 SEAT**

소호가 있어 더욱 흥미롭다

홍콩이 흥미로운 것은 소호가 있기 때문이다. 홍콩에 사는 어떤 사람은 소호가 아직 개발이 덜 된 지역이라 여행자를 위해 하루빨리 더 많은 위락시설을 만들어 더 활기찬 상업지구로 단장해야 한다고 주장하고 또 어떤 사람은 이곳이 서구인들이 가득 찬 외국적인 분위기가 짙다며 아쉽다고 말한다.

하지만 홍콩을 사랑하는 여행자에게는 바로 이 모든 것이 소호의 매력 포인트다. 미드레벨 에스컬레이터를 중심으로 생선뼈처럼 각각 특색 있는 거리거리가 조밀하게 펼쳐진 이 지역을 단 몇 시간 만에 둘러본다는 것은 말도 안 된다.

미식가들에게 소문난 맛집과 분위기 넘치는 카페부터 디자이너들이 이름을 걸고 내세우는 패션숍과 인테리어 갤러리들이 골목골목 가득하다. 게다가 홍콩 서민들의 일상을 엿볼 수 있는 아기자기하고 재미 가득한 재래시장도 있다. 소호는 여행자로 둘러보기에는 그저 그럴 수 있지만, 살고 있는 거주인의 눈으로 들여다본다면 들여다볼수록 보물들이 쏟아지니 더욱 매력을 지닌 곳이다. 자, 이제부터 홍콩만이 낼 수 있는, 조금은 조잡하면서도 어색한 결합이 만들어내는 독특하고 매력적인 소호의 분위기에 흠뻑 취해보자. 어슬렁거리며 이것저것 구경하고 산책하고 맛보기에 이만한 곳이 또 어디 있으랴!

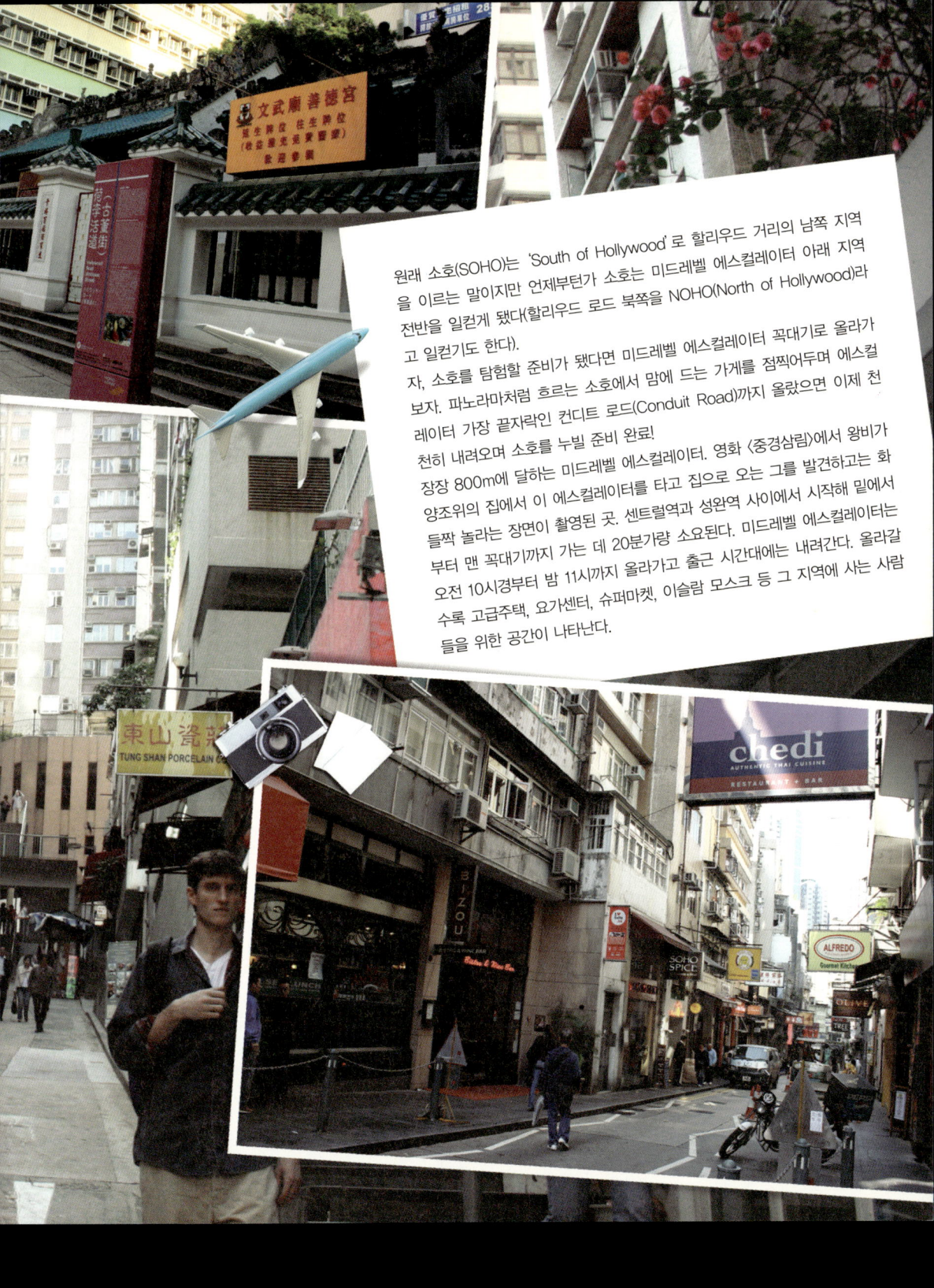

원래 소호(SOHO)는 'South of Hollywood' 로 할리우드 거리의 남쪽 지역을 이르는 말이지만 언제부턴가 소호는 미드레벨 에스컬레이터 아래 지역 전반을 일컫게 됐다(할리우드 로드 북쪽을 NOHO(North of Hollywood)라고 일컫기도 한다). 소호를 탐험할 준비가 됐다면 미드레벨 에스컬레이터 꼭대기로 올라가보자. 파노라마처럼 흐르는 소호에서 맘에 드는 가게를 점찍어두며 에스컬레이터 가장 끝자락인 컨디트 로드(Conduit Road)까지 올랐으면 이제 천천히 내려오며 소호를 누빌 준비 완료! 장장 800m에 달하는 미드레벨 에스컬레이터. 영화 <중경삼림>에서 왕비가 양조위의 집에서 이 에스컬레이터를 타고 집으로 오는 그를 발견하고는 화들짝 놀라는 장면이 촬영된 곳. 센트럴역과 성완역 사이에서 시작해 밑에서부터 맨 꼭대기까지 가는 데 20분가량 소요된다. 미드레벨 에스컬레이터는 오전 10시경부터 밤 11시까지 올라가고 출근 시간대에는 내려간다. 올라갈수록 고급주택, 요가센터, 슈퍼마켓, 이슬람 모스크 등 그 지역에 사는 사람들을 위한 공간이 나타난다.

맨 꼭대기
홍콩의 부자동네 구경하기

우리나라 같으면 산동네로 분류되었을 법한 도시의 꼭대기가 홍콩에서는 전망이 좋은 초호화 맨션으로 빼곡한 부촌이라는 것이 재밌다. 컨디트 로드는 미드레벨 에스컬레이터가 끝나는 지점 맨 꼭대기에 위치한다. 이곳부터는 주거민만 출입이 가능한 빈티지 파크를 비롯해 고급맨션으로 통하는 문들이 삼엄한 경비 속에 있다. 바로 그 아래에 위치한 로빈슨 로드 역시 전망 좋은 맨션들이 위치한 곳이다. 이 거리들과 함께 다양한 광고문구가 화려한 홍콩의 부동산도 구경해보자. 주거지로서 홍콩 사람들이 중시하는 것들과 우리와는 다른 부동산의 모습이 이채롭다.

Tour Course
미드레벨 에스컬레이터타고 소호 찾아가기 : 센트럴역과 성완역의 딱 중간 정도, 센트럴역에서 내리면 D2 출구, 성완역은 E1이나 E2 출구로 나올 것

조금 아래로 내려오다보면 말 그대로 이슬람사원이 있는 모스크 스트리트에 옥색과 흰색이 조합돼 단아한 자태를 뽐내는 자미아 모스크(Jamia Mosque)에서 홍콩 속의 이슬람 문화까지 만나볼 수 있다.
센트럴 지역에서 근무하는 외국인들이 주로 거주하는 고급 맨션들과 작은 골목골목에 홍콩 서민들의 아담한 집들이 많은 만큼 관광객보다는 거주민들이 이용하는 식료품 가게나 저렴한 음식점들이 속속 눈에 띈다.

SOHO Wines & Spirits

미드레벨 에스컬레이터를 타고 캐인 로드로 내려가는 길에 가장 눈에 띄는 숍. 와인 테이스팅을 무료로 즐기는 것은 물론 저렴한 가격에 와인을 구입할 수 있는 곳이다.

Tour Course
찾아가기 : 49 Shelly Street, Soho, Central, HK. (852) 2525-0316 www.sohowines.hk
가격 : HK$60(약 7,500원) 하는 와인부터 HK$6,000(약 75만 원)까지 가격대가 다양하다.

점원인 스탠리 씨가 와인 마시는 방법과 예절 등을 친절하게 자세히 설명해준다. 세계 각국 와인을 비롯해 보드카와 럼, 샴페인 등을 고루 갖추고 있다. 재고로 남은 와인은 70% 이상 할인판매하기도 한다.

Indian Village

인도식 요리를 맛볼 수 있는 곳. 케밥 롤과 인디언 스타일의 피자, 양고기, 닭고기, 해산물과 채소로 만든 다양한 종류의 요리를 골라 맛볼 수 있다.

Tour Course
찾아가기 : 모스크 스트리트에 위치. Shop1, 31-37 Mosque Street, Soho, Mid Level, Central, HK. (852) 2525-5488
영업시간 : 11:00~15:00, 18:00~23:00
가격 : 메인 요리의 경우 HK$48~79선 (약 6,000~9,800원), 런치 박스는 HK$30(약 3,700원)부터

HMF HAMPTONS FURNITURE

셜리 스트리트, 에스컬레이터와 맞닿은 곳에 위치한 홈 인테리어 전문점. 엘긴 스트리트 바로 위에 소호 와인 & 스피리츠 아래에 있다. 침대나 쇼파 등의 가구는 눈요기만 할 수 있지만 휴지케이스, 사물함 바구니나 박스 등이 HK$150~200에 판매된다.

Tour Course
찾아가기 : BASEMENT, Icang House, 61 CAINE ROAD
문의 : (852) 2869-8018

소호에서 꼭 해야 할 것

★ 이른 오후, 미드레벨 에스컬레이터 제일 꼭대기까지 올라간 후 천천히 내려오며 쇼핑하고, 구경하다가 맘에 드는 레스토랑에 들어가 근사한 점심을 즐긴다.

★ 지중해 스타일, 아시안 스타일, 유럽 스타일 등 원하는 스타일의 음식을 먹어본다.

★ 미드레벨 에스컬레이터 사이사이도 놓치지 말자. 계단이 있는 쪽의 작은 숍이나 노점에서 파는, 조잡하지만 잘 고르면 '보물'이 될 만한 물건들이 숨어 있다.

미식가의 거리 엘긴 스트리트

미드레벨 에스컬레이터가 관통하는 거리 중 다양한 음식이 즐비한 거리는 단연 엘긴 스트리트다. 태국과 베트남, 일본을 비롯한 아시아 음식에서부터 터키, 그리스의 지중해 요리, 쿠바 음식점과 프랑스, 이탈리아, 미국 요리 등을 취향대로 맛볼 수 있다. 거리 구경이 끝난 뒤 이곳에서 식사와 후식을 여유롭게 즐겨보자.

SOHO SPICE

베트남과 태국 음식을 고루 먹어볼 수 있는 곳. 홍콩 주방장이 요리하는 것이 아니라 태국과 베트남에서 온 요리사가 직접 만들기 때문에 음식 맛이 더욱 그 나라만의 특색이 잘 살아 있다.

Tour Course
찾아가기 : 47 Elgin Street, Soho, Central, HK. (852) 2521-1600 www.diningconcepts.com.hk
영업시간 : 12:00~15:00, 18:00~22:30
가격 : 야채 생춘권 HK$52, 새우 생춘권 HK$82, 팟 타이와 국수류는 HK$80~100(1만~1만 2,500원)

HAVANA

분위기 있는 입구부터 눈길을 끄는 레스토랑 겸 바. 쿠바의 수도 하바나(HAVANA)의 옛 식민시절 분위기를 따왔다. 홈메이드 칵테일과 캐리비안 소스를 곁들인 타파가 인기 있는 메뉴다.

Tour Course
찾아가기 : G/F 35 Elgin Street
문   의 : (852) 2545-9966
www.havana.com.hk

BIZOU

프렌치 식당으로 와인과 브런치를 겸할 수 있는 카페&레스토랑이다. 오후 12시부터 오후 3시까지 런치타임이며 세트런치는 2코스에 HK$88(1만 1,000원), 3코스에 HK$108(1만 3,500원).

Tour Course
영업시간 : 디너타임은 오후 6시부터 11시, 브런치는 토·일·공휴일에만 가능하며 오전 11시부터 오후 4시까지
찾아가기 : 49 Elgin Street, Soho, Central, HK. (852) 2147-0100 www.diningconcepts.com.hk

Culture Club Gallery

미술 작품과 탱고를 사랑하는 사람에게 추천할 만한 곳. 갤러리 카페로 작품은 저마다 1~3주 전시된다. 둘째, 넷째 주 토요일에는 오픈 탱고 파티가 열리고 일요일과 월요일에는 HK$300(약 3만 7,000원)에 개인 강사에게 탱고 수업을 받을 수 있다. 애프터눈 티타임은 오후 2시부터 6시까지고 치즈케이크, 디저트스페셜, 샌드위치 등이 포함된 티 세트는 HK$58(약 7,200원), 2명이 이용하면 HK$100(약 1만 2,500원)이다.

Tour Course
찾아가기 : 15 Elgin Street, Soho, Central, HK. (852) 2127-7936 **www.cultureclub.com.hk**
영업시간 : 월~목 13:30~23:00, 금·토 13:30~00:30

Tree, Liberation

'Tree'는 엘긴 스트리트에서 구경할만한 인테리어 숍이다. 시원하게 오픈된 입구부터 이색적이며 소파나 침대 등의 가구는 미로 같은 실내에 숨겨져 있다. 'Liberation'은 엘긴 스트리트가 필 스트리트와 거의 만나는 곳에 있는 패션소품숍. 유행을 크게 타지 않는 가방과 특색 있는 홈메이드 액세서리 등이 눈길을 끈다. 가격도 저렴하며 세일 코너도 있다.

Tour Course
Tree : 22 Elgin Street (852) 2870-0389 **www.tree.com.hk**
Liberation : 16 Elgin Street

소호의 시간 도둑 스턴톤 스트리트

음식도, 쇼핑도 이 거리만 샅샅이 뒤져보면 모든 게 해결된다. 멋진 외관뿐 아니라 인테리어까지 독특한 레스토랑, 질 좋은 원단과 개성 넘치는 디자인이 반짝이는 디자이너 숍을 비롯해 다양한 사람들의 취향에 맞을 만한 의류숍이 가득하다. 좁은 구역이지만 상점 하나 하나를 천천히 걸어 다니며 살펴 아기자기한 홍콩 사람들의 감각을 엿보자. 디자이너가 직접 운영하는 상점이나 아시아권에서는 좀처럼 찾아보기 어려운 브랜드의 컬렉트 숍들이기 때문에 가격은 만만치 않지만 어디에서나 흔하게 볼 수 있는 아이템이 아니어서 눈요기만으로도 즐겁다. 더불어 스턴톤 스트리트(Staunton Street)는 엘긴 스트리와 함께 소호의 축을 이루는 대표적인 곳으로 먹을거리도 풍부하다.

Chocolate Rain

I ♡ DIY라는 앙증맞은 간판이 걸린 이 숍은 세상에 둘도 없는 귀여운 DIY 소품들을 판매하는 곳이다. 사랑스런 숍 이름과 귀여운 일러스트로 꾸며놓은 가게에 걸맞은 소품들이 개성 넘치고 예쁘다.

Tour Course
찾아가기 : Shop A, 34 B Staunton Street, Soho, Central, HK. (852) 2955-8318 www.chocolaterain.com
영업시간 : 14:00~23:00

Indigo

캐주얼 데님을 전문적으로 취급하는 숍. 자체 제작하는 데님 의상은 물론 빅토리아 베컴, 린제이 로한 등 할리우드

Tour Course
찾아가기 : G/F, 32A Staunton Street, Soho, Central, HK. (852) 2147-3000
www.indigohongkong.com
영업시간 : 12:00~21:00, 공휴일·일요일 12:00~18:00

패셔니스타들이 열광하는 브랜드도 구입할 수 있다. 몸에 예쁘게 들어맞는 디자인들이 많아 현지에 사는 외국인들도 선호하는 숍이지만 가격은 다소 비싸다. 청바지가 HK$1500를 훌쩍 넘는다.

Lianca

들어서자마자 가죽냄새가 향긋한 가게. 수입한 이탈리아 가죽을 홍콩 디자이너의 개성을 듬뿍 담아 디자인한다. 특이한 디자인과 내구성 있는 튼튼한 제품, 영구적 애프터서비스 덕에 인기가 많고 홍콩뿐 아니라 상하이, 태국, 스페인 등에도 숍이 있다.

Tour Course
찾아가기 : Basement, No. 27, Staunton Street, Soho (852) 2139-2989 www.lianca.com.hk
영업시간 : 12:30~21:00
가격 : 가방 가격대는 HK$1,000~4,000

Tiare Boutique

개성 넘치는 디자인이 돋보이는 여성 의류가 주를 이루는 미국 브랜드 멀티 숍. 'Velvet, Michael Stars, Raven' 등 미국산 브랜드가 다양하다.

Tour Course
찾아가기 : 53 스턴톤 스트리트와 필 스트리트가 마주치는 곳을 지나 좀더 올라가야 나온다.
문의 (852) 2540-3188
www.tiareboutique.com

Le Fauchon

소호에 위치한 아담한 유럽풍 프렌치 레스토랑. 테이블 10개 정도가 고작인 작은 규모의 숍이지만 품격 있는 유럽풍 디자인과 고급스럽고 맛깔나는 음식이 여행자를 100% 만족시키는 공간이다. 식당 내부도 조용하고 창가의 햇살도 따사로워 혼자 식사해도 외롭지 않다.

Tour Course
찾아가기 : 6 Staunton Street, Soho, Central, HK. (852) 2526-2136
영업시간 : 12:00~15:00, 18:00~ 23:00
가격 : HK$98(약 1만2,000원)라기에는 너무도 성대한 런치세트

Staunton's Wine Bar + Cafe, Scirocco

'Staunton's Wine Bar + Cafe'는 에스컬레이터와 스턴톤 스트리트가 만나는 코너에 있어 가장 눈에 띄는 곳으로, 삼삼오오 모여 와인이나 맥주 한잔을 나누며 수다를 떨기 좋다. 위층 'Scirocco'는 발코니에서 브런치를 즐기려 젊은이들이 많이 오는 편이다. 그리스식 오믈렛 등 푸짐하고 신선한 메뉴가 눈길을 끈다. 가격은 HK$100 내외.

Tour Course
찾아가기 : 10~12 스턴톤 스트리트
문의 : (085) 2973-6611
영업시간 : 10:00~24:00. 주말엔 좀더 늦게까지 오픈함

Cru, Jaspas

큰 간판과 시원하게 오픈되어 업소 안이 들여다보이는 인테리어가 인상적인 스턴톤의 대표적인 레스토랑들이다. 알고 보니 한 사람이 운영한다. 브런치를 비롯해 각종 메뉴들이 서비스된다. 외국인 관광객들이 어울려 먹고 마시는 모습을 보고 있노라면 저절로 식당 안에 발을 들여놓고 싶어진다. 'Cru'는 필 스트리트 지나 안쪽에 있으며 'Jaspas'는 에스컬레이터와 가까운 곳에 있다.

Tour Course
Cru : (852) 2803-2083
Jaspas : (852) 2869-0733

소호는 지금 브런치 열풍

소호의 카페나 레스토랑에는 브런치 열풍이 일고 있다. 브런치(Brunch)는 Breakfast와 Lunch를 합친 합성어로 말 그대로 아침과 점심 중간 시간쯤 서비스되는 식사를 의미한다. 드라마 '섹스 앤 더 시티'에서 캐리와 그의 친구들이 종종 브런치를 나누며 수다를 떠는 장면이 방영되면서 국내에도 유행했다. 홍콩 현지인들 사이에서도 소호의 어디 브런치가 맛있다, 분위기 좋다, 저렴하다는 소문이 돌 정도로 소호의 브런치는 유명하다. 주말엔 보통 오전 10시경부터 오후 4~5시까지 브런치 메뉴가 서비스되며 업소마다 차이는 있지만 HK$100 내외에 메뉴와 음료를 곁들인 다양한 브런치 세트 메뉴가 제공된다. 호텔에서 아침식사를 하고 나왔어도 점심 무렵 소호에서 브런치를 즐기며 홍콩 젊은이들의 문화를 살짝 엿봐도 좋을 것 같다. 가격 대비 메뉴도 푸짐해서 한 끼 식사로 훌륭하다. 음료로 금방 간 생과일 주스 등이 서비스되는데 맛도 좋다. 레스토랑이나 카페 등에서는 대부분 브런치 서비스를 제공하므로 한번 둘러보고 찜해두었다가 가봐도 좋을 듯하다.

재래시장까지 역동적, 재미 가득한 필 스트리트

스텐톤 스트리트, 할리우드 로드 등을 가로지르며 이어지는 필 스트리트(Peel Street)는 맨션가에서 시작해 재래시장까지 다양한 재미가 넘치는 곳이다.

Brunch Club

필 스트리트의 가파른 언덕 위에 있는 곳. 상대적으로 저렴한 가격(HK$70~80)에 내 집과 같은 분위기에서 맛있는 브런치 메뉴를 선보여 현지인들과 관광객들로 연일 북적인다. 예약하지 않으면 피크 타임에는 자리가 없을 정도. 그러나 늦은 저녁까지 브런치 메뉴를 선보이므로 저녁에는 넉넉하게 이용할 수 있다.

Tour Course
찾아가기 : 70 Peel Street
문의 : (852) 2890-2125
영업시간 : 08:00~24:00

The Green Lantern

고풍스러운 인테리어 아이템으로 눈이 즐거워지는 숍. 소품들보다는 덩치가 큰 가구들이 중심이어서 윈도쇼핑으로만 만족해야 할 듯 하다.

Tour Course
찾아가기 : 72 Peel Street
문의 : (852) 2526-0277

fang fong

필 스트리트와 스턴톤 스트리트에 각각 매장이 있는 패션 의류 및 소품숍. 자극적인 컬러와 스팽글과 반짝이 등을 활용한 이색적인 디자인의 옷과 가방 등 액세서리가 눈길을 끈다.

Tour Course
찾아가기 : 67A Peel Street
문의 : (852) 3105 5557

Marc James Design

브런치 카페 맞은편에 위치한 인테리어 소품 및 가구점. 니콜 키드먼 등 할리우드 스타들이 디자인한 특색있는 한정판 머그잔 등을 저렴한 가격에 판매한다. 마당에도 가구를 전시해 구경하는 재미가 쏠쏠하다.

Tour Course
찾아가기 : 69~71 Peel Street
문의 : (852) 3105 5557
영업시간 : 12:00~21:00
(일요일은 20:00까지)

디자이너 이름 건 숍과 갤러리가 가득한 애버딘 스트리트 앤 고프 스트리트

소호 메인 거리에서 다소 떨어져 있지만 재래시장과 거리 요소요소에 위치한 특색있는 숍들을 구경하며 지나가다보면 시간 가는 줄 모르는 곳이다. 디자이너 패션숍과 인테리어숍 등이 모여들고 있는 거리로 소호 메인거리와 연계해 어슬렁거리며 시간 보내기에 딱 좋다.

di fang

중국식으로 디자인한 인테리어 소품이 매우 인상적인 곳. 할리우드 로드에서 애버딘 스트리트로 내려오다 가 만나는 빨간 외형도 이색적이다.

Tour Course
찾아가기 : 11E Aberdeen Street
문의 : (852) 2543-8082
영업시간 : 12:00~19:00(주말엔 20:00까지, 월요일은 폐점)

Sense

만화 같은 캐릭터로 만들어진 각종 패션 소품과 인테리어 소품들이 눈길을 끄는 곳. 알록달록 캐릭터들이 그려진 가방 등을 보노라면 시간 가는 줄 모른다.

Tour Course
찾아가기 : G/F Chung Shan House 2~4 Gough Street
문의 : (852) 2805-2348

ranee_K

'ranee_K'는 코즈웨이베이에도 숍이 있지만 소호의 숍은 디자이너가 직접 옷을 디자인하고 생산하는 곳이다. 컬러풀한 중국풍 의상과 '코드'가 따로 없는 디자인이 화려한 의상을 모두 구입할 수 있다. 소량 제작하므로 가격은 다소 비싼 편. 홍콩 연예인들이 즐겨 입는 브랜드로도 유명해 독특한 스타일을 즐기는 여성들에게 인기만점이다.

Tour Course
찾아가기 : G/F 16 Gough Street
문의 : (852) 2108-4068

Homeless

고프 스트리트에서도 가장 특색있는 멀티 인테리어 숍이자 갤러리로 꼽힌다. 고프 스트리트 7번가와 29번가 2개 숍과 침사추이, 하버시티몰 LCX, 코즈웨이 등에 매장을 운영하고 있다. 'Lifestyle concept store'를 테마로 양을 캐릭터화한 인테리어 소품이나 그림 등은 이미 유명하다. 매장 인테리어도 독특하게 구성해 구경하는 재미만으로도 충분하다.

Tour Course
영업시간 : 12:00~21:30 (월~토), 13:00~18:30 (일·공휴일)
찾아가기 : 7& 29~31 Gough Street
문의 : (852) 2108-4068
www.homelessconcept.com

오래된 멋스러움이 가득한 할리우드 로드

할리우드 로드(Hollywood Road)는 SOHO, NOHO라는 말이 있을 정도로 미드레벨 에스컬레이터와 더불어 이 지역에 또 다른 축으로 자리 잡았다. 우리나라로 치면 인사동과 비슷한 거리로 중국과 홍콩의 전통 조각품과 미술품, 앤틱한 가구나 장신구 등 다양한 골동품을 파는 테마 거리다. 구경하는 재미도 있고 저렴하면서도 특이한 기념품을 사기 좋은 곳이다. 물건 구입시 흥정은 필수다. 기본적으로 시내의 전통 공예품 상점에 비하면 20~30% 정도 싸게 살 수 있다. 할리우드 로드에서 앤틱숍을 구경하다 지치거나 차에 관심이 많은 사람이라면 곳곳에 위치한 다기 전문점 등을 방문해볼 것. 차나 다기를 살 수 있는 것은 물론 차 마실 때의 예절 등을 간단히 배울 수 있다.

Chinese Tea & Tea Set Store

중국에서 직접 차 밭을 가꿔 수확한 질 좋은 우롱차가 자랑인 차이니스 티 숍. 주기적으로 전문 차 강사가 점원들을 교육하기 때문에 질 좋고 신선한 차 잎을 제공할 수 있다고 자랑한다.

Tour Course
찾아가기 : G/F, 169 Hollywood Road, Sheung Wan, HK (만모사 근처)
문의 : (852) 2815-1803

Man Mo Temple

할리우드 로드를 지나 향 냄새가 매캐한 곳으로 계속 가다보면 나타나는 곳으로 소원을 빌고 조상과 가족의 안위를 기원하는 동시에 좋은 관광거리가 되고 있다. 도심에 위치한 절이니만큼 규모는 아담하지만 1847년에 생겨 홍콩에서는 긴 역사를 자랑하는 절 중 하나다.

Tour Course
찾아가기 : 할리우드 로드와 래더 스트리트의 교차 지점
개장시간 : 08:00~18:00

Cat St.

오래되고 조잡한 과거의 물건들을 판매하는 시장이다. 예전에는 장물들을 팔던 곳이었으나 최근에는 중국과 홍콩의 전통적인 물건들을 살 수 있는 곳으로 일단 가격이 저렴하며 다양하고 신기한 물건들이 많아 구경하는 재미가 있다. 특히나 중국 여인들의 발을 옥죄던 아기 신 같은 전족도 다채롭게 볼 수 있다.

Tour Course
찾아가기 : 할리우드 로드 만모사 건너편. 래더 스트리트로 내려가 왼쪽
개장시간 : 12:00~22:00

소호에서 가장 아름다운 거리
- 소호에 식사를 하러 왔다면 – '엘긴 스트리트'로
- 예쁜 옷, 특별한 아이템들을 구경하고 싶다면 – '스턴톤 스트리트'로
- 옛날 홍콩 사람들의 삶과 문화를 느껴보고 싶다면 – '할리우드 로드'로

내일여행의 추천 일정

1일	저녁	빅토리아 피크 홍콩의 100만 달러짜리 야경 감상→한국의 남대문인 몽콕과 야시장이 유명한 야마테이 쇼핑
2일	오전	쫑완(Central)의 퍼시픽 플레이스(Pacific Place) 쇼핑→코즈웨이 골목에서 간단한 점심식사 즐기기
	오후	코즈웨이베이(Causeway Bay)→테마파크 오션파크, 심판 수상마을 투어→점보 레스토랑에서 저녁식사
3일	오전	스탠리마켓 관광, 리펄스베이(Repulse Bay)
	오후	하버플라자 노스포인트 호텔 펑션룸에서 전문가 강의 및 만찬

여행 정보 (2008년 6월 기준)

항공

인천~홍콩 혹은 국내~홍콩 간 항공은 무척 많다. 비행시간은 3시간 30분 정도이다. 한국보다 1시간이 느리다.

날씨

홍콩은 계절에 구애를 받지 않는 전천후 여행지이지만 특히 선선한 기후를 보이는 9월 중순부터 2월 말까지는 여행하기 가장 좋은 시기다. 아무리 여름이라도 건물 안이나 교통편 내에 에어컨시설이 잘 되어 있어 얇은 긴소매 옷은 항상 걸치고 다녀야 한다.

화폐

홍콩달러(HK$)가 통용된다. 1HK$ ≒ 135원

언어

중국어(광둥어, 베이징어)·영어 사용 가능, 재래시장은 영어 힘듦

비자

여행자 비자 없음

전압

200V/220V로 극내에서 사용하는 콘센트를 무리없이 사용. 종종 구멍이 세 개인 콘센트가 있으나 사용 가능, 호텔에서 대여 가능

특별한 해외여행

초판 1쇄 인쇄 | 2008년 7월 10일
초판 1쇄 발행 | 2008년 7월 15일

지은이 | (주)내일여행
펴낸이 | 심만수
펴낸곳 | (주)살림출판사
출판등록 | 1989년 11월 1일 제9-210호

주소 | 413-756 경기도 파주시 교하읍 문발리 파주출판도시 522-2
전화 | 영업부 031)955-1350 기획편집부 031)955-4661
팩스 | 031)955-1355
이메일 | salleem@chol.com
홈페이지 | http://www.sallimbooks.com

ISBN 978-89-522-0940-5 03810

* 잘못된 책은 구입하신 서점에서 바꾸어 드립니다.
* 저자와의 협의에 의해 인지를 생략합니다.

책임편집·교정 | 류선미

값 12,800원

살림Life는 (주)살림출판사의 실용서 전문 브랜드입니다.

금까기 전 여행 상품
3% 예약 할인권

이용방법
- 내일여행 금까기 상품 예약시 이 쿠폰을 제시하시면 할인율을 적용받으실 수 있습니다. (유류세 등 세금은 할인 적용 불가)
- 할인 적용 최대 금액은 10만 원까지입니다.
- 이중 및 중복할인, 이미 결제 완료된 상품에 대해선 적용 불가합니다. (특가 기획 등 일부 상품에 한해선 예외 적용)

사용기간
2008년 7월~2009년 4월까지(출발일 기준)
연락처 : www.naeiltour.co.kr / 02-6262-5000

내일여행 〈금까기〉는 최소 출발 인원수에 구애받을 필요없이, 출발날짜와 도시에 상관없이 혼자라도 언제든 떠날 수 있는 개별자유여행 브랜드로 초보 여행자라도 여행 전문 코디네이터들의 도움으로 손쉽게 자유여행을 떠날 수 있습니다.

3년 연속 개별여행 브랜드 1위 [여행신문, 2008년 4364명 조사]

내 인생에 「金」을 만나다

언제, 어디라도 마음대로 떠날 수 있는 여행은?
개별여행 즐겨찾기 '금까기' 입니다.
한분이라도 자유롭게, 알뜰하게 다녀올 수 있는 여행은?
여행을 인생의 축제로 만드는 '금까기' 입니다.
항공편, 호텔, 교통편, 여행정보까지
여행 코디네이터들이 알아서 척척,
편안한 마음으로 떠나고, 즐기고, 만끽하십시오.
인생의 가장 멋진 '황금'을 찾아 떠나보세요.
내일여행에 가면 개별여행이 특별해집니다.
자유롭고 편안하고 안전한 여행의 시작 – 금까기

www.naeiltour.co.kr
본사 02-6262-5000 부산 051-441-1995

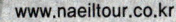